Adolf Görtz
Stichwort: Front

Nun ist der Krieg erst richtig ausgebrochen …
Ob wir noch lange in unserer Stadt
in Frieden und Geborgenheit leben werden?
10. Mai 1940

Um zu begreifen, was heute ist und morgen sein wird,
muß man wissen, was gestern war.
10. Mai 1985

Adolf Görtz

Stichwort: Front

Tagebuch eines jungen Deutschen 1938–1942

Mitteldeutscher Verlag
Halle · Leipzig

ISBN 3-354-00277-8

2. Auflage
Lizenz-Nr. 444-300/113/89 · 7003
Printed in the German Democratic Republic
Einband: Kerstin Arnold
Gesamtherstellung: Karl-Marx-Werk Pößneck V 15/30
Best.-Nr. 639 372 7

01250

Werden die dann wissen, wie es wirklich war?

Die Tagebücher und Briefe, die dieser Band vereint, wurden vor fast fünfzig Jahren geschrieben. Es sind private Texte. Die Gedanken, Nöte, Hoffnungen eines jungen Deutschen, der 1938, achtzehnjährig, beginnt, sein Tagebuch zu schreiben.

Die Hefte, über Krieg und Gefangenschaft gerettet, jahrelang in einem Schuhkarton aufgehoben, haben mehr als nur persönlichen Wert. Im Abstand eines halben Jahrhunderts werden diese Notizen plötzlich zum zeitgeschichtlichen Dokument.

Seit langem besteht die Absicht, Auszüge aus den Tagebüchern zu veröffentlichen.

Einer Begründung bedarf die Entscheidung dafür eigentlich nicht, und falls doch – sie wurde vor fünfzig Jahren bereits gegeben: »Wir, die wir heute leben, wir wissen, wie es wirklich ist, weil wir es selbst erleben. Aber was wird sein in zwanzig, dreißig Jahren? Werden die dann wissen, wie es wirklich war?«

Die prophetische Gabe eines jungen Mannes, der davon träumt, Schriftsteller zu werden?

Oder einfach nur die Rechtfertigung dafür zu schreiben, zu schreiben selbst dann noch, wenn es ans Leben geht?

Als der achtzehnjährige Adolf Görtz sein Tagebuch beginnt, ist es für ihn nicht mehr und nicht weniger als eine Möglichkeit, sich im Schreiben zu üben. Schriftsteller möchte der Kölner Arbeiterjunge werden. Hilfsschlosser ist er. Dennoch schreibt er, veröffentlicht in Zeitungen, versucht sich an einer ersten Geschichte. Am wichtigsten jedoch ist ihm sein Tagebuch, das von Anfang an mehr ist als eine Möglichkeit, Tagesereignisse festzuhalten, Erlebnisse aufzuschreiben. Das Handwerkszeug eines Schriftstellers will er lernen – also schreibt er Erlebnisse auf, versucht sich an Dialogen, an Reflexionen.

Die Zeitereignisse jedoch zwingen ihn zu mehr: zur Selbstverständigung.

Die Berufung zum Chronisten hat niemand ausgesprochen. Erfahrungen, Gedanken, Sehnsüchte, Ängste, Unsicherheiten aber müssen verarbeitet werden. Mit wem darüber sprechen, daß Krieg wider die menschliche Natur ist? Wem sagen, daß der Kasernendrill nichts anderes ist als Abrichten von Schlachtvieh? Wem Zweifel eingestehen? Wem vertrauen? Wie über die Bilder zerfetzter Menschenleiber, den Tod der Kameraden hinwegkommen? Wie den nächsten und den übernächsten Tag ertragen und wieder den nächsten und übernächsten: SCHREIBEN.

Aufschreiben, was einen bewegt, was man erlebt, was nicht auszusprechen ist.

Das ist ungeordnetes, naives Schreiben.

Das war zu erhalten. Jeder Versuch einer Literarisierung konnte die Faszination der Texte, die in ihrer Authentizität liegt, nur zerstören. Selbst die Auswahl, die Veränderung aller Namen, die behutsame Redaktion war ein Eingriff, der von Autor wie Lektor jedes Mal genauestens überlegt sein wollte. Dennoch haben wir uns entschlossen, ab 1939 den jeweiligen Tagen Auszüge aus Wehrmachtberichten voranzustellen sowie den Gesamttext durch Zitate zu gliedern. Dadurch gelingt es einerseits, Zeitgeschehen hereinzuholen, andererseits die Aufzeichnungen des jungen Adolf Görtz, seine Sicht, an vielen Stellen zu brechen, den Leser zum Weiterdenken anzuregen.

Die Tagebücher wie die Briefe dokumentieren die Jugend einer Generation, deren Grunderfahrungen Faschismus und Krieg sind. Das Ungewöhnliche dieser Texte besteht in erster Linie darin, daß sie über die Zeit des Faschismus etwas aussagen ohne jeden zeitlichen Abstand, auch ohne den ideellen Abstand, den sich DDR-Autoren von Dieter Noll bis Hermann Kant oder Christa Wolf in und mit ihren Büchern erarbeitet haben. Die Betroffenheit des Lesenden resultiert zuerst einmal und vor allem aus der Unmittelbarkeit des Aufgeschriebenen. Das Wesentliche an den Eindrücken, den Empfindungen, den Wertungen ist, daß sie *unverarbeitet* sind. Die Unmittelbarkeit, Ungebrochenheit der Aufzeichnungen nuanciert Bekanntes, verdeutlicht – fast schon zufällig – Mechanismen faschistischer Machtsicherung nach innen. Damit ist der Leser gefordert, sein Wissen entgegenzusetzen, Aussagen kritisch zu werten, aber auch, eigene Positionen zu prüfen. Wertungen werden ihm nicht vorgegeben: eine Entwicklung vom *Mitmachenden* zum *Widerstand-Leistenden* findet nicht statt. Was dem Leser begegnet, ist die *Alltäglichkeit* des Lebens im faschistischen Deutschland.

Fast bruchstückhaft werden vier Jahre herausgenommen aus einer Entwicklung, die erst Jahre später ihre logische Konsequenz findet.

Adolf Görtz, der sich im Text jetzt den Namen Jakob Frey gegeben hat – in Anlehnung an eines seiner bekannten Kinderbücher –, wurde hineingeboren in die Zeit erstarkender Reaktion und aufkommenden Faschismus' in Deutschland. Zugleich ist er vertraut mit dem proletarischen Milieu, mit Traditionen der Arbeiterbewegung, selbst den damaligen Zwistigkeiten zwischen Kommunisten und Sozialdemokraten – das alles hat er als Junge, als Roter Jungpionier, noch selbst im Kölner Arbeiterviertel Severin gesehen, davon hat er gehört. Aber er ist auch geprägt von faschistischer Ideologie. Ständig steht er im Widerspruch zwischen latenter Ablehnung und diffuser Faszination. Er ist, wie viele andere, weder Faschist noch Antifaschist. Er ist ein *durch-*

schnittlicher Deutscher. Nur langsam, über individuelle Erfahrungen, beginnt der Prozeß des Nachdenkens, des Wertens. Rüstungsindustrie, Rekrutenausbildung, Einsatz an der Ostfront sind Stationen dieses Prozesses, eines Prozesses, der nicht damit endet, daß aktiver Widerstand beginnt. Auch in diesem Punkt unterscheidet sich Görtz nicht von vielen anderen seiner Generation. Seine individuelle Geschichte, seine Sicht steht für viele. Darin liegt ihre Bedeutsamkeit und in dem, was Johannes R. Becher einmal so formulierte: »Es ist ein Unglück, daß die sogenannten *einfachen Menschen* nur wenig über sich selbst aussagen. Ihr Mitteilungsbedürfnis ist anderer Art, als sich mit ihren innersten Angelegenheiten an die Öffentlichkeit zu wenden. So bleibt uns ein ungeheurer Ausschnitt aus dem menschlichen Leben unbekannt. Mir scheint, das Tagebuch eines *einfachen Menschen* wäre für eine *Lehre vom Menschen* aufschlußreicher als Dutzende Spekulationen über dieses Thema, und wenn rühmend von Entdeckungen aller Art die Rede ist, so müßte am höchsten gerühmt werden, wer uns einen wirklichen Einblick in die Menschenseele verschafft, und zwar in die Seele von Menschen, die im allgemeinen als uninteressant und durchschnittlich gelten. Wenn man dagegen einwendet, daß die *einfachen Menschen* längst literarisch gesellschaftsfähig geworden sind, weil es wohl kein bedeutendes Kunstwerk gibt, worin sie nicht ihre Rolle spielen, so wäre dagegen zu sagen, daß diese literarische Rolle bei weitem nicht der Bedeutung entspricht, die dem *einfachen Menschen* in unserem Leben zukommt.«

Ute Scheffler

Erster Teil

Diese Jugend lernt ja nichts anderes als deutsch denken, deutsch handeln, und wenn diese Knaben mit zehn Jahren in unsere Organisationen hineinkommen und dort oft zum ersten Male überhaupt eine frische Luft bekommen und fühlen, dann kommen sie vier Jahre später vom Jungvolk in die Hitlerjugend, und dort behalten wir sie wieder vier Jahre. Und dann geben wir sie erst recht nicht zurück in die Hände unserer alten Klassen- und Standeserzeuger, sondern dann nehmen wir sie sofort in die Partei, in die Arbeitsfront, in die SA oder in die SS, in das NSKK und so weiter. Und wenn sie dort zwei oder anderthalb Jahre sind und noch nicht ganze Nationalsozialisten geworden sein sollten, dann kommen sie in den Arbeitsdienst und werden dort wieder sechs und sieben Monate geschliffen, alles mit einem Symbol, dem deutschen Spaten. Und was dann nach sechs oder sieben Monaten an Klassenbewußtsein oder Standesdünkel da oder da noch vorhanden sein sollte, das übernimmt dann die Wehrmacht zur weiteren Behandlung auf zwei Jahre, und wenn sie nach zwei, drei oder vier Jahren zurückkehren, dann nehmen wir sie, damit sie auf keinen Fall rückfällig werden, sofort wieder in die SA, SS und so weiter, und sie werden nicht mehr frei sein ihr ganzes Leben.

Adolf Hitler
in einer Rede am 2. Dezember 1938

Neunzehnhundertachtunddreißig

3. Juni

Da ich nun achtzehn Jahre alt geworden bin, will ich beginnen und Tagebuch führen. Das heißt, ich will all das, was mich bewegt, was ich erlebe und was mir so begegnet an meinem Weg, niederschreiben. Nicht zum Zeitvertreib werde ich das tun, nein, sondern deshalb, weil es eine Notwendigkeit ist.

Ich bereue, nicht schon früher damit begonnen zu haben. Denn mein Tagebuch soll mein Spiegel sein. Jeder Mensch benötigt einen Spiegel, den er sich vorhält, wenn er sich selbst einmal sehen will, ja sehen muß, um sein eigenes Antlitz zu schauen, wie es sich verändert, entstellt oder besser geworden ist. So wird es mir helfen, mein Tagebuch, das weiß ich gewiß …

Ich sitze im Schlafzimmer am Fenster, und draußen wird es dunkel. Da nehme ich unsere Petroleumlampe, meinen Bleistift und ein Blatt Papier, und nun beginnt meine Stunde, die mir ganz allein gehört, auf die ich mich schon am Morgen gefreut habe. Ich darf grübeln und schreiben, darf eine Sache bauen aus dem Nichts, darf erleben, wie sie wird und wächst und vollendet ist.

Ich fühle mich oft so allein, und das innere Suchen und Ringen nimmt immer mehr zu. Vielleicht, daß ich die grüblerische Schwermut von der Mutter habe. Die Mutter ist immer sehr ernst, und selten, daß sie mal lacht. Immer hat sie Sorgen, und wenn keine da sind, dann macht sie sich welche. Vater ist da anders. Er lacht gern, macht Scherze, und stundenlang kann er spannend erzählen. Aber in den letzten paar Jahren hat er sich merkwürdig verändert. Er sitzt stundenlang am Fenster und starrt auf die Straße, und wenn ich was frage, scheint er mich gar nicht zu hören.

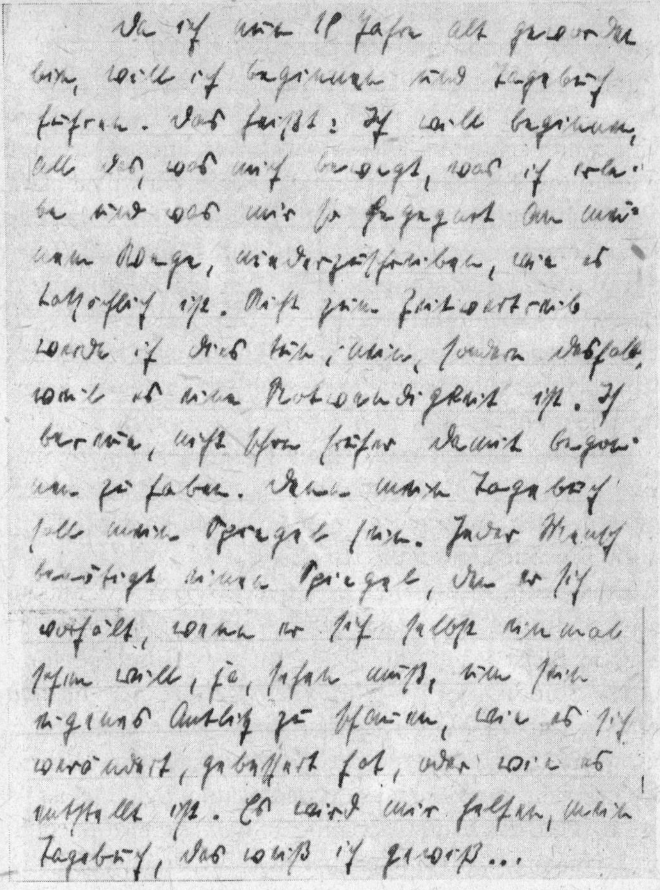
Da ich nun 18 Jahre alt geworden bin, will ich beginnen ein Tagebuch führen. Das heißt: Ich will beginnen, alles das, was mich bewegt, was ich erlebe und was mir so begegnet an meinem Wege, wiederzuschreiben, wie es tatsächlich ist. Nicht zum Zeitvertreib werde ich dies tun, allein, sondern deshalb, weil es eine Notwendigkeit ist. Ich bereue, nicht schon früher damit begonnen zu haben. Denn mein Tagebuch soll mein Spiegel sein. Jeder Mensch benötigt einen Spiegel, den er sich vorhält, wenn er sich selbst einmal sehen will, ja, sehen muß, um sein eigenes Antlitz zu schauen, wie es sich verändert, gebessert hat, oder wie es entstellt ist. Es wird mir helfen, mein Tagebuch, das weiß ich genau...

Als der Vater vor acht Jahren arbeitslos wurde, sagte er zu mir: »Eine Lehrstelle, die kannst du dir jetzt aus dem Kopf schlagen. Bei vierzehn Mark sechzig Unterstützung die Woche – wie soll ich dich da mit durchfüttern?«

»Aber jeder muß doch etwas lernen, damit er später ...«

»Nenn mir einen einzigen Jungen aus unserer Straße,

der eine Lehrstelle hat, du Schlaumeier! Hilfsarbeiter, das ist alles, was drin ist für uns Proleten.«

Vier Jahre später kam ich aus der Schule, und da schickte man uns in ein Landjahrlager. Neun Monate lang war ich hier in Dassel am Solling in einem Lager mitten im Wald. Für mich eine schöne Zeit! Und mein Vater hatte einen Esser weniger im Haus. Ich hatte mal in der Nacht gehört, wie er zur Mutter sagte: »Jetzt holen uns die Nazis schon unsere Kinder fort und stecken sie in ihre Lager, damit wir keinen Einfluß mehr haben auf sie, und keiner kann etwas tun dagegen«, aber ich hatte mir damals darüber keine Gedanken gemacht. Damals noch nicht ...

Und nun bin ich wieder in Dassel, vier Jahre später, und mache hier meinen Urlaub, und der Urlaub ist morgen zu Ende, und ich muß wieder zurück nach Köln. Ich sitze neben Brigitte auf einer Bank und denke: Warum kann ich nicht hier bleiben? Warum? Warum ist alles so schrecklich traurig?!

22. Juli

Dieser Tage las ich in einem Buch, das langweilig war und ohne besonderen Inhalt, ein Wort, über das ich oft nachdenken muß: »Künstler lassen sich immer zwischen heimlicher Selbstverachtung und heimlichem Größenwahn hin und her reißen. In der mittleren Stimmung aber schaffen sie ihr ehrliches Werk im Rahmen ihres Könnens.«

Geht's nur den Künstlern so? Ist's nicht mit den meisten Menschen so? Ich bin kein Künstler. Ich bin nur Hilfsarbeiter in einer Bauschlosserei, und man will mir noch nicht mal den »Titel« Hilfsschlosser zusprechen. So muß ich also glauben, daß ich nichts bin, nichts kann, nichts sein werde, und ich verachte mich selber. Aber dann glaube ich – fast in der gleichen Minute –, daß ich mehr bin, mehr kann und mehr sein werde als die anderen, mit denen ich täglich zusammen arbeiten muß. Ich glaube: Ich bin ein Schriftsteller! Oder zumindest: Ich werde mal einer sein! Denn ich habe schon kurze Geschichten geschrieben und Gedichte gemacht, und ich glaube fest daran, daß das, was in mir liegt und noch schläft und träumt und noch dunkel ist, einmal hervorkommen wird!

Und noch mehr von meinem Größenwahn: Ich habe von einem Gedicht hundert Stück drucken lassen! Auf eigene Kosten, mit meinem Namen. Und die werde ich verkaufen oder verschenken, damit sich die Leute das an die Wand hängen können ...

1. August

Feierabend. Ich sitze im Schlafzimmer am Fenster. Unten, im »Fidelen Völkerbund«, jammert ein Radio. Gegenüber, im ersten Stock, wimmert ein Radio. Ununterbrochen, ohne Pause. Bis um zwei Uhr wird das so sein, und Kinder kreischen, Frauen schreien schrill, Männer brüllen dazwischen. Und Autos, Fernzüge, und alle zehn Minuten unten vor dem Haus ein Autobus. Lärm, Lärm, Lärm ... Feierabend.

Zwischen den Häusern liegt eine schwüle, unbewegliche Hitze. In der Sonne soll's heute vierzig Grad gewesen sein. Und an meinen drei Schmiedefeuern? Sechzig Grad und noch mehr. Wenn die Leute drüben auf der Poller Seite am Rheinufer liegen, dann stöhnen sie vor Hitze. Und ich? Drei beißende, flackernde Schmiedefeuer, groß, lodernd, fressend. Ich lege Eisen hinein. In jedes Feuer eins. Kaum liegt das dritte drin, ist das erste schon warm, rotglühend und sprühend. Mit der Zange gepackt, raus, ein neues hinein. Wie das Feuer beißt! Wie es sticht und brennt bis unter die Haut. Und hinter dir steht Pietschmann. Vorarbeiter Pietschmann. Und brüllt: »Los, los, du faule Bauernsau! Los, los, du Dichterling!«

Mit dem glühenden Eisen zur Stanze gerannt, abgelegt – und zurück. Das zweite gepackt, abgelegt – und zurück. Das dritte. Zurück, neue Eisen hinein, Kohle drauf. Das erste, das zweite, das dritte – und hin und zurück und hin und zurück. Und das Eisen im Feuer, das drängt, das treibt, unerbittlich: Nur ja nicht verbrennen lassen! Und Pietschmann brüllt dir ins Ohr: »Das Wasser im Arsch soll dir kochen!«

Draußen, weit draußen am Rheinufer, da liegen die Menschen in Sonne und Wasser und stöhnen vor Hitze. Ja, es ist Feierabend, und mir ist zum Kotzen übel. Ich hätte nicht soviel trinken sollen bei dieser Hitze heute. Feuer und Wasser machen schlapp ... Gleich werde ich einschlafen, und ich werde keine Ruhe finden im Traum, weil Pietschmann mich jagt. Pietschmann, der Vorarbeiter.

25. August

Vorgestern ist wahr geworden, wovon ich drei Jahre lang träumte: Ich hab mir eine Schreibmaschine gekauft! Drei Jahre lang gespart, jede Woche fünfzig Pfennig – und jetzt besitze ich eine Olympia ... Und ich sitze vor einem Haufen Papier und kann keinen klaren Gedanken fassen. Eine Jungengeschichte will ich schreiben. Jungen, die auf Fahrt gehen und eine Menge abenteuerliche Sachen erleben. Aber – wo beginnen? Und wie? Aber wenn's auch nur ganz, ganz langsam vorwärtsgeht – ich werde bei der Arbeit glücklich sein. Glücklich ... Ich fühle mich so einsam. Man müßte einen Menschen haben, mit dem man sich versteht. Ich habe schon viele Mädels kennengelernt, aber nicht eine gefunden, die mich versteht. Ein Hilfsarbeiter, der Gedichte schreibt und erfundene Geschichten – so ein Spinner!

Ich sitze hier oben in Hohkeppel im Bergischen Land in einem kleinen Café, und bald werde ich mein Stahlroß besteigen und heimstrampeln in die große, stinkende Stadt am Rhein, über die ich vor ein paar Tagen ein Gedicht geschrieben habe. Der Vater fand es in der Schublade, und er zeigte es der Mutter. Sie lasen es durch und sagten kein Wort. Kein einziges Wort über ein Gedicht ihres Sohnes. Nur Mitleid war in ihren Augen und – vielleicht auch Spott. Wenn sie wenigstens gesagt hätten: »Ist das wirklich von dir, und wo hast du das her, dieses nutzlose Gespinne?« Wenn sie wenigstens gesagt hätten: »Ja, schön, aber was soll's?« Selbst Pietschmann hat gesagt: »Gar nicht so schlecht, das Gedicht über einen Abend am Strom. Gar nicht so schlecht, muß man schon sagen.«

Ich war danach sehr traurig und niedergeschlagen. Das sind nun meine Eltern, die Menschen, die mir eigentlich am nächsten stehen sollten. Vater sagte nur nachher, als ich das Gedicht über meinem Bett an die Wand heften wollte: »Was soll denn der Quatsch? Hängt nicht schon genug zweckloser Unsinn da an der Wand?«

Unsinn ... Ja, genug Bilder hängen da neben meinem Bett. Uralte Tanten, die ich nie gesehen habe. Mein Konfirmationsspruch, ein ausgestopfter Papagei. Ein Hakenkreuz, der Führer, eine Muschel aus der Nordsee, das Tannenbergdenkmal, Wilhelmshaven und die Insel Helgoland, ein paar Holzschnitzereien und – ja, was soll da ein Gedicht? Ein selbstgemachtes Gedicht vom eigenen Sohn?

Ich bin hier im Café mit einigen Leuten ins Gespräch gekommen. Sie fiebern genau wie ich auf die morgige Rede des Führers. Wegen der Tschecho-Slowakei. Nun überlege ich mir: Bin ich ein Egoist, wenn ich nur über mich und mein eigenes Leben in mein Tagebuch schreibe? Was ist denn das Schicksal eines einzelnen Menschen?

26. September

Wir hocken vor dem Radio und hören den Führer. Und plötzlich, mit einmal, wissen wir, wie gut, wie schön wir es haben! Erst jetzt kommt uns das richtig zum Bewußtsein, jetzt, wo uns der Schrecken des Krieges bedroht. Und ich muß daran denken, daß ich in den letzten Tagen und Wochen über der Arbeit an meinem Jungenbuch das alles fast völlig vergessen hatte – daß es Krieg geben könnte. Wie kann man nur an seine Arbeit, an sein persönliches Schicksal denken, wenn so große Dinge in der Welt geschehen?! Man muß Anteil daran nehmen, ganz persönlich, ob man will oder nicht. Es gibt kein Danebenherlaufen mit verschlossenen Augen. Man muß Anteil nehmen!

Der Führer hat also gesprochen, und am Samstag wird die endgültige Entscheidung fallen. Und am Sonntag werden entweder die Kanonen donnern, oder wir werden vor Freude aus dem Häuschen sein, weil der Frieden gerettet wurde.

Wir saßen noch lange und haben geklönt. Über Krieg, über Bomben und Granaten und über das Sterben. Früher habe ich schon mal nachgedacht über den Tod – und jedesmal eine eiskalte Furcht vor ihm bekommen. Die Angst vor dem Großen, Unerklärlichen, vor dem Ausgelöschtsein. Nein, man sollte darüber nicht nachdenken ...

1. Oktober

Nach der Rede des Führers gab es für alle nur eins: Krieg! So dachten wir. Denn klar und eindeutig war das Memorandum des Führers an Prag: Übergabe und Abtretung des Sudetenlandes bis zum 1. Oktober oder ... Daß

Nach der Rede des Führers gab es nur eins: Krieg! So dachten alle. Denn das Memorandum an Prag lautete: Übergabe und Abzug des Sudetenlandes bis zum 1. Oktober. Daß Prag, gestützt auf Frankreich und England, diesen Forderungen schroff trotzen würde, stand fest. Und dann kam es in letzter Minute doch noch anders, doch noch zum Guten. Wie eine Bombe schlug die Meldung ein: Hitler, Mussolini, Daladier und Chamberlain treffen am Donnerstag zur Beratung in München zusammen...

Nun ist es vorüber, ist alles in Ordnung. Sie sind einig geworden, die „großen Vier"! Und Prag hat unter diesem Druck die deutschen Forderungen angenommen. Und die Welt ist ein einziger Jubel, eine Freude: Frieden! Frieden!

Prag, gestützt auf England und Frankreich, diesen Forderungen hohnvoll trotzen würde, stand für uns fest. Und dann kam es in letzter Minute doch anders. Wie eine Bombe schlug die Meldung ein: Hitler, Mussolini, Daladier und Chamberlain treffen am Donnerstag in München zur Beratung zusammen ... Nun ist es vorüber. Alles in Ordnung. Sie sind einig geworden, die »großen Vier«. Prag hat unter diesem Druck die deutschen Forderungen angenommen, und die Welt ist heute ein einziger Jubel, eine einzige Freude: Frieden! Frieden! Frieden!

Ist auch Blut von Hunderten Sudetendeutschen geflossen – wir danken dem Führer, daß es nicht Millionen geworden sind durch einen Krieg, den Deutschland gegen Frankreich und England hätte führen müssen. Aber mein Vater ist anderer Meinung. Ich bin hart mit ihm aneinandergeraten, als ich sagte: »Siehst du, es ist also doch nicht wahr, was ihr vor sechs Jahren an die Wand gemalt habt: Wer Hitler wählt, wählt Krieg ... Ist jetzt nicht bewiesen, daß Hitler dem deutschen Volk den Frieden gerettet hat? Daß er keinen Krieg machen wird – nie, niemals?«

»Bewiesen ist jetzt«, hat der Vater gesagt, »daß der Krieg, Hitlers Krieg, schon längst begonnen hat.«

»Vater, ich habe dir immer sehr viel geglaubt, weil du sehr viel weißt – aber ich glaube, hier bist du mal nicht im Recht.«

Da hat der Vater mich angeschrien: »Das mußt gerade du mir sagen, du – du Hosenscheißer! Aber – wart's ab, das dicke Ende kommt noch! Und das dauert gar nicht mehr so lange!«

16. November

Oft kriege ich Angst, wenn ich daran denke, wie schnell die Zeit vergeht. Manchmal ist mir, als hätte ich mit jedem Tag etwas Kostbares verloren, als hätte ich nicht so gehandelt, wie ich's hätte tun müssen. Hatte ich mir nicht im vorigen Winter vorgenommen, eine Jungenerzählung zu schreiben? Und was habe ich vollbracht seitdem? So gut wie nichts! Noch nicht einmal die Hälfte meines Buches ist fertig. Aber den Titel habe ich endlich gefunden: ›Dort oben im Nordosten‹. Ich möchte schaffen, schaffen, schaffen, jeden Abend sitzen und ein paar Seiten schreiben! Aber dann gibt es Tage und Wochen, wo ich von meiner Arbeit gar nichts wissen will. Dann will ich leben, leben, leben! So wie die anderen Jungen möchte ich tanzen gehen, möchte ich lustig sein und lachen, ein Mädchen im Arm haben. Dann gehe ich am Abend wie meine Schulkameraden auf den Tanzboden bis spät in die Nacht hinein. Aber nachher, wenn ich dann aufwache, am Sonntagvormittag, mit schmerzenden Knochen und schweren Gedanken – dann kotzt mich alles an, und ich möchte weit draußen sein, irgendwo im Bergischen Land, in der freien Luft des Waldes.

Heiliger Abend

Draußen liegt Schnee, und von den vielen Kirchen in der Stadt klingen feierlich die Glocken. Wenn ich hinausblicke, sehe ich gegenüber in den Fenstern die Weihnachtsbäume mit ihren leuchtenden Kerzen und bunten Kugeln, und durch unser Haus erklingen aus dem Radio die alten, trauten Weihnachtslieder, die mich erinnern an die Kinderzeit …

Und ich? Eng ist unsere Wohnküche, eng und bedrükkend. Und kein Weihnachtsbaum, kein Gabentisch, keine Geschenke, kein Kinderlachen. Nichts, nichts. Und eigentlich habe ich das niemals gekannt, auch nicht als Kind. »Wir sind zu arm, um uns Geschenke zu machen«, sagte die Mutter. Und der Vater: »Einen Weihnachtsbaum? Wozu? Sind wir denn kleine Kinder?« Und alles war so, wie es heute auch ist – trostlos grau, einsam, leer, grausam leer. Ein Tag wie jeder andere im Jahr.

Aber – muß das so sein? Müssen es denn teure Geschenke sein, um einen glücklich zu machen? Und wenn es nur eine kleine, ganz kleine Sache ist, eine symbolische Handlung: »Schau her, das will ich dir schenken zum heutigen Fest! Ist ja nicht viel, aber es kommt von Herzen.«

Wenn ich heute daran denke – vor Jahren, oben bei Wolfs! War das eine Freude! War das ein Jubeln und Lachen! Acht Kinder – und die ganze große Schar versammelt in der engen Stube um den Weihnachtsbaum, und ich war mitten darunter und fühlte mich glücklich.

Gibt es ein größeres Glück, einen größeren Reichtum, als von Kindern umgeben zu sein? Es ist für mich jedesmal eine Feierstunde, wenn ich in eine Familie komme, wo Kinder sind, besonders kleine, die noch auf allen vieren umherkrabbeln, und es gibt für mich nichts Beglükkenderes, als solch ein kleines Geschöpf auf dem Arm zu haben, ihm in die lachenden, unschuldigen Augen zu schauen, mit ihm spielen zu dürfen ... Aber zu Wolfs kann ich nicht mehr hinaufgehen. Es gibt dort keine kleinen Kinder mehr. Edi, der Jüngste, ist zwölf, ein echter Rabauke, und Kätchen und Lilly sind längst schon verheiratet ...

Ja, Heiliger Abend! Überall, in allen Städten und Dörfern, in jedem Haus, bei den Reichen und den Armen, ist heute das Fest der Liebe, das Fest der Familie, der Zusammengehörigkeit und Gemeinsamkeit. Und zu wem gehöre ich?

Die Umstände haben mich gezwungen, jahrzehntelang nur vom Frieden zu reden. So nur ist es mir möglich geworden, Deutschland die Rüstung zu geben, die immer wieder für den nächsten Schritt notwendig war. Als Voraussetzung dazu war es aber notwendig, dem deutschen Volk bestimmte Vorgänge so zu beleuchten, daß die innere Stimme des Volkes selbst langsam nach der Gewalt zu schreien begann.

Adolf Hitler
in einer Rede am 10. November 1938

Es war mir klar, daß es früher oder später mit Polen zu einer Auseinandersetzung kommen mußte. Ich faßte den Entschluß bereits im Frühjahr. Unsere wirtschaftliche Lage ist so, daß wir nur noch wenige Jahre durchhalten können. Uns bleibt nichts anderes übrig, wir müssen handeln.

Adolf Hitler
vor den Oberbefehlshabern
der Wehrmacht am 22. August 1939

2. Januar

Mit meinem Buch geht es nicht weiter. Ich kann einfach nicht mehr. Am Vormittag habe ich die besten Gedanken, doch am Abend, wenn ich neun Stunden an der Bohrmaschine gestanden habe, wenn ich achthundert schwere Eisenstäbe aufgehoben und wieder abgelegt habe, dann bin ich so müde, daß ich keinen klaren Gedanken fassen kann. Komme ich dann nach Hause, lege ich mich aufs Sofa und bin so müde, daß ich gleich nach dem Essen ins Bett kriechen muß.

31. Januar

Nun bin ich fast vier Jahre hier in dieser Bruchbude, die sich Kunst- und Bauschlosserei nennt, und jeder Tag in dieser Zeit heißt für mich: Pietschmann, Vorarbeiter Fritz Pietschmann.

Ich traf schon viele merkwürdige Menschen, aber einen wie ihn wohl noch nicht. Du findest Streber und Egoisten, du findest Weltverneiner und Kluge und Dumme, du findest Herrschsüchtige und Arschkriecher – aber einen, der alles in sich vereinigt, den gibt es wohl nur ein einziges Mal auf der Welt: Pietschmann. Es vergeht kaum ein Tag, an dem er sich nicht dreimal verändert. Mal ist er Streber und Antreiber, jagt die Leute mit den gemeinsten Schimpfworten und Methoden umher, mal ist er melancholisch, gleich darauf zynisch, und dann wieder hat er seine »blaue Stunde«, und du kannst mit ihm schwatzen über alles mögliche, über Naturschönheiten, über Bücher, Politik und philosophische Sachen, denn er ist in allem bewandert, wie keiner hier in dieser Bude.

Schon am ersten Tag, als ich ihm beim Autogenschweißen helfen mußte, hat er mir die Flamme so nahe an die Hände gebracht, daß ich nachher eine Brandblase hatte. An einem Samstagmittag, kurz vor Feierabend, kam noch ein Lastzug mit Eisenstäben auf den Hof, und ich mußte alleine abladen, während er grinsend danebenstand, ohne einen Finger zu rühren. Als er nachher neben mir im Waschraum stand, sagte er so ganz nebenbei: »Eines mußt du dir merken, mein Junge: Gelobt sei, was hart macht!« Und nun, heute, steht er plötzlich wiederum neben mir und sagt so ganz nebenbei, er möchte mich einladen zu einem Bier in der Kneipe um die Ecke. Nun mache ich mir nicht viel aus Bier, erst recht nichts aus Schnaps – aber hätte ich ablehnen können? Ihn dadurch noch mehr gegen mich aufbringen sollen? Ich ging also mit, und wir tranken ein Bier und dann noch eins, und da fragte er mich: »Wie fühlt man sich denn so, wenn man sich zum erstenmal gedruckt sieht?«

Ich war freudig erschrocken darüber, daß er mein Gedicht »Ne Bleck zoröck« gelesen hatte. Es ist am 11. Dezember im »Aufbruch« erschienen, aber bis jetzt hat keiner meiner Kollegen darüber ein Wort verloren. Und nun ergab sich ein Gespräch zwischen Pietschmann und mir, das ich mir aufschreiben muß, um es nicht zu vergessen.

Ich sagte: »Das war nicht das erste, was von mir gedruckt worden ist. Das erste war vor drei Jahren und ist im ›Kölner Stadtanzeiger‹ erschienen. Am zweiten Februar neunzehnhundertfünfunddreißig.«

»So«, sagte Pietschmann, »vor drei Jahren – und du warst damals noch keine fünfzehn Jahre alt. Ganz schön.«

»Ja, und dann sind im selben Jahr noch vier Sachen von mir gedruckt worden. Im ›Westdeutschen Beobachter‹, in der ›Einbecker Morgenpost‹, im ›Einbecker Tageblatt‹, in ›Der Westen‹, und ein Jahr später hat die ›Königsberger Allgemeine Zeitung‹ zwei Kurzgeschichten von mir gebracht und im vergangenen Jahr eine Erzählung ›Verfolgung übers Haff‹, und das ist die Grundlage zu meinem Buch, an dem ich jetzt arbeite.«

»Ganz schön, ganz schön«, sagte Pietschmann. »Und – wie geht es nun weiter? Keine Gedichte mehr?«

»Doch – ich versuche. Aber nicht immer in Mundart. Ich möchte mal so schreiben können wie Heinrich Lersch, und darum ...«

Da packte Pietschmann mich beim Arm und fuhr mich an: »Wie was?! Wie was willst du werden? Sag das noch mal!« Er ließ mich gar nicht zu Wort kommen. »Frey, das eine sage ich dir: Das will ich nicht gehört haben!«

»Aber – warum denn? Ist Heinrich Lersch nicht ein richtiger Arbeiterdichter? Ich habe ihn persönlich kennengelernt. Im Garten stand er, in Bodendorf an der Ahr, und ich bin mit dem Fahrrad hingefahren, vor zwei Jahren zu Ostern. Und im Juni stand dann in der Zeitung, er wäre gestorben.«

»Ein Glück für ihn und die Welt!« sagte Pietschmann.

»Ich verstehe Sie nicht«, sagte ich ratlos. »Er war doch wirklich ein großer Dichter.«

»Ein Arschloch war er!« schrie mir Pietschmann ins Gesicht. »Ein großes Arschloch! Ein Lump! Ein – einer der größten Arbeiterverräter ist er gewesen! So, und nun Schluß mit dem Quatsch!« Er stand auf, bezahlte und schob mich hinaus. »Und wenn du jetzt auf deinem Fahrrad nach Hause strampelst, dann denk mal darüber nach: ›Deutschland muß leben, und wenn wir sterben müssen!‹ Weißt du, wer das geschrieben hat? Heinrich Lersch! Dein Heinrich Lersch! Dein – Arbeiterdichter!«

Auf dem Weg nach Hause war ich so durcheinander, daß ich fast mit einem Auto zusammengestoßen wäre ...

Weiberfastnacht! Ist das ein Trubel in der Altstadt! Ja, heute sind sie losgelassen, die Hyänen, die alten Megären. Heute haben sie das große Wort. Lallend und grölend torkeln sie durch die Straßen und Gassen, stehen in den Lokalen auf Stühlen und Tischen, und die Jungen sind geil, und die Alten sind brünstig. Und je älter sie sind, um so toller treiben sie es. Denn der Hunger nach Leben ist riesengroß ...

Ich bin in der »Gaststätte Röhricht« in der Severinstraße. Tanze, schwitze, trinke, tanze, schwitze. Lerne wie jeder ein Mädchen kennen. Ich habe viele Bekannte hier. Überall treffe ich welche, tausche leere, nichtssagende Worte, sehe durch sie hindurch – und bin wieder allein und fühle mich einsam.

Auf dem Heimweg begegne ich Käthe. Vorigen Sommer habe ich sie und Walter, ihren Mann, zum letzten Mal im »Treppchen« gesehen. Beim Tanzen hat sie sich an mich gedrückt, und ihre strahlenden blauen Augen und ihre knallroten Lippen haben mich fast aus dem Tritt gebracht, obwohl ich doch ein guter Tänzer bin ...

Nun umarmt sie mich und küßt mich auf den Mund. »Mein verspäteter Silvesterkuß, Jakob«, sagt sie mit schwerer Zunge. »Und – und weil ich dich so lange nicht gesehen habe. Ich – ich habe dich immer – immer sehr gerne gesehen. Weißt du das?«

»Wo hast du deinen Walter gelassen?« frage ich. Der Walter war mir immer sehr sympathisch, und wir haben uns sehr gut verstanden, obwohl er viel älter ist als ich.

»Ach, hör mir auf mit Walter! Der hockt wie jeden Abend in der Wirtschaft und läßt sich vollaufen. Aber heute – heute ist Weiberfastnacht, und da gehe ich alleine aus und such mir einen, der mir gefällt. Du – du gefällst mir, Jakob. Weißt du das? Du könntest – könntest mich heut mal besuchen.«

»Wo Walter nicht da ist …?«

»Ach, Jakob, Jakob, du bist und bleibst ein Kindskopf! Los, komm, wir haben zu Haus noch ein gutes Tröpfchen!«

Mir gehen die tollsten Gedanken durch den Kopf. Soll ich? Soll ich nicht? Soll ich vielleicht doch? Sie ist zehn Jahre älter als ich, und ich weiß, daß sie mich immer gemocht hat – aber mehr so auf mütterliche Zuneigung, dachte ich …

Da steht plötzlich ihre Mutter in der Haustür, und bevor ich »Guten Abend« sagen kann, fährt sie auf Käthe los: »Hast dir mal wieder was Junges gesucht, du Miststück? Hab ich dich endlich erwischt!«

Ich will etwas sagen, will ihr erklären, daß es gar nicht so ist, wie sie denkt, aber da schreit sie mich an: »Scher dich weg, du Hurenbock! So ein junger Kerl mit einer verheirateten Frau …!«

Ich schleiche davon, wie ein begossener Pudel. Ich könnte platzen vor Wut. Immer könnte ich platzen vor Wut, wenn mir einer etwas in die Schuhe schiebt, was ich gar nicht getan habe und auch gar nicht tun wollte. Das war schon in der Schule so.

1. April

Ist mir da gestern etwas Merkwürdiges passiert! Ich fahre am Rhein entlang mit meinem Rad, und kurz vor Rodenkirchen ist plötzlich ein Motorradfahrer neben mir mit einem Anhänger.

»Hallo!« ruft er. »Wie geht es dir?«

»Hallo!« sage ich und gebe ihm die Hand und denke: Das ist doch Bäumchen aus dem Landjahr! »Bin krank geschrieben. Vier Wochen schon.«

»Das kann doch nicht wahr sein! Hab dich doch erst vorige Woche gesehen. Haben doch miteinander ein Bierchen gesoffen!«

»Kann nicht stimmen. Zuletzt haben wir uns gesehen bei Röhricht. Das war Karneval.«

»Röhricht?« fragt er erstaunt. »Kenn ich nicht. Was ist das?«

»Mensch, willst mich wohl auf den Arm nehmen?! Röhricht, das Tanzlokal in der Severinstraße!«

»Keine Ahnung«, sagt er. »Bin ich nie gewesen.«

Ich denke, der will mich wirklich verklapsen oder er ist inzwischen plemplem geworden und muß in die Klapsmühle. Ich schaue auf die vorbeifahrenden Autos, die fast alle in die Militärringstraße einbiegen, und wechsle das Thema: »Jetzt kommt bald wieder die Zeit, wo man auf Tramp gehen kann.«

»Tramp? Was ist das?«

»Mensch, ich hab dir doch von meinen Trampfahrten erzählt! Und daß ich im vorigen Jahr nach Dassel getrampt bin und daß ich an meinem Geburtstag Siegfried besucht habe!«

»Dassel? Siegfried besucht?« Seine Augen werden immer größer. »Sag mal, wovon redest du eigentlich?«

Jetzt reißt mir die Geduld. Ich schreie ihn an: »Mensch, hör endlich auf mit dem Spaß! Vor fünf Jahren sind wir zusammen im Landjahrlager gewesen! In Dassel am Solling! Und Siegfried, das war unser Scharführer!«

Da tippt er sich mit einem Finger gegen die Stirn und sieht mich mitleidig an. »Junge, du scheinst wohl zu spinnen? Oder hast eine Krankheit im Kopp?«

Ich hole tief Luft, bevor ich ruhig sage: »Du heißt doch Baum, und wir nannten dich Bäumchen – oder war das nicht so?«

»Baum? Bäumchen?« Er schüttelt den Kopf. »Ich heiße Leydendecker, Josef Leydendecker. Und wenn du jetzt nicht aufhörst mit dem Quatsch, dann werd ich dir eine kleben!«

Da schwinge ich mich auf mein Rad und fahre weiter.

Weiter in Richtung Rodenkirchen. Und beim Weiterfahren geht mir durch den Kopf: Da hast du nun drei Wochen lang im Bett gelegen, in einer Diphtheriebaracke mit grellweißen Wänden, die Tage und Nächte ausgefüllt mit quälenden Schmerzen, mit Fieberträumen, mit Pillen und Spritzen, mit erbärmlicher Feigheit und Angst in der Brust, und während der ganzen Zeit hast du kein einziges bekanntes, vertrautes Gesicht gesehen, außer deiner Mutter. Und jetzt, so du endlich wieder draußen sein darfst, wo du dich wieder auf den Frühling freuen kannst wie einer, der dem Totengräber eben von der Schippe gehopst ist, da triffst du einen Menschen und freust dich: Den kenn ich doch! Den kenne ich von früher! Mit dem bin ich neun Monate durch dick und dünn gegangen, damals, im Landjahrlager in Dassel ... Und dann kennt der dich nicht. Und du kennst ihn auch nicht. Und ihr redet und redet – und einer redet am anderen vorbei in den Wind, und dann fährt jeder davon, jeder in eine andere Richtung, als wär nichts gewesen ...

Ist das nicht oft so im Leben? Geht es nicht vielen Menschen so, daß sie aneinander vorbeireden? Daß man glaubt, man kennt sich, und man ist und bleibt sich doch fremd? Und eine andere wichtige Erkenntnis aus dieser Begegnung: Sie hat mir mal wieder bewiesen, daß Geschichten, richtige spannende Geschichten nicht erfunden werden müssen. Sie liegen auf der Straße. Man muß sie nur entdecken.

20. April

Ich sitze am Küchentisch und habe vor mir einen Packen vergilbter Urkunden, die ich heute zum erstenmal zu Gesicht bekomme. Vater hatte sie in einem Kästchen verschlossen, und er hätte sie mir auch jetzt nicht gegeben, wenn ich sie nicht dringend brauchen würde als Unterlagen für meinen Ahnenpaß. Es ist nämlich so, daß man ohne arischen Nachweis keinen Befreiungsschein von der Reichsschrifttumskammer bekommt, und ohne diesen numerierten Schein darf keine Zeitung etwas drucken. Alles muß seine Ordnung haben …

Ja, Vater hat sich gewunden wie ein Wurm, immer wieder Ausreden gehabt oder erfunden. Als ob ein Proletenjunge Schriftsteller werden könne! Alles nur Hirngespinste!

»Muß ja nicht gleich Schriftsteller sein«, habe ich gesagt. »Aber den Ahnenpaß brauche ich, sonst nimmt mir keine Zeitung mehr etwas ab. Und Schreiben, das macht mir eben Spaß.«

Nun lese ich – und bin bis ins Innerste erschüttert. Mein Vater ist als uneheliches Kind zur Welt gekommen! Er hat seinen Vater niemals kennengelernt und ist von seiner Mutter, einer Landarbeiterin auf einem Gut in Westpreußen, aufgezogen worden … Er hat mir oft erzählt von seiner Mutter. Sie ist mit acht Geschwistern aufgewachsen und mußte schon als Kind aufs Feld. Aber das von seinem Vater – das hat er verschwiegen.

»Siehst du, und darum wollte ich dir die Papiere nicht geben. Nicht, weil ich mich schäme, ein uneheliches Kind gewesen zu sein. Aber – was hat das Graben in der Vergangenheit für einen Zweck? So, und nun hast du ein Loch in deinem Ahnenpaß, und wer nicht nachweisen kann, daß sein Großvater kein Jude gewesen ist, kein polnischer Viehhändler vielleicht …«

Dabei hat Vater mich ganz merkwürdig angesehen. Aber trotzdem – noch heute schicke ich meinen Antrag an die Reichsschrifttumskammer! Vielleicht fällt ihnen gar nicht auf, daß bei mir ein Loch ist …

24. April

Hei, das ist Leben!

Die »Weiße Bahn« bringt uns vom Heumarkt hinaus ins blühende Bergische Land. Mir gegenüber sitzt Albert, mein Schulfreund, Er war, wie ich, zwei Jahre in der Hitlerjugend. Weil er so gerne auf Fahrt ging, und dann, als das Marschieren eingeführt wurde, Geländespiele und so – da hatte er keine Lust mehr und suchte sich eine andere Truppe. Sie nennen sich »Kölsche Tiröler« und sind wirklich eine zünftige Truppe.

Wir fahren bis Bergisch-Gladbach, und wenn es auch stürmt und regnet – wir tippeln in die Welt hinein, und diese Welt ist fröhlich und frei! Dann sitzen wir in einem Wanderheim, der »Liesenberger Mühle«, und die Klampfen erklingen, und die Mandolinen wimmern und schluchzen, und wir singen, daß die Wände erzittern, und die Füße stampfen im Takt dazu.

Ja, das ist Leben! Ich schaue in ihre Gesichter und weiß, daß sie, genauso wie ich, den Wind, den Wald und die Berge mehr lieben als den Tanzsalon in der Stadt, daß sie Naturmenschen sind und frei sein wollen. Sie kennen sich alle, viele schon Jahre, und so manchem Gesicht siehst du an: Dieser Mensch hat in seinem Leben schon vieles durchmachen müssen ...

Sie haben mich aufgenommen, ohne viel zu fragen. Warum nur bin ich nicht vor drei, vier Jahren Albert gefolgt, statt alleine umherzuirren?! Aber ich glaube, jetzt habe ich den richtigen Weg gefunden.

30. Juli

Ich war beim Chef und wollte einen Vorschuß haben. Aber der Dickwanst hat nur höhnisch gegrinst. Vorschuß gäbe es nicht. Jeder verdiene bei ihm so viel, daß er gut davon leben könnte. Gut leben! Mit zweiundvierzig Pfennig Stundenlohn! Und das in unserem Land, in dem jetzt alle Volksgenossen sind, alle gleich, ob Arbeiter oder Fabrikbesitzer ... Der reine Hohn ist das!

Nun habe ich Pietschmann meine Schreibmaschine verkauft. Er hat mir neunzig Mark gegeben, und so war der Verkauf wohl gar nicht so schlecht für mich. Doch mir ist nicht wohl dabei, und ich fühle mich hundeelend. Ein Jahr habe ich sie nun gehabt, meine Olympia, und sie ist mir eine große Hoffnung gewesen. Aber – brauche ich sie denn noch? Meine Jungengeschichte habe ich an einen Verlag geschickt – und zurückbekommen.

Nun warte ich auf meine Musterung. Und auf das, was danach kommt – vielleicht sogar kommen muß. Der Krieg, der große grauenhafte Krieg, der alle Menschen, alle Völker durcheinanderwirbeln wird.

Wozu also ein Ziel? Hochtrabende Pläne? Nein, leben will ich! Leben, leben, leben – solange es noch geht!

16. August

»Dies ist ein entscheidender Tag in Ihrem jungen Leben! Heute werden Sie erfahren, ob Sie wehrfähig sind oder nicht!«

So spricht der Hauptmann am Morgen zu uns in der Volksschule in Köln-Raderthal.

Ja, wir werden gemustert. Werden in einer Reihe aufgestellt, müssen abzählen, dann Angaben machen, Fragen beantworten. Müssen lesen, hören, gucken, atmen, von einem Raum zum andern wandern, warten. Müssen uns splitternackt ausziehen, Körper beugen, strecken, wieder hin und her und auf und ab. Dann in einem Nebenraum in ein Glas pinkeln. Ich will's besonders gut machen und fülle es bis zum Rand. Der Sanitätsfeldwebel brüllt mich an wie ein Irrer. Ob er sich an meiner Pisse vielleicht die Hände vergiften soll?!

Dann geht's zu den Offizieren am langen Tisch. Besonderer Wunsch? Ja, jeder von den fünfzig Burschen hat einen besonderen Wunsch: Flieger, Flak, U-Boot, Panzer. Als ich an der Reihe bin und sage: »Kein besonderer Wunsch«, da fallen die Offiziere beinahe vom Stuhl. Sie sehen mich an, schütteln die Köpfe.

»Keinen besonderen Wunsch? Unfaßbar so was! Sie wollen also tatsächlich nicht wissen, zu welcher Waffengattung Sie Lust haben ...?«

Ich sage nein, das wüßte ich nicht, und ich denke so bei mir: Zu keiner habe ich Lust, egal, welche es auch sein mag. Und außerdem hat Vater mir gesagt, wer sich beim Kommiß zu irgend etwas freiwillig meldet, der ist ein großes Rindvieh und wird es bald bereuen ... Will ich ein Rindvieh sein?

Da fragt mich der Hauptmann: »Was machen Sie in Ihrer Freizeit?«

»Wandern«, sage ich, und das ist wohl die Wahrheit.

»Wandern?!« schreit der Hauptmann. »Prächtig, prächtig! Ab – Infanterie!«

Ich wandere nach Hause und pfeife mir ein Lied. Wehrfähig bin ich! Tauglich für die Infanterie. Also bin ich kerngesund!

22. August

Als ich von der Arbeit nach Hause komme, ist Mutter allein. Sie ist sehr aufgeregt. Tante Ella hat geschrieben, aus Berlin: »Du mußt sofort kommen, meine Lebensuhr ist abgelaufen, ich habe Magenkrebs.«

Mutter sagt, sie kann nicht fahren, es geht ihr nicht gut. Ich soll mir sofort Urlaub nehmen und hinfahren zur Tante. Das paßt mir gar nicht, denn ich wollte im Urlaub auf Tramp nach Bayern. In Süddeutschland war ich noch nicht ...

Am Abend gehe ich noch mal zu den »Kölschen Tirölern«. Wir lernen jetzt Schuhplatteln, und das macht

Riesenspaß. Den Reit-im-Winkel kann ich schon ganz gut, und Peter Becker, unser KdF-Wanderwart, ist der Meinung, daß wir bald richtig auftreten können ... Wenn Vater hört, daß ich mit Peter Becker sonntags wandere und er jetzt Wanderwart ist und Mitglied in der Partei, dann bekommt er ein böses Gesicht. Vater und er waren früher mal Freunde und Mitglied bei den Kommunisten ...

24. August

Der Zug ist überfüllt. Soldaten, die aus dem Urlaub kommen und in ihre Garnison zurückmüssen, Westwallarbeiter, Frauen und Kinder – ein buntes Durcheinander. Auf einem Bahnhof gibt es eine Abwechslung: Ein Zigeunertyp steigt ein, vollkommen besoffen und grölt: »Das Vaterland hat mich gerufen! Hier – mein Gestellungsbefehl! Es geht nach Osten!«

»Du blöder Hund!« sagt ein älterer Mann. »Denkst wohl, du bist der einzige mit einem Gestellungsbefehl?!«

Gibt es Krieg? Gibt es nun endlich Krieg? Diese Frage steht in allen Gesichtern. Und plötzlich schreit eine Frau: »So macht doch endlich Krieg! Damit wir endlich unsere Ruhe haben.«

28. August

Am Nachmittag war ich bei der Tante im Krankenhaus. Sie spricht nur noch vom Sterben. In den letzten Wochen und Monaten habe ich oft an den Tod gedacht. Wenn die Sonne am goldigsten schien, wenn das Lachen am fröhlichsten war, dann stand er plötzlich vor mir ...

Nachher bin ich in die Stadt gefahren. Bin die Linden entlanggelaufen bis zum Großen Stern, wo neuerdings die Siegessäule ihren Platz gefunden hat. Auf den Straßen fast nur Militär. Die Zeitungskioske dicht umlagert.

Und auf allen Gesichtern die bange Frage: Wird es Krieg geben?

Ich mache mir so meine eigenen Gedanken: Wer ist schon so töricht, zu glauben, daß unsere Armee zum Zeitvertreib an der Ostgrenze aufmarschiert? Ich nicht! Eher kommt der Mond auf unsere Erde zu Besuch, als daß die Polen auch nur einen einzigen Quadratmeter abtreten werden an Deutschland. Bleibt also nur: Krieg! Ja, nun werden die Biertisch-Strategen wohl endlich recht behalten: Einmal muß die große Auseinandersetzung kommen! Und nicht mit Polen geht es um Leben oder Sterben, nicht mit Rußland – nein, der große Kampf wird heißen: England kontra Germany! Sie sind es, die Tommys, die uns die Luft zum Leben nicht gönnen. Gegen sie müssen wir uns einen Platz an der Sonne erkämpfen – oder wir müssen zugrunde gehen.

Morgen werde ich Berlin wieder verlassen. Ich will keine U-Bahn und S-Bahn mehr sehen, keinen Doppelstock-Bus, nichts mehr von Steinkolossen, die man ehrfürchtig begaffen muß. Ich will nach Süden trampen und noch mehr von Deutschland sehen …

3. September

Wehrmachtbericht: Die deutsche Luftwaffe führte im Laufe des 3. September vermehrt ihre Angriffe auf militärisch wichtige Verkehrsanlagen und größere Truppentransporte durch. Die Bahnverbindungen Kutno–Warschau, Krakau–Lemberg, Kielce–Warschau, Thorn–Deutsch Eylau wurden zerstört. Die pommersche Kräftegruppe erreichte mit starken Kräften die Weichsel bei Kulm.

In der »Liesenberger Mühle« die alten vertrauten Gesichter. Gitarren, Mandolinen, Singen, Scherzen und Lachen. Als sei nichts geschehen. Kein Krieg in Polen – nichts … Viele sind schon fort. Auch Peter Becker vermisse ich. Ob er schon einberufen ist? Oder krank? Keiner weiß etwas Genaues. Nur so viel ist klar: Bald sind auch wir »Restlichen« dran, und wir werden schon morgen wie Spreu in alle Winde fliegen. Darum, Kameraden, laßt uns Abschied feiern! Auf nach Höffe ins »Scherfbachtal«!

Ich habe fünfzig Mark in der Tasche, fünfzig von den fünfhundert, die Tante Ella mir übergeben hat für meine Eltern. Ich hätte vierhundertfünfzig Mark bekommen, habe ich zu Hause gesagt. Aber eines Tages – eines Tages wird alles ans Licht kommen und ein großes Spektakel geben. Aber was stört mich das heute? Sauft, Brüder, sauft! Sauft euch heut alle unter den Tisch – Jakob wird die Zeche bezahlen!

Und wirklich – nach zwei Stunden ist alles besoffen, und ich hocke da, stocknüchtern, und spüre das heulende Elend in mir. Es ist nicht zu fassen: Nicht einer spricht vom Krieg! Nicht einer spricht von dem, was jetzt zu dieser Stunde in Polen geschieht! Und ich muß denken: Vielleicht ist das alles gar nicht wahr? Alles nur eine Übung, eine Manöverübung im Osten, und morgen ist alles vorbei wie ein Spuk ...

Nachher liegen wir in der Scheune im Stroh. Mathilde will, ich soll mich zwischen sie und Carola legen, damit sie beide nicht frieren. Ich denke: Nun ja, warum nicht? Carola hat einen schlanken, schmiegsamen Körper, und Mathilde hat Brüste, auf die jeder nur scharf sein kann.

Und der Regen prasselt auf das Dach unserer Scheune ...

4. September

Wir hängen in einem Apfelbaum und pflücken unseren Korb voll, Höffe-Jupp und ich. Am Morgen hat es geregnet, aber jetzt liegt die Sonne auf dem Land, und ich habe noch einen Tag Urlaub hier im Bergischen Land.

Plötzlich schreit Jupp: »Jakob! Jakob!« und weist hinauf in die weißen Wolken. Fliegergeräusch – hoch über den Wolken! Was hat das zu bedeuten? Unsere Flieger dürfen nicht höher als auf fünfhundert Meter ... Da, jetzt ziehen sie einen Bogen in Richtung Köln, und Jupp fuchtelt mit beiden Armen und fällt beinahe vom Baum. Dann sind schwarze Pünktchen am Himmel, und mit lautem Geknall zerpaffen weiße Wölkchen. Mit angehaltenem Atem lauschen wir dem Bellen der Flakgeschütze, ihrem wütenden, zornigen Bellen – und die Flieger schrauben sich höher und höher und sind nach wenigen Sekunden verschwunden. Feindliche Flieger! Jawohl, das Unwahrscheinliche, Unfaßbare ist wahr: feindliche Flieger über unserer Stadt, am hellichten Tag, in den ersten Tagen des Krieges.

Gestern haben uns England und Frankreich den Krieg erklärt. Sie wollen den Polen zu Hilfe kommen. Aber ich glaube, dazu ist es schon zu spät. Bevor die erst richtig wach geworden sind, ist der Krieg schon zu Ende, und die deutschen Truppen haben Warschau besetzt. Jedenfalls, so heißt es im Wehrmachtbericht, haben unsere Truppen jeden Widerstand an der polnischen Grenze gebrochen und sind auf dem siegreichen Vormarsch. Je schneller, desto besser, und so ist der Krieg schon vergessen, bevor er erst richtig angefangen hat. Und dann wird – hoffentlich! – endgültig Frieden sein. Aber erst müssen all unsere Forderungen erfüllt werden, so will es der Führer ...

24. September

Am Nachmittag treffen wir uns am Dom – Peter, Hugo, Franz, Robert, Albert und ich. Höffe-Jupp hat uns eingeladen nach Bechen. »Der Sieg über die Pollacken muß gefeiert werden!« hat er gesagt, und wir alle wären seine Gäste in der »Post«.

In der »Weißen Bahn« sind wir ausgelassen wie die Kinder. Wenn es auch nicht so »in den Rahmen paßt« und manche Leute uns mit schiefen Blicken betrachten – was kümmert uns das? Mögen die Leute sorgenvolle Gesichter machen – es ist Krieg! –, wir wollen lachen und fröhlich sein! Solange noch gelacht werden kann, wollen wir lachen. Wer weiß, was schon morgen auf jeden von uns zukommt. Schließlich sind wir alle gemustert, und der Gestellungsbefehl liegt schon bereit ...

In Bergisch-Gladbach klettern wir in ein Taxi (ich habe noch nie in meinem Leben in einem Taxi gesessen!), und wir fahren auf dem kürzesten Weg hinauf nach Bechen. Eine herrliche Fahrt! Immer bergan durch die glasklare Luft dieses herbstlichen Tages, und wir singen und musizieren, daß die vorübergehenden Leute neugierig stehenbleiben.

Schon von weitem hören wir Gesang und Musik aus der »Post«, und die Bude ist zum Platzen voll. Ringsum bekannte, vertraute Gesichter, die Freude, sich wiederzusehen – und dann werden wir in dieser Nacht dreimal besoffen und viermal wieder nüchtern. Singend wandern wir im Morgengrauen durchs Scherfbachtal hinunter zur »Liesenberger Mühle«. Erst jetzt stellen wir fest, daß Höffe-Jupp ein richtiges Schlitzohr ist. Er hat uns eingeladen, seine Gäste sollten wir sein – aber dann war er ganz plötzlich verschwunden, und der Wirt hat uns die stolze Rechnung unter die Nase gehalten. Wir mußten zusammenlegen, und nun habe ich für die kommende Woche nicht eine müde Mark mehr im Beutel.

Ein Glück für mich, daß mir unser Obmann ein »tolles Angebot« gemacht hat: Er zahlt mir jeden Samstag drei Mark blank auf die Hand, wenn ich den Waschraum und die Toilette saubermache. Muß ich also jeden Tag eine halbe Stunde länger bleiben und am Samstag zwei, drei

Stunden gründlich scheuern. Und dafür drei Mark blank auf die Hand – jeden Samstag!

8. Oktober

Wehrmachtbericht: Nach den letzten Meldungen des Heeres haben sich bei Kock zwei Divisionskommandeure, 1255 Offiziere und 15000 Unteroffiziere und Mannschaften den deutschen Truppen ergeben. An Beute wurden 10200 Handfeuerwaffen, 205 Maschinengewehre, 20 Geschütze, über 5000 Pferde und mehrere Kriegskassen eingebracht.

Von der Reichsschrifttumskammer ist ein Brief gekommen: Ich darf mich weiterhin schriftstellerisch betätigen, bis mal die Genehmigung meines Befreiungsscheines kommt. Diese Hunde, diese Heuchler! Bis auf weiteres keine Genehmigung, aber trotzdem darf ich ... Na ja, was soll's? Meine Schreibmaschine habe ich nicht mehr, die steht bei Pietschmann auf der Kommode, und die Hälfte davon habe ich schon versoffen, weil ich jeden Tag mit meiner Einberufung rechne. Aber danach, wenn ich die Kommißzeit hinter mir habe, dann baue ich mir ein neues Leben auf, das walte Gott!

Aus einem Gespräch der Eltern habe ich mitbekommen, daß Käthe sich von Walter scheiden lassen will. Mutter war empört:

»Fünf Jahre lang glücklich verheiratet, und jetzt, wo er zum Militär muß, da will sie ihn sitzenlassen. So ein Flittchen! So ein undankbares Mensch! Er hat sie aus der Stollwerck-Fabrik geholt, und sie konnte zu Hause bleiben und brauchte nicht mehr auf Arbeit gehen – und das ist nun der Dank dafür!«

Ich kann mich nicht mehr beherrschen und fahre die Mutter an: »Was weißt du denn von Käthe!? Nichts! Überhaupt gar nichts! Aber ein Urteil fällen – ja, das kannst du!«

Ach, wenn ich nur eine Antwort wüßte! Hat Walter nun täglich in der Wirtschaft gehockt und gesoffen, weil sie sich beide nicht verstanden haben, oder haben sie sich beide nicht verstanden, weil Walter gesoffen hat ... Wie schnell die Menschen mit ihrem Urteil – mit ihrer Verurteilung sind! Wie schnell sie jemand, den sie gar nicht richtig kennen, in Grund und Boden donnern! Man könnte heulen ...

20. Oktober

Wehrmachtbericht: Im Westen trat nach Abschluß der Kämpfe im Grenzgebiet südostwärts Saarbrücken wieder Ruhe ein. Abgesehen von örtlicher Artillerie- und Spähtrupptätigkeit auf der ganzen Front keine besonderen Ereignisse.

Lieber, guter Herrgott, laß es doch endlich fünf Uhr werden! Befreie mich von diesem sadistischen Schweinehund Pietschmann!

Ich will arbeiten, schuften, will fleißig sein wie kein zweiter! Aber ich will kein Hund sein, den man schlägt, den man tritt, weil er sich gegen die Launen seines Herren nicht zur Wehr setzen kann und weil er diesen Launen jeden Tag, jede Stunde hilflos ausgesetzt ist ...

Wie soll man klug werden aus diesem Pietschmann? Da kommt er vor einigen Tagen und gibt mir ein Buch. Von meinem Lieblingsschriftsteller, sagt er, von dem, der »Die Räuberbande« geschrieben hat, und hier hätte er ein anderes von ihm, das müßte ich unbedingt lesen – aber keinem dürfte ich's zeigen, weil es verboten wäre, und er möchte nicht, daß wir beide uns nachher im »Konzertlager« wiedersehen würden ... Also muß ich mich fragen: Warum geht er so ein Risiko ein und gibt mir ein verbotenes Buch – und zur gleichen Zeit quält und piesackt er mich, als wäre er mein allergrößter Feind? Erst gestern haben wir uns über das Buch »Der

Mensch ist gut« unterhalten, und ich habe ihm gesagt, wie es mich gepackt und aufgewühlt hat, so daß ich die ganze Nacht nicht habe schlafen können, und er hat gesagt, das alles, was ich da nur so gelesen habe, das wird jetzt bald auf mich selber zukommen, das ganze Schreckliche und Entsetzliche des Krieges, und so haben wir uns prima verstanden, wie richtige Freunde, obwohl er doch über zwanzig Jahre älter ist als ich und mein Vater sein könnte. Und heute?

Heute mußte ich mit Stoffel Rahmen verputzen. Um elf Uhr fing das Theater schon an. Pietschmann schrie: »Jetzt hältst du dich schon über eine Stunde an dem einen Rahmen fest! Über eine Stunde, du Arschloch! Weißt du, was wir für einen einzigen Rahmen kriegen? Drei Mark! Ganze drei Mark im Akkordlohn!«

Also schufte ich und feile und feile, daß mir der Schweiß den Rücken herunterrinnt. Aber da ist er schon wieder und brüllt: »Wie lange willst du denn noch daran herumkratzen!? Wenn du nicht bald damit fertig bist, trete ich dich in den Arsch, du verfluchter Faulenzer! Du plattfüßiger Dichterling! Drei Mark für einen Rahmen, und die aufgeteilt auf die ganze Kolonne – was bleibt da noch übrig für mich?«

Ach, lieber Herrgott, befreie mich von diesem sadistischen Schweinehund! Schick mir bald einen Gestellungsbefehl! Schlimmer kann es nicht werden.

26. November

Wehrmachtbericht: Im Westen geringe Artillerietätigkeit. Am 25. November griffen Verbände der deutschen Luftwaffe englische Seestreitkräfte in der nördlichen Nordsee an. Dabei wurden vier Volltreffer, darunter einer auf einen Kreuzer der »Aurora«-Klasse, erzielt.

Sie haben im Stroh geschlafen, bei den Soldaten – Karin, Hedwig, Paula und Carola. Für uns sind sie nun erledigt. Haben sich selber erniedrigt ... Soldatenliebchen!

Ach, diese Weiber! Richtige Männer sind nun gekommen, ostpreußische Soldaten, Kerle, die einen Krieg mitgemacht haben, soeben aus Polen frisch hier eingetroffen im Bergischen Land, im Scherfbachtal, jawohl, das sind keine Milchbubis wie wir, und mit denen kann man und muß man ins Stroh ...

Junge, das ist wohl ein toller Haufen! Einer steht auf dem Tisch und singt zur Klampfe, und alle grölen wie die Irren, und der kleine, dicke Feldwebel heult Rotz und Wasser und singt immer und immer wieder das Lied vom Mütterlein.

27. November

Ich habe einen Traum gehabt. Männer mit finsteren Gesichtern saßen über mich zu Gericht, und einer fragte: »Du weißt, daß du nicht tun darfst, was du gern tun möchtest? Du weißt, daß du dich einfügen mußt in die große Volksgemeinschaft?«

»Ja, ich weiß«, erwiderte ich. »Aber – ich will wissen, warum und weshalb! Ich will wissen: Was ist das, ein Staat? Was ist das, eine Volksgemeinschaft? Was ist das – Deutschland?!

»Deutschland – das bist du, das sind wir alle! Und jeder muß so leben, daß er diesem Deutschland Ehre macht!«

»Ehre – was ist das? Mache ich nicht meine Arbeit, jeden Tag, so gut ich nur kann? Und was ist? Werde ich nicht behandelt wie ein Sklave? Wie ein Leibeigener? Bin ich nur dazu auf der Welt, um Befehle auszuführen und anderen, die über mir stehen, gehorsam zu sein? Warum aber stehen sie über mir? Ich denke, wir alle sind gleich? Wir alle sind eine verschworene Volksgemeinschaft?«

»Natürlich sind wir eine Gemeinschaft, und alle sind wir Volksgenossen. Aber es ist nun mal so – die einen müssen befehlen, und die anderen müssen gehorchen. Und du – du mußt dich daran gewöhnen, mußt dich endlich damit abfinden, daß du gehorchen mußt.«

»Auch solchen Leuten wie Pietschmann?«

»Auch solchen Leuten wie Pietschmann!«

Als ich wach wurde, stand meine Mutter am Bett und sagte: »Jung, hast wohl schlecht geträumt?«

»Ja«, sagte ich. »Aber Gott sei Dank – es war nur ein Traum.«

17. Dezember

Wehrmachtbericht: An der Westfront keine nennenswerten Kampfhandlungen. Die Luftwaffe führte Aufklärungsflüge über den Nordseegebieten durch. Versuche britischer Bombenflugzeuge in der Nacht vom 16./17. Dezember, Norderney und Sylt anzugreifen, scheiterten. Eine Anzahl Bomben fiel in die See.

Ich steige pfeifend ins Tal und wandere gen Höffe. Ob die Ostpreußen noch da sind? Natürlich – schon von weitem höre ich sie grölen, und da hockt auch der Hauptfeldwebel, »die Mutter der Kompanie«, mitten in der Kneipe wie ein Despot, und er läßt seine Augen rollen, und man sieht auf den ersten Blick, daß er schon besoffen ist. Wehe dem, der in sein Blickfeld gerät! Der Ärmste muß vor ihm und all den hier Anwesenden – Wandervögel aus Köln, Bauern aus Höffe – »Männchen machen«, muß sich anbrüllen und »Schmirgelhund« und »Wurzelhund« beschimpfen lassen.

Wir lachen, daß uns die Tränen kommen bei diesem Schauspiel. Auch ich – obwohl mir gar nicht danach zumute ist …

Da geht plötzlich die Tür auf, und Rasputin – so nennen wir einen Waldarbeiter aus dem Dorf – erscheint, barfuß, mit einer Hose bekleidet, mit zerrissenem Hemd, schwarzgewichstem Gesicht und hochaufgerichtetem Haarschopf.

Alles brüllt vor Vergnügen. Und Rasputin fuchtelt mit seinen mageren Armen und schreit: »Das sind nun Deutsche! Das wollen nun Deutsche sein! Wo sind meine Stiefel? Wo ist mein Rock! Alles haben sie mir abgenommen – diese Deutschen hier!« Er beschreibt einen Kreis über die anwesenden Soldaten. »Deutsche wollen das sein! Wo ist mein Motorrad? Wo ist meine Brieftasche? Deutsche Kameraden! Vier Brüder habe ich, und zwei sind in Polen gefallen! Für Deutschland! Der Krieg ist siegreich beendet in Polen! Endlose Haufen von Pollakken ziehen nach Berlin in die Gefangenschaft! Alle gefangen – und ihr habt mich beklaut und beraubt, ihr elenden Banditen, ihr deutschen Soldaten! Nein, nein, daß ihr mir so etwas angetan habt!«

Er plumpst wie ein Sack auf einen Stuhl, lacht, weint, lallt, brabbelt wie ein Kind, und immer dasselbe unsinnige Zeug: »Ihr wollt Deutsche sein? Deutsche Soldaten? Und beklaut einen ehrlichen deutschen Menschen?«

Er hat mit ihnen gemeinsam gesoffen, schon vom frühen Morgen an, seinen ganzen Lohn hat er mit ihnen verbraten, und dann haben sie ihn ins Stroh geschleppt, ausgezogen, ausgeplündert – wie im Dreißigjährigen Krieg. Und nun hockt er da, ein Häufchen Elend. Ja, fünf Wochen sind sie nun hier im Bergischen Land, die Sieger aus Polen, und vor Langeweile wissen sie nicht, was sie anstellen sollen. Untätig, wartend, saufend, hurend – ja, wie im Dreißigjährigen Krieg. Und wie lange noch?

Es heißt, sie kommen bald zum Westwall. Was wollen sie am Westwall, die Sieger von Polen?

20. Dezember

Wehrmachtbericht: An mehreren Stellen der Westfront gelang es eigenen Spähtrupps, in die feindlichen Stellungen einzudringen und dabei eine Anzahl Gefangene zu machen. In den letzten drei Tagen hat die deutsche Luftwaffe 23 der britischen Vorpostenkräfte vernichtet.

Jeden Morgen müssen alle Jugendlichen auf dem Hof zum Frühappell antreten. Da kommt nun heute Erwin Jäger, der Pimpfenführer, und befiehlt, wir müßten nach Feierabend dableiben zur Schulung.

»Schulung?« sagt Stoffel und grinst ganz unverschämt. »Komm uns nur ja nicht auf die krumme Tour! Wenn du mit irgendwelchen Leuten Soldaten spielen willst, dann hol sie dir vom Mond. Mich laß in Ruhe!«

Wir beschließen, daß wir auf keinen Fall mitmachen werden. Wir tun auf der Arbeit unsere Pflicht, von früh um sieben bis um achtzehn Uhr – und was danach kommt, das geht keinen etwas an. Das ist unsere freie Zeit, die lassen wir uns nicht nehmen! Und erst recht nicht von so einem Pimpfen-Heini Erwin Jäger! Der soll sein Jungvolk-Fähnlein scheuchen, soviel er will – wir sind schon achtzehn Jahre und haben mit der HJ nichts mehr zu tun.

Kurz danach werde ich zum Chef gerufen. Er steht mitten in der Halle und wettert mich an, ich sei ein Saboteur und er werde mich einsperren lassen! Schließlich seien wir ein Wehrbetrieb mit kriegswichtigen Aufträgen, und jeder, der sich widersetze … Komisch, muß ich denken, ich habe heute gar nichts gesagt, sondern Stoffel war es, der aufgemuckt hat – aber mich macht er nieder, der Chef. Und ich will etwas sagen, doch da brüllt er mich an: »Keine Widerrede! Hier bin ich der Chef, und hier bestimme ich, verstanden?!«

»Und ich bin schon achtzehn Jahre«, sage ich. »Ich

wandere zwar sehr gern, am liebsten jeden Sonntag zwanzig Kilometer – aber vom Marschieren im Gleichschritt und so, da halte ich nicht viel. Und in meiner Freizeit kann ich machen, was ich will.«

Ich denke, er geht vor Wut in die Luft. »Sie! Sie!« schreit er mich an. »Sie bringe ich noch dorthin, wo Sie hingehören!«

Ja, wo gehöre ich nun eigentlich hin? frage ich mich auf meiner Radfahrt nach Hause. Und ich weiß keine Antwort.

Da ist einmal die Meinung meines Vaters: »Der Mensch fängt bei den Preußen erst beim Leutnant an. Leutnant werden kann nur der Studierte, und der Studierte kommt aus einem Elternhaus mit Geld.« Also hat der Vater wohl recht, denn unser Chef ist im Krieg mal Hauptmann gewesen, und heute hat er einen Betrieb mit fünfzig Mann Belegschaft ...

Aber da ist die andere Seite: Der Chef und alle, die etwas zu sagen und zu schreiben haben, sagen und schreiben: »Wir sind durch unseren Führer zu einer verschworenen Gemeinschaft zusammengeschweißt worden! Alle sind Volksgenossen, und unsere Losung heißt: Alle für einen und einer für alle!«

Was ein Mensch in Wirklichkeit wert ist – ich habe es erlebt, als ich in Berlin war. Ich wollte Unter den Linden in ein vornehmes Restaurant, wollte auch mal unter feinen Leuten sitzen, aber da kam der Ober und wies mir die Tür: »Kein Platz hier für Sie!«

In Lederhose und Trapperhemd – wie kann man nur in so ein feines Lokal hineinwollen! Aber nun kommt das Tolle: Am nächsten Tag hatte ich die fünfhundert Mark von der Tante in der Tasche, fünf schöne blaue Scheinchen, und da sitze ich wieder in der gleichen Wanderkluft, und als der Ober mich auffordert, das vornehme Restaurant zu verlassen, da lege ich einen von den fünf blauen Scheinen auf den Tisch und sage: »Eine Flasche Wein, bitte! Bopparder Riesling, Jahrgang vierunddreißig ...«

Junge, wie der wohl geflitzt ist! Wie der Dienerchen gemacht und mit der Serviette gewedelt hat! Und dabei war ich doch der gleiche Mensch wie am gestrigen Tag, mit dem gleichen Charakter, den gleichen Qualitäten – nur mit dem »kleinen« Unterschied: Ich hatte fünfhundert Mark in der Tasche.

Im übrigen dürfen wir immer nur einen Kampf führen. Eigentlich müßte es nicht heißen »Viel Feind, viel Ehr«, sondern »Viele Feinde, viele Dummheit«. Außerdem kann die ganze Nation nicht zwölf Kämpfe gleichzeitig führen und begreifen. Demgemäß müssen wir das ganze Volk immer nur mit einem Gedanken erfüllen, es auf einen Gedanken konzentrieren. Gerade für außenpolitische Fragen ist es notwendig, das ganze Volk hypnotisch hinter sich zu haben. Die ganze Nation muß geradezu mit Sportgeist, mit Spielerleidenschaft an diesem Kampf interessiert sein. Dies ist notwendig. Nimmt die ganze Nation an dem Kampf teil, so verspielt auch sie. In einem Falle entsteht eine Wut des Volkes über den Gegner, im anderen über den »Führer«.

Adolf Hitler
auf einer NS-Gauleitertagung
am 2. Februar 1934

Mein Beschluß ist unabänderlich. Ich werde Frankreich und England angreifen zum günstigsten und schnellsten Zeitpunkt. Verletzung der Neutralität Belgiens und Hollands ist bedeutungslos. Kein Mensch fragt danach, wenn wir gesiegt haben.

Adolf Hitler
vor den Oberbefehlshabern
der Wehrmacht am 23. November 1939

1. Januar

Wir sitzen mit den Soldaten im »Scherfbachtal«. Höffe-Jupp hat Schallplatten mitgebracht. Bei den ersten Tönen springt der Hauptfeldwebel auf, blau wie ein Veilchen, und er lallt, grölt, brüllt, schlägt mit der Faust auf den Tisch wie ein Irrer, und die Gläser tanzen, Holzsplitter fliegen, und dann haut er mir seine Bärentatze auf die Schulter und brüllt: »Unser Regimentsmarsch, Junge! Unser Parademarsch! Oh, ihr himmlischen Schmirgelhunde – hört! Hört nur richtig hin! Mir könnte das Herz zerspringen! Versteht ihr das? Nein, ihr versteht das nicht, ihr Wurzelhunde! Unser Parademarsch – der Marsch von Sedan!« Mit rollenden Augen blickt er in die Runde. »Der Feind?! Wo ist der Feind?! Ha, soll er kommen! Ich werd ihn zerschmettern! Wann geht's endlich los mit dem Krieg, mit dem richtigen Krieg?!« Er springt auf, schiebt uns alle beiseite: »Weg, weg, ihr Blackschisser! Weg und Platz gemacht! Parademarsch kloppen! Wie in uralten Zeiten Parademarsch kloppen!«

Neben mir flüstert einer der Soldaten in Ehrfurcht und Angst: »Zwölfender ist er ... War schon dabei in der Reichswehr! Wehe, wehe, wenn sie losgelassen!«

Und dann fällt der Hauptfeldwebel um, wälzt sich am Boden, brüllt und schreit und weint wie ein Kind, und ich muß denken: Oh, du mein Gott, wenn du so einem mal ausgeliefert bist, eines Tages als Rekrut! Dagegen ist Pietschmann ein harmloser Engel.

14. Januar

Wehrmachtbericht: An der Westfront geringes örtliches Artilleriestörungsfeuer. Einzelne feindliche Flugzeuge haben in der Nacht vom 12. zum 13. Januar Aufklärungsflüge über deutschem Reichsgebiet unternommen.

Mitten in der Nacht werde ich wach. Jemand hat mich gerufen: »Jaköbchen! Jaköbchen!« Und dann ist die Stimme der Mutter da: »He, he, Vater, spinnst du schon wieder? Bist du schon wieder im Krieg vor Verdun? Mußt du denn schreien, als wäre der Teufel mit der glühenden Gabel hinter dir her?«

»Der Jung, der Jung«, murmelt der Vater.

»Was ist mit dem Jung?«

»Oben auf dem Berg ist er gegangen. Schwer bepackt und ganz krumm, und der Stahlhelm war viel zu groß für ihn und zu schwer. Ich hab ihn gerufen: ›Bleib stehen, Jung! Geh nicht weiter! Kehr um!‹ Aber er hat sich nicht umgedreht und ist weitergegangen, weiter über den Berg, und dann war er verschwunden. Ich wollte den Berg hinauf, ihm nachlaufen – aber da flog plötzlich der Berg mit einem Donnergekrache hoch in die Luft, und der Jung war weg. Danach – ja, dann hab ich nur noch Kreuze gesehen, Kreuze, nichts als Kreuze mit einem Stahlhelm drauf und einem Namen. Und nirgends fand ich den Jung ... Ach, Muttchen, Muttchen, wie schrecklich, wie schrecklich!«

»Ja, schrecklich«, sagt die Mutter. »Schrecklich, daß du immer noch vom Krieg träumen mußt, jetzt, nach all den vielen Jahren.«

Ich liege ganz still in meinem Bett und höre, wie die Mutter leise weint.

1. Februar

Wehrmachtbericht: Im Westen geringe Artillerietätigkeit. Ein eigener Spähtrupp vernichtete am 30. Januar eine feindliche Sicherung im Grenzgebiet westlich Saarlautern und kehrte ohne Verluste zurück.

Fast jeden Tag, wenn ich auf meinem Rad von der Arbeit heimfahre, komme ich an einer Schule vorbei. Dort sind jetzt Soldaten einquartiert. Und Tag für Tag, wenn ich dort vorüberfahre, stehen dort ganz junge halbwüchsige Dinger, vierzehn, fünfzehn Jahre, und sie suchen Anschluß bei den Soldaten – alten Reservisten. Und den finden sie auch! Ja, es ist ein beschämendes, abstoßendes Bild. Sie gehen nicht weit, noch nicht mal bis um die Ecke. Sie stellen sich hin ins Haustor und machen's im Stehen. Den Arsch sollte man ihnen versohlen ... Oder Mitleid haben?

Wie schnell doch der Krieg die Menschen verändert!

3. Februar

Wehrmachtbericht: Nach zuverlässigen Nachrichten betrugen in der Zeit vom 21. bis 31. Januar 1940 als Folgen des Seekrieges entstandene Verluste der englischen, französischen und neutralen Handelsschiffe zusammen 143603 BRT!

Wir sind eingeladen von einem Betrieb in Junkersdorf, wir, die »Kölsche Tiröler« mit unserer Schuhplattlertruppe. Peter Becker hat also sein Versprechen gehalten und die Sache organisiert.

Die Leute sind anfangs ziemlich stur. Kein Beifall, keine Zustimmung für das, was wir ihnen bieten. Wir können singen, musizieren und platteln, soviel wir auch wollen – sie bleiben kühl und zurückhaltend. Aber mir – mir gefällt es merkwürdigerweise ganz prima. Da sitzt nämlich schräg gegenüber von mir ein Mädel, schlank und zierlich, mit strohblondem Haar, einem verschmitzten Lächeln in den Augen – nur für mich allein, so bilde ich mir ein ... Und dann treffe ich sie nachher wie zufällig im Flur vor dem Spiegel, und sie kämmt sich ihr strohblondes Haar, und ich sage so ganz nebenbei: »Blonde Haare – die sind schön.«

»So?« sagt sie und kämmt sich, als wäre ich gar nicht vorhanden. Himmel – und Augen hat dieses Mädchen!

Ich ziehe sie an mich, und sie wehrt sich erst gar nicht – doch als ich sie küssen will, dreht sie den Kopf rasch zur Seite und sagt: »Was soll's? Ist das bei Musikanten so üblich?«

»Aber freuen würde ich mich, wenn wir uns mal wiedersehen könnten«, sage ich.

»Kommt ganz drauf an«, antwortet sie und geht wieder in den Saal. Wir singen, musizieren und platteln, und wie es scheint, macht es den Leuten jetzt mehr Freude als vorher, denn sie sind nicht mehr so geizig mit ihrem Beifall, und ich sehe nur immer hinüber zu dem Tisch, an dem das blonde Mädchen sitzt. Dann wirft sie mir einen merkwürdigen Blick zu, steht auf und geht langsam hinaus. Draußen ist es sehr kalt. Ohne ein Wort zu verlieren, nehme ich sie in den Arm – und jetzt läßt sie sich küssen.

»Geht das bei dir immer so schnell?« fragt sie mich nachher.

»Eigentlich nicht. Aber ich habe noch nie ein Mädchen gefunden, das mir so gefallen hat wie du. Was meinst du – ob wir uns mal wiedersehen?«

»Warten wir's ab«, sagt sie und lächelt mich an.

15. Februar

Wehrmachtbericht: Bei der Spähtrupptätigkeit südlich Saarbrükken wurden mehrere Gefangene eingebracht. Der 14. Februar war für die deutschen U-Boote besonders erfolgreich. An diesem Tag wurden allein 58000 BRT Schiffsraum versenkt.

Es ist nicht alles Gold, was glänzt! Diese Wahrheit habe ich gestern erfahren können. Schon vor Monaten wollte ich den Schriftsteller Alois Haller besuchen. Ich hatte ihn durch Alberts Bruder mal kennengelernt, und nun wollte ich ihn um Auskunft und Rat bitten. Ich hatte schon mehrmals vor seiner Wohnung am Ubierring gestanden, aber dann traute ich mich nicht, in das Haus zu gehen, wo die »feinen, vornehmen Leute« wohnen.

Nun habe ich mich gestern doch aufgerafft, bin hin und treffe ihn gerade, wie er das Haus verläßt. Ja, sagt er, natürlich wird er mir helfen, wird mich beraten, wie man Schriftsteller werden kann. Wieviel Bücher er denn schon geschrieben hat, will ich wissen. Und wie diese Bücher heißen, damit ich sie mir vielleicht kaufen kann. Und was er in Zeitungen schon veröffentlicht hat an Kurzgeschichten und Erzählungen, vielleicht auch an Gedichten. Da fährt er mich an: Was ich mir denn so denke?! Ein richtiger Schriftsteller, das ist doch kein Zeitungsschreiber! Und was die Zahl seiner Bücher betrifft – na ja, das sei nämlich so ...

Himmelherrgott, wie der quasseln kann! Von phantastischen Kriminalromanen, von Zukunftsromanen, von Liebesromanen und von allem möglichen Zeug redet und redet er ohne Pause, und das alles so laut, daß man es auf der Straße hundert Meter weit hören kann – nur, was er denn nun wirklich geschrieben hat, darüber weiß ich nachher genausoviel und -sowenig wie zuvor.

Und dann redet er von seinen »Abenteuern« mit Frauen und Mädchen und Huren, und ich möchte mich schütteln vor diesem Kerl. Das also ist ein sogenannter »besserer Herr«! Ein Künstler von Gottes Gnaden ... So ein fieser Schwätzer! So eine taube Nuß! Und von so einem habe ich Hilfe erwartet! Was kann der mir schon helfen? Da bin ich ja besser als er! Schon mit fünfzehn Jahren haben drei Zeitungen fünf Geschichten von mir gedruckt. Richtige Kurzgeschichten! Und die Schriftleiter der Zeitungen haben mir geschrieben, ich sei auf dem richtigen Weg und solle so weitermachen ...

Beim Tanzlokal Röhricht trenne ich mich von diesem verbummelten »Genie«. Und so einer bildet sich nun ein, mit seinem geschriebenen Wort die Menschheit beglücken, erziehen zu können! Nein, Schriftsteller ist man nicht, wenn man sich den Namen »Schriftsteller« zulegt. Auch dann nicht, wenn man schon einiges geschrieben hat, was aber nachher nur in der Schublade herumliegt. Nein, erst das, was wirklich veröffentlicht wird, was von den Leuten auch gelesen wird – nur das und nichts anderes zählt.

24. Februar

Wehrmachtbericht: Im Westen verlief der Tag ruhig. Französische Flugzeuge überflogen mehrmals die deutsche Westgrenze, wurden jedoch durch sofort einsetzende deutsche Flakabwehr zur Rückkehr gezwungen.

Nun kenne ich Änne schon über drei Wochen, und fast jeden Tag haben wir uns getroffen. Stundenlang sind wir durch den Schnee gelaufen, haben in der Kälte gestanden, im Volksgarten auf einer Bank gesessen ... Was für selige Stunden in der eisigen Kälte! Schritt für Schritt lernten wir uns kennen, erzählten uns von unserem Leben und kamen uns so näher. Anfangs war sie gar nicht so begeistert, daß ich zu den Wandervögeln gehöre und mit den »Kölschen Tirölern« jeden Sonntag »durch die Natur latsche«. Sie geht lieber tanzen, hat sie gesagt – und jetzt die große Überraschung: Am nächsten Sonntag will sie mal mitfahren, will unser Wanderheim kennenlernen und die Clique da draußen. Junge, Junge, das haut mich fast um!

28. Februar

Wehrmachtbericht: In der Gegend Perl, dicht ostwärts der Mosel, wurde heute nacht der Angriff eines starken, mit Artillerieunterstützung vorgehenden Spähtrupps erfolgreich abgewiesen.

Ich habe Pietschmann gute Worte gegeben, daß er mich mit an die Autobahn schickt auf Montage, so daß ich ein paar Mark mehr verdiene. Er hat zugesagt, und heute morgen um sieben laden wir auf – zwei Stunden lang Autobahngeländer, und um neun Uhr bin ich trotz der Kälte in Schweiß gebadet. Klitschnaß rauf aufs Auto, und ab geht die Fahrt.

Ein trüber Tag. Alles grau, düster, verschwommen. Langsam kriechen wir auf der Autobahn dahin, Richtung Frankfurt. Gegen zwei Uhr haben wir die erste Brücke erreicht, und nun wieder die schweren Klamotten abladen und schleppen, wie in der Frühe um sieben. Und weiter, die zweite Brücke. Dreckhaufen, Sandhügel, Fluchen, schmerzhaftes Schleppen, und das alles ohne eine Pause.

Als wir am Abend die letzte Fuhre abgeladen haben, sind wir schon mitten im Westerwald, und als wir nach unserem Quartier fragen, heißt es nur: »Im nächsten Dorf.« Bis zum nächsten Dorf sind es fünf Kilometer, und die müssen wir tippeln, weil der Fahrer keine Anweisung hat, uns hinzubringen. Weder der Chef noch der Meister haben es für nötig gehalten, uns ein Quartier zu besorgen. Was sind wir denn für die schon? Nicht mehr als Maschinen ... Dann habe ich endlich in einem Gasthaus ein Zimmer gefunden, und nun hocke ich hier und blicke aus dem Fenster auf den sternklaren Himmel und fühle mich genauso einsam wie die Soldaten. Irgendwo bläst ein Horn zur Nachtruhe – und dann noch ein zweites und drittes.

Vom Gastwirt erfahre ich, daß die ganze Gegend vollgestopft ist von Militär, und die hocken nun hier seit Wochen und warten und wissen doch nicht, worauf.

8. März

Wehrmachtbericht: In der Nacht vom 6. März und vom 7. und 8. März fanden wiederum erfolgreiche Vorstöße der Luftwaffe gegen die britische Ostküste statt. In der Nacht vom 6. und 7. März flogen einzelne englische Flugzeuge in die deutsche Bucht ein.

Das hat man nun von all der Schufterei, von all den Strapazen und Entbehrungen: Vierundzwanzig Mark habe ich in der Lohntüte für eine Woche – also noch weniger, als wenn ich in der Bude arbeite, wo es jetzt um diese Jahreszeit schön warm ist.

Himmel, hab ich einen Zorn im Bauch! Auf der einen Seite sagt man uns, der Verdiensthöhe sind keinerlei Grenzen gesetzt, damit man tüchtig schuftet und rackert – und dann gehen sie hin, diese Lumpen, diese Vorarbeiter, Meister und Chefs, und bescheißen dich! Ziehen dir von den sauer verdienten Groschen ab, soviel es geht. Im Betrieb habe ich zehn Mark mehr in der Lohntüte.

Wir hätten auf Montage ja Zulage bekommen, wurde uns gesagt. So ein Hohn! Daß von dieser Zulage die Übernachtung und Verpflegung bezahlt werden mußten, das scheinen sie vergessen zu haben …

10. März

Wehrmachtbericht: Zwischen Mosel und Pfälzer Wald an verschiedenen Stellen lebhafte Artillerie- und Spähtrupptätigkeit. Am Nachmittag kam es an der deutsch-französischen Grenze zu einem Luftkampf zwischen sieben Messerschmitt-Flugzeugen und zehn französischen Jägern vom Muster Morake und Cartiss.

Heldengedenktag. Der Himmel weint.

Ich nehme mein Rad und fahre ins Bergische Land, irgendwohin. Ich fahre über Straßen und Wege und Pfade, die mir unbekannt sind. Ist nicht gerade das Unbekannte auch das Verlockende? Ich fahre drauflos und träume von Änne, die heute mitfahren wollte.

Sie ist nicht gekommen. Sie hat ihren kleinen Bruder geschickt, und der hat mir die Nachricht gebracht, seine Schwester müßte mit der Mutter in die Eifel fahren, zum Onkel Josef. Der hat einen Hof mit Kühen und Schweinen und Hühnern, und sie wollen dort Kartoffeln holen und noch andere Sachen …

Ja, jetzt laufen viele aus der Stadt zu den Bauern. Und sie betteln: »Habt ihr Kartoffeln für uns? Und vielleicht ein paar Eier?« Und jetzt rächen sich die Bauern. Sie denken an den Dünkel der Städter und zeigen ihnen die kalte Schulter. Oder – verlangen Preise, die doppelt und dreifach so hoch sind wie die normalen.

Auch Mutter hat mich gebeten, Kartoffeln mitzubringen. Wenn's geht, auch ein paar Eier. Aber verdammt – ich will lieber keine Kartoffel fressen, will lieber Kohldampf schieben, als daß ich vor diesen Bauern zu Kreuze krieche!

In der »Liesenberger Mühle« ist es unheimlich still. Keine Musik, kein Gesang, nur schwatzende Mädchen und Frauen. Die Männer – fast alle schon weg … Auch Peter Becker ist weg, und keiner weiß etwas Genaues. Nur Gerüchte gibt es, Gerüchte und Vermutungen. Die einen wollen wissen, daß man ihn eingezogen hat, und die anderen sagen, weil er früher mal in der KPD gewesen ist und sich in die Nazipartei eingeschlichen hat, um als KdF-Wanderwart geschützt zu sein … Ja, es sind nur Vermutungen.

Auch die Mutter hat so ihre Vermutungen. Gestern sagte sie zu mir: »Ich möchte nur wissen, mit welchen Weibern du dich draußen jeden Samstag und Sonntag herumtreibst. Keinen Sonntag bist du zu Hause. Immer raus, raus, und wenn es auch regnet oder schneit. So was kann doch nicht normal sein.«

Wenn ich's ihr nur erklären könnte! Ihr und dem Vater. Aber – hat ja doch keinen Zweck. Sie verstehen mich nicht, und sie werden mich niemals verstehen. Gewiß, sie waren immer gut zu mir. Nie haben sie mich geschlagen. Nur einmal hat Vater mich im Jähzorn verhauen, und nachher hat ihm das leid getan. Aber – braucht ein junger Mensch nicht mehr von seinen Eltern? Braucht er nicht ein bißchen Liebe, zumindest aber Zuneigung und Verständnis?

Nein, es hat keinen Zweck, und darum sage ich nichts, sie würden mich doch nicht verstehen. Als freier Mensch wie ein freier Vogel leben, durch Wald und Feld streifen, durch die Heide – so wie Hermann Löns: wenn ich das kann, dann bin ich glücklich!

16. März

Wehrmachtbericht: Im Westen keine besonderen Ereignisse. Die Luftwaffe klärte über Ostfrankreich und der gesamten Nordsee auf. Hierbei wurden britische Vorpostenfahrzeuge angegriffen. Eins derselben wurde versenkt, ein anderes schwer beschädigt.

Ich gehe in die Gasse. Ich klingle an einer Tür, die schon viele Männer betreten haben – doch ich bin ganz ruhig, und kein sinnliches Begehren ist in mir.

Denn ich will zu Ruth. Ich traf sie gestern am Hafen, und als ich sie fragte: »Was machst du jetzt eigentlich? In der Mühle sieht man dich gar nicht mehr«, da sagte sie nur: »Kannst mich mal besuchen. Ich stehe in der Gasse.«

»Du – in der – Gasse? Was machst du denn dort?«

»Ich warte auf Freier.«

Ich bekam einen Schreck, doch jetzt bin ich trotzdem hier. Ich frage: »Ruth, warum machst du so was? Du warst doch immer eine prima Frau. Seit meiner Schulzeit kenne ich dich. Weißt du noch, damals ...?«

»Vergiß es!« sagt sie. »Alles – kannst du vergessen.«

»Aber wie soll ich vergessen, daß du mal Lehrerin warst!? Vergessen, daß du uns bei den Roten Jungpionieren … Und noch vor einem Jahr bist du mit deinem Rudi durchs Bergische Land gewandert, hast mit uns in der ›Liesenberger Mühle‹ gesessen und gesungen, und jetzt …«

»Jetzt haben sie ihn wieder geholt, meinen Rudi. Und jetzt wird er wohl länger fortbleiben als beim ersten Mal – und leben muß man ja schließlich!«

»Aber du kannst dir doch eine vernünftige Arbeit suchen.«

Sie lacht. »Vernünftige Arbeit? Bei Stollwerck vielleicht? Für vierzig Pfennig Stundenlohn? Nein, mein Lieber, da hab ich's hier leichter. Zwei Mark in zehn Minuten. Mußt dich nur hinlegen. – Ja!« schreit sie mich an. »Hinlegen mußt du dich, weiter nichts als hinlegen! Das wollen sie! Das und nichts anderes! Hinlegen, kriechen und ducken und immer wieder hinlegen, damit sie dich in den Dreck treten können!«

Sie nimmt eine Flasche aus dem Schrank, trinkt einen Schluck, und dann sieht sie mich merkwürdig an. »Komm, Jakob – wenn du Lust hast, ich mach's dir umsonst!« Sie legt sich quer übers Bett, und ich schreie entsetzt: »Nein, nein, nein!«

Ich renne durch die Gasse, vorbei an den wartenden Männern, laufe am Hafen entlang bis zum Denkmal des Tauziehers. Dort hocke ich mich hin, und mir ist übel zum Kotzen, und ich könnte Rotz und Wasser heulen. Ruth! Unser Schneewittchen … Wir haben sie alle geliebt, damals, als sie uns bei den Roten Jungpionieren so vieles beigebracht hat, das ich bis heute nicht vergessen habe – acht Jahre danach …

24. März

Wehrmachtbericht: In der Nacht vom 23./24. März flogen zahlreiche feindliche Flugzeuge nach Nordwestdeutschland und in den Abschnitt Mosel–Rhein ein. Ein Vickers-Wellington-Langstrekkenflugzeug wurde durch Flakartillerie abgeschossen.

Wehrmachtbericht vom 9. April: Um dem im Gange befindlichen britischen Angriff auf die Neutralität Dänemarks und Norwegens entgegenzutreten, hat die Deutsche Wehrmacht den bewaffneten Schutz übernommen. Hierzu sind heute morgen in beiden Ländern starke deutsche Kräfte aller Wehrmachtsteile gelandet. Am Ende des heutigen Tages befinden sich alle militärisch wichtigen Stützpunkte Norwegens fest in deutscher Hand. Insbesondere sind u. a. Narvik, Drontheim, Bergen, Stavanger, Kristiansund und Oslo von starken Kräften besetzt. Der Anmarsch weiterer starker deutscher Kräfte vollzieht sich, von feindlichen Einwirkungen ungehemmt, nunmehr in schneller Planmäßigkeit.

Ich fahre mit Änne hinaus in den Frühling! Ich schaue in ihr zartes, feines Gesicht, in ihre hellen, lieben Augen, und mir ist, als müßte ich jubeln vor Freude und Glück. Mein Mädel! Wie wunderbar das klingt!

Änne ist still und schüchtern unter Menschen, die sie noch nicht kennt, und so sitzt sie jetzt neben mir in der »Liesenberger Mühle« und sieht sich verstohlen die »Naturlatscher« an, von denen sie anfangs nichts wissen wollte. Sie lehnt ihren Kopf an meine Schulter und flüstert: »Mir ist so, als hätte ich sie alle schon mal gesehen, so bekannt und vertraut sind mir ihre Gesichter.«

Ja, Mädchen, so war auch mir zumute, als ich hier zum erstenmal eintrat. Obwohl ich noch nicht wußte, aus wieviel Ecken sie kamen – aus der Bündischen Jugend, aus dem CVJM, dem PX, der SAJ und sogar aus dem KJV –, sie alle hockten zusammen wie eine große Familie, die eine einzige Sache vereint: Freiheit!

24. April

Wehrmachtbericht: Die feindlichen See- und Luftstreitkräfte im Gebiet von Narvik haben sich weiter verstärkt. Die von Oslo aus nach Norden und Südwesten vorgehenden deutschen Hauptkräfte haben, von Panzertruppen und der Luftwaffe unterstützt, den feindlichen Widerstand überall gebrochen und sind in flottem Vorgehen.

Ich sitze im Hörsaal der Maschinenbauschule und höre einen Vortrag über Elektrotechnik. Unser Obmann hat mir einen Kursus für Elektroschweißen vermittelt, und nun müßte ich ihm eigentlich dankbar sein. Aber – will ich denn Elektroschweißer werden? Mein Leben lang Prolet bleiben? Mein Leben lang jeden Staub und Dreck fressen für die paar mickrigen Groschen am Freitag in der Lohntüte?

Ach, ich interessiere mich ja gar nicht dafür, was der Mann uns da erzählt! Lieber würde ich jetzt einem Vortrag über Literatur und Dichtkunst lauschen. In der vergangenen Woche war ich bei dem Schriftleiter im »Stadt-Anzeiger«, der mein Gedicht abgedruckt hat, und der sagte zu mir: »Ja, mein Junge, deinen Wunsch verstehe ich schon – eine Lehrstelle möchtest du haben bei uns? Aber sag mir – als was denn? Talent – das hast du, aber hast du auch Abitur? Ohne Abitur in der Tasche wird bei uns keiner eingestellt.«

Als ich nachher auf der Straße stand, hatte ich ein Gefühl, als wäre ich mit dem Kopf gegen eine Mauer gerannt – obwohl ich doch vorher ganz genau wußte: diese Mauer ist da …

Vor ein paar Tagen hat es in der Bude einen großen Knall gegeben – Pietschmann und unser Obmann sind sich in die Wolle geraten, und wir dachten schon, sie würden sich beide verprügeln. Und alles fing ganz harmlos an. In der Mittagspause kam mal wieder ein Gauredner in den Eßraum und hielt uns einen Vortrag. Weil alle so kräftig mit dem Löffel in ihrem Henkelmann herumkratzten, schlug der Obmann mit der Faust auf den Tisch und verlangte mehr Ruhe und Aufmerksamkeit. Darauf fuhr Pietschmann auf ihn los: »Was bildest du dir ein, du alter Kämpfer, du Oberbonze?! Hat man denn noch nicht mal beim Essen seine Ruhe?«

Unser Obmann, ganz blau im Gesicht, schrie zurück: »Jawohl, alter Kämpfer, das bin ich, und darauf bin ich stolz! Darum nimmst du den Bonzen – den Bonzen nimmst du zurück!«

Der Gauredner stand da, wie bestellt und nicht abgeholt, und neben mir brummte Stoffel: »Na, wenn der keine Meldung macht ...« Als er sich dann ganz plötzlich empfohlen hatte, ging der Streit erst richtig los. Unser Obmann warf Pietschmann vor, daß er noch immer ein alter Sozi wäre und sich kein bißchen geändert hätte, obwohl er nun schon seit drei Jahren Parteimitglied sei.

»Ja!« schrie Pietschmann. »Wenn ich das gewußt hätte – vor drei Jahren – ich hätte dir was geschissen! Arbeit und Brot – jawohl, das hat Hitler versprochen, und was haben wir jetzt? Bist du schon mal draußen gewesen in der Wahner Heide? Hast du dir mal das Lager angesehen, zu dem wir den Stacheldrahtzaun geliefert und aufgestellt haben?«

»Was – was willst du damit sagen?« Der Obmann war sprachlos. »Du willst doch nicht ...«

»Doch!« schrie Pietschmann. »Eben das will ich! Ich will sagen, daß die Polen auch Menschen sind, auch wenn man sie als Kriegsgefangene eingesperrt hat! Aber wie hausen sie dort? Fahr hin, schau dir's an! Schlimmer als das Vieh!«

Da sprang der Obmann auf, schrie: »Mahlzeit!« und verließ den Raum. Eine Weile war es ganz still, und dann legte der alte Müller seine Hand auf Pietschmanns

Schulter und sprach, daß jeder ihn hören konnte: »Aber Fritz, was regst du dich auf? Hat der Führer nicht Wort gehalten? Arbeit und Brot – das hat er versprochen. Haben wir das nicht alle? Von Wurst und Fleisch – hat er da was gesagt? Also – der Führer hält Wort. Immer hält unser Führer sein Wort – ganz gleich, was auch kommt!«

Danach gab's nur noch ein brüllendes Gelächter. Denn jeder hier weiß, daß auch Müller das geblieben ist, was er war ...

10. Mai

Wehrmachtbericht: Am 10. Mai überschritt um 5 Uhr 30 das Westheer die Grenzen. Die Issel wurde erreicht, die Maas überschritten, die Brücken über dem Albert-Kanal sind in deutscher Hand. Die Luftwaffe zerschlägt durch Gegenangriffe die feindliche Bodenorganisation und vernichtet 3–400 Flugzeuge. Auf belgischen und holländischen Flugplätzen wurden zahlreiche Einheiten gelandet. Fallschirmjäger setzen überraschend das belgische Fort Eben Emael außer Gefecht. In Norwegen ist die Lage unverändert. Vor Narvik gelang es, ein britisches Schlachtschiff und einen Kreuzer mit mehreren Bomben verschiedenen Kalibers zu vernichten.

Nun ist der Krieg erst richtig ausgebrochen. Deutschland besetzt Holland, Belgien und Luxemburg. Und alles ohne Kriegserklärung.

Ob wir nun noch lange in unserer Stadt in Frieden und Geborgenheit leben werden? Geborgenheit – Frieden ... Wann werde ich wohl eingezogen? Es gehen schon viele Frauen und Mädchen in Schwarz, und für alle Soldaten ist der Urlaub gesperrt ...

Nacht für Nacht ist jetzt Fliegeralarm. Pünktlich um eins, fast auf die Minute, heulen die Sirenen in schauerlichen Tönen. Die Scheinwerfer streichen über den Himmel, leichte und schwere Flak tuckert und dröhnt, und die Scheiben zittern und klirren. Mit unheimlichem Gebrumm nähern sich die feindlichen Maschinen. Sie lassen sich durch nichts abhalten, und Bomben fallen vom Himmel und halten grausige Ernte. Wir hocken im Keller und warten. Warten – worauf? Aber das scheint wohl der Sinn unseres Lebens zu sein – warten.

Nachher liege ich noch lange wach in meinem Bett, und ich höre die Eltern miteinander tuscheln.

Vater: »Als wir an die Wand geschrieben haben: Wer Hitler wählt, wählt Krieg – wer hat uns geglaubt? Ihre Losung war besser: Für Arbeit und Brot – weg mit der Not!«

Die Mutter: »Was können wir denn dran ändern?«

Der Vater stöhnt, als hätte er Schmerzen. »Nur die allergrößten Kälber wählen ihren Metzger selber ... Ach, man müßte hinausgehen auf die Straße und schreien, immerzu schreien!«

»Und – was ist, wenn du schreist? Einen Kopf kürzer machen sie dich, und alles geht so weiter. Nein, Vater, sei froh, daß du mit einem blauen Auge davongekommen bist, damals, als sie so viele geholt haben. Viele, die dann nicht mehr wiedergekommen sind.«

»Trotzdem, trotzdem – man muß doch was tun! Man kann nicht einfach so dasitzen ...«

Ich höre, wie der Vater sich auf die Seite wälzt, und dann wieder seine Stimme, ganz leise: »Es gibt noch Leute, die etwas tun, nur man weiß nichts von ihnen. Der Peter Becker zum Beispiel ...«

»Hör mir nur auf mit dem Becker! So ein Verräter! Ist zu den Nazis gegangen, und jetzt hat er sich an unseren Jung herangemacht ...«

»Eben deshalb, Muttchen, eben deshalb! Ich habe da gestern ein Buch gefunden – hinter dem Schuhkarton im Kleiderschrank. Ein Buch, das schon lange verboten ist – aber der Peter, der hat es gehabt, das weiß ich genau. Und wenn der Jung es nun hat, um es zu lesen – was denkst du wohl, von wem er's haben könnte?«

»Ach, du spinnst mal wieder und siehst weiße Mäuse.«

Ich liege regungslos in meiner Ecke, und ich spüre, wie mir das Herz im Halse schlägt. Das Buch! Mein Gott, er hat es gefunden. Lies es, hat Peter Becker gesagt. Aber keinem darfst du es zeigen. Auch nicht deinem Vater. Versprichst du mir das? Denn – wenn man's findet bei dir, dann finden wir uns beide wieder im Lager ... Das Buch heißt: Ein Prolet erzählt.

Ich habe dann später im Wald, hoch über dem Steinbruch, gesessen und gelesen, bis es ganz dunkel geworden war. Und ich hab mich gewundert, daß Peter Becker, der in der Nazipartei ist, mir dieses Buch anvertraut hat.

10. Juni

Wehrmachtbericht: Der heldenhafte Widerstand, den die Kampfgruppe des Generalleutnants Dietl, vereinsamt, unter den schwersten Bedingungen, in Narvik gegen eine überwältigende feindliche Übermacht geleistet hat, erhielt heute seine Krönung durch den vollen Sieg. Über Narvik weht endgültig die deutsche Flagge. Unsere, auf einer Breite von 350 Kilometer eingeleiteten Operationen nehmen in Richtung auf die untere Seine und Marne sowie in der Campagne den geplanten und erwarteten Verlauf. Feindliche Flugzeuge flogen wiederum während der Nacht in Nord- und Westdeutschland ein und verursachten durch planlose Bombenabwürfe an einzelnen Stellen Flur- und Gebäudeschäden.

Vor Wochen war es, als ich den Schriftsteller Rainer Möricke kennengelernt habe. Ich hatte damals an den »Westdeutschen Beobachter« geschrieben: Wenn Sie einem jungen Menschen keine Chance geben wollten, dann sollten Sie das doch offen und ehrlich sagen und einen nicht unnötig warten lassen. So bekam ich einen

Brief vom Schriftleiter, der auch gleichzeitig Schriftsteller ist, und in diesem Brief hieß es, von »keine Chance geben« könne gar keine Rede sein, er selber sei noch ein junger Schriftsteller und, wo und wie er anderen helfen könne, wolle er das gerne tun, ich solle ihm doch mal einige Arbeiten vorlegen.

Nun durfte ich ihn in Dellbrück in seiner Wohnung besuchen. Ich muß sagen, er war mir sehr sympathisch, seine ganze Erscheinung und sein Benehmen und seine Gedankenwelt, das alles hat mich sehr angezogen und beeindruckt. Kein verträumter, der Erde ferner Dichter, sondern ein realistischer Mensch. Wir plauderten lange, und er erzählte mir aus seinem Leben, von seinem schriftstellerischen Beginnen, und dann kam er endlich auf meine Arbeiten zu sprechen und meinte, ein gewisses Talent zum Schreiben sei bei mir vorhanden, aber es wäre noch nicht so geschrieben, daß man aufhorchen müsse, sondern es gleiche dem, was auch hundert andere schrieben. Und dann meinte er weiter, ich müsse mich weiterbilden. Nicht gleich den Ehrgeiz haben, mich gedruckt zu sehen, das führe zu nichts. Ich solle in die Oper gehen, ins Theater, die Klassiker lesen, ja, vieles, vieles lesen …

Das alles ist mir nur eine Bestätigung für das, was ich selber weiß. Ich weiß, wo es mir fehlt. Aber warum fehlt mir so vieles? Hätte ich, wie er, die höhere Schule besucht … Aber was weiß ich als Volksschüler von Klassikern? Und im Theater war ich noch nie. Nur im Hänneschen-Theater und ein paarmal bei Millowitsch. Zum Schluß fragt er mich dann, ob ich meinen Ahnenpaß schon beigebracht hätte. Ohne Ahnenpaß würde ich niemals aufgenommen von der Reichsschrifttumskammer. Klar, den hätte ich längst abgeschickt, sage ich. Und ich denke: Aber was ist mit dem Loch? Mit dem Loch in meinem Ahnenpaß, mit dem Großvater, der fehlt?

Wehrmachtbericht: Der militärische Zusammenbruch Frankreichs schreitet unter dem Druck unserer rastlosen Verfolgung rasch vorwärts. Der Durchbruch durch die Maginotlinie südlich Saarbrücken wurde bis an den Rhein-Marne-Kanal erweitert. Allein am gestrigen Tag sind 100000 Gefangene eingebracht worden. Die Beute umfaßt die gesamte Ausstattung zahlreicher französischer Divisionen und mehrerer Festungen.

Urlaub! Ich hocke allein vor unserem Schuppen in Paffrath und lausche dem Murmeln des Baches. Dann streife ich durch den Wald und liege auf einer Wiese in der flimmernden Sonne. Ich blicke ins Tal, wo die Bauern – es sind meist Alte, Frauen und Kinder – das Heu zusammenharken. Einsam ist die Flur, wie ausgestorben die Dörfer, und ich trabe über Höhen, durch kühlende Täler und denke an Änne …

Gestern noch war ich in der Stadt, und da standen die Menschen in Gruppen beisammen, aus Freude darüber, daß Frankreich die Kapitulation angeboten hat. Hurra – der Krieg ist zu Ende!

Und zu Hause war gestern abend der Teufel los.

Ich bin ein Lump! Ich bin ein Dieb! Ich bin ein elender Betrüger! Und ich bin nicht wert, daß mich die Sonne bescheint! Eines Tages, das ist so sicher wie das Amen in der Kirche, werde ich ein böses Ende nehmen, und man wird mich einsperren im Klingelpütz …

Ja, das alles hat mir gestern die Mutter ins Gesicht geschleudert, als ich von der Arbeit kam. Und dann, mit kreischender Stimme: »Es ist nichts so fein gesponnen, es kommt doch an das Licht der Sonnen!«

Es war nämlich heute ein Fräulein da, aus unserer Bude, und sie ist aus allen Wolken gefallen, als sie erfahren hat, was ich angestellt habe. Das freie Mittagessen, das mir unser Obmann vor einem halben Jahr bei den evangelischen Schwestern beschafft hat – das habe ich der Mutter berechnet! Habe verschwiegen, daß ich's umsonst krieg. Vier Groschen, vierzig Pfennig pro Tag – das sind pro Woche ganze zwei Mark, und die habe ich in meine eigene Tasche gesteckt. Von meinem Wochenlohn zurückbehalten, den ich jeden Freitag abliefern muß.

Das und nichts anderes ist mein Verbrechen. Aber – warum habe ich das getan? Weil ich des Sonntags nicht vor der Tür hocken will, wenn die anderen in der Gastwirtschaft sitzen und fröhlich zechen! Von einer Mark Taschengeld – was kann man sich da leisten? Ich kann mir noch nicht mal erlauben, meine Änne ins Kino einzuladen.

So ist nun mit einem Schlage alles wieder da: die Fremdheit zwischen mir und den Eltern. Sie können nicht verstehen, daß ich jung bin und auch was vom Leben haben will und nicht nur immer schuften und schuften in dieser elenden Drecksbude! Und da ist plötzlich ein schrecklicher Gedanke in mir: Was wird, wenn sie eines Tages erfahren, daß ich vom Geld der Tante, von den fünfhundert Mark, fünfzig in die eigene Tasche gesteckt habe? Oh, du mein Gott – nur ja nicht dran denken! Und erst recht nicht daran denken, daß ich mir wünschen könnte, die Tante würde bald sterben, so daß sie niemals etwas erfahren, daß ich ihnen fünfzig Mark zuwenig abgegeben habe.

29. Juni

Wehrmachtbericht: Der Feldzug in Frankreich hat nach einer Dauer von nur sechs Wochen mit einem unvergleichlichen Sieg der deutschen Waffen geendet. Seit 1.35 Uhr herrscht Waffenruhe. Britische Flugzeuge setzten ihre Einflüge in der letzten Nacht fort, ohne irgendwelchen Schaden an militärischen Anlagen anzurichten.

An der Endhaltestelle in Bergisch-Gladbach steht Hitlerjugend. Sie raunzen jeden an, der kurze schwarze Hosen trägt. Ich bin mit keiner Gruppe zusammen, sondern allein. Wir haben das so ausgemacht, seitdem die »Kölsche Tiröler« nicht mehr in die Mühle fahren, sondern in Paffrath beim Bauern einen Schuppen gemietet haben und dort übernachten. Jeder kommt alleine an, die meisten mit dem Fahrrad. Das ist wohl besser so.

Trotzdem ich eine Lederhose trage, muß ich mit auf die Polizeiwache. Dort müssen alle kurzen schwarzen Hosen ausgezogen und auf einen Haufen geworfen werden. Das wäre ein Teil der HJ-Uniform und dürfe von anderen nicht getragen werden, heißt es.

»Aber ich trage doch eine Lederhose«, sage ich, und darauf tritt mich einer in den Hintern.

Nachher befragen mich zwei in Zivil. Ob ich zu den Kittelbachpiraten gehöre? Oder zu den Navajos? Oder zu den Edelweißpiraten?

»Kenn ich nicht«, sage ich. »Ich wandere allein oder mit KdF.«

Wer denn unser Wanderführer sei, wollen sie wissen.

»Peter Becker heißt der, und er ist ein Parteigenosse.«

So, Peter Becker, sehr interessant … Worüber spricht denn der mit den Leuten, wenn sie mit ihm wandern?

»Wie soll ich das denn wissen? Außerdem – ich habe ihn schon lange nicht mehr gesehen.«

Die beiden grinsen sich an. »Wirst ihn wahrscheinlich auch so bald nicht wiedersehen«, meint der Dicke. »Und nun mach die Mücke, bevor ich dich noch mal in den Hintern treten muß!«

Aber bevor sie mich laufenlassen, schreibt der Lange noch meine Personalien auf. »Für alle Fälle«, sagt er und lächelt freundlich. »Falls wir uns bei Gelegenheit noch mal wieder zu Gesicht bekommen.«

11. Juli

Vier von sechs Geschichten habe ich wieder zurückbekommen. Ohne eine Antwort oder Begründung. Soll ich nun völlig mutlos werden? Soll ich mich keiner Illusion mehr hingeben? Oder sagen: Jetzt erst recht!? Ja, es ist doch ein Wieder-Hoffnung-Kriegen in mir. Ich will die Erzählung »Dort oben im Nordosten« umbenennen in »Verfolgung übers Haff« und alles noch mal von neuem beginnen. Aber – nun habe ich keine Maschine mehr. Und kaum habe ich Kraft, abends in Trubel und Lärm ein, zwei Seiten zu schreiben.

Wenn ich nur mal ein paar Tage hintereinander schreiben könnte, eine Woche vielleicht, damit ich es fertigbekomme!

9. August

Pietschmann hat Stoffel verhauen, daß er aussieht wie Christus am Kreuz. Wegen Arbeitsverweigerung und – was viel schlimmer ist – wegen Sabotage.

Stoffel haben die Augen weh getan vom Elektroschweißen. Darum hat er eine andere Arbeit gewollt, nur für ein paar Tage, bis es wieder besser wäre mit den Augen. Da hat Pietschmann ihn jämmerlich verdroschen. Und ich – ich habe danebengestanden und konnte dem Stoffel nicht helfen!

Nun sind wir also wieder so weit, daß es die Prügelstrafe gibt wie beim Alten Fritz, wo jeder Gutsherr seinen Knecht, jeder Offizier seinen Muschkoten verprügeln durfte. Oder gibt es eine Möglichkeit, sich dagegen zu wehren? Leben wir nicht alle in einer großen, heiligen Volksgemeinschaft? Oder ist das alles nur Hohn und leeres Gerede?

Auf jeden Fall steht eines für mich fest: Hier muß ich raus! Und darum muß ich schreiben, schreiben, schreiben! Am Sonntag habe ich bis abends um acht an »Verfolgung übers Haff« gearbeitet. Siebzig Seiten habe ich jetzt beisammen. Eine Maschine habe ich mir gepumpt.

Morgen werde ich alles abschicken an den Hermann Schaffstein Verlag. Viel Hoffnung habe ich nicht, aber der Mitarbeiter von Heinz Steguweit hat mir geschrieben, meine Geschichte sei frisch und lebendig und ich solle ruhig »den Schritt in die Öffentlichkeit wagen«. Das Buch von Steguweit »Der Jüngling im Feuerofen« habe ich jetzt zum zweitenmal gelesen, aber der Inhalt will mir nicht so recht gefallen. Die Sprache ja – und davon will ich ja lernen. Ich würde mich gern mal mit ihm unterhalten, aber der Mann ist wohl viel zu berühmt und auch zu beschäftigt.

12. September

Und immer wieder stellt Mutter die gleiche Frage: »Muß das denn sein, daß du jeden Samstag, jeden Sonntag wie ein Zigeuner durch die Gegend herumstreifst, als hättest du kein Zuhause?«

Ja, liebe Mutter, wie soll ich's dir erklären? Du wirst mich ja doch nicht verstehen. Was wäre, wenn ich meinen Samstag – Sonntag nicht hätte? Wenn ich diese anderthalb Tage nicht hätte, die mir alles geben, was ich eine Woche lang vermissen muß: Wald und Flur, Freiheit, ungebundenes Leben, Menschen, die mir lieb und teuer geworden sind, und – meine Änne …

Wenn diese zünftigen, verwegenen Gestalten am frühen Morgen die Holzstiege herunterschlurfen, so einer nach dem anderen, mit zerzaustem Haar, wenn sie sich am Bach den Schlaf aus den Augen wischen, wenn dann in der Küche die Holzscheite prasseln und das Kaffeewasser leise zu fiepen beginnt und wenn sie dann im Tagesraum um den langen Tisch herumhocken, alle gemeinsam, wie eine große Familie – dann bin ich glücklich, so, als wäre ich wirklich zu Hause in einer großen Familie.

Am glücklichsten aber bin ich, weil endlich, endlich ein Mensch neben mir sitzt, zu dem ich gehöre und der zu mir gehört und den ich liebhaben darf. Und draußen im Land steht der leuchtende Herbst in seiner goldenen Pracht. Keine Jahreszeit gibt's, die ich so liebe wie den Herbst mit seinen lodernden Farben. Aber noch nie war er so schön wie in diesem Jahr. Weil ich ihn gemeinsam erleben darf – mit meiner Änne ...

Ja, liebe Mutter, ein Sonntag Lachen, ein Sonntag Musik und Gesang, ein Sonntag Freude und Liebe – und die sechs darauffolgenden Tage, diese Tage in Grau, sind überhaucht von einem goldenen Schimmer! Sechs Tage voller Erinnerung, sechs Tage voller Erwartung. Meine Änne, die kann sich schon gar nicht mehr vorstellen, daß sie mal zufrieden gewesen ist, wenn sie am Sonntag zum Tanzboden ging und sich wohl gefühlt hat unter Milchreisbubis mit blasierten Gesichtern, Pomadenheinis, Mehrseinwollern und Angebern. Mag dieses ganze Gesocks der Teufel holen! Wir fühlen uns wohl bei den »Naturlatschern« im Bergischen Land. Hier gibt es Menschen, prachtvolle Bauerntypen, zu denen man sich einfach hingezogen fühlt. Dieser hintergründige, stille Humor in ihren Augen! Und ob wir in Höffe einkehren, in Paffrath, in Bechen oder Bergheim – überall geht es lustig zu, fröhlich und ungezwungen. Und getanzt wird auch hier. Auch gesoffen. Aber – alles ist anders, ganz anders als in der Stadt.

26. September

In der Nacht habe ich kein Auge zugemacht. Zahnschmerzen!

Um neun Uhr gehe ich zum Arzt, aber dann fahre ich nicht ins Werk, sondern setze mich zu Hause hin und schreibe. Darum gibt es mit den Eltern wieder mal Krach. Ich soll doch endlich diese sinnlose Schreiberei aufgeben, soll meiner Arbeit nachgehen, mich am Abend aufs Sofa legen und ausruhen für den nächsten Tag. Sei doch alles nur für den Papierkorb, sagt Vater. Brotlose Kunst, diese Schriftstellerei.

Trotzdem – ich schreibe weiter! Acht Seiten muß ich noch schaffen. Dann schicke ich alles an Heinz Steguweit, und der wird mir schon helfen. Oder – ist doch alles vergebens?

Als ich am Mittag zur Arbeit komme, werde ich mit Stoffel zum Chef ins Büro gerufen. Der Chef sagt: »Das Arbeitsamt hat euch beide dienstverpflichtet. Beide als Hilfsschlosser und Elektroschweißer. Morgen bekommt ihr eure Papiere.«

Banges Erschrecken. Dienstverpflichtet? Wohin? Auf eine Schiffswerft vielleicht? Nach Hamburg oder Kiel? Oder – in so eine Giftbude irgendwo in Süddeutschland?

Da sagt der Chef: »Ihr seid für ein halbes Jahr u.k. gestellt.«

»Und wo kommen wir hin?« erkundigt sich Stoffel.

»Das werdet ihr morgen erfahren. Auf jeden Fall bleibt ihr hier in Köln. Na ja, damit ihr ruhig schlafen könnt ...« Er nennt uns den Namen des Werkes, und ich denke, mich trifft der Schlag. Das kann doch nicht wahr sein?! Es ist das gleiche Werk, in dem Änne in der Buchhaltung sitzt! Daß es so etwas gibt?! Wie in einem Film oder einem Buch.

Änne! Noch ein halbes Jahr, ein ganzes halbes Jahr werden wir uns sehen können! Und nicht nur einmal in der Woche, sondern jeden Tag!

»Frey«, sagt der Chef und zieht die Augenbrauen hoch, »daß ich dir keine Träne nachweinen werde, obwohl du ein guter und fleißiger Arbeiter bist, das ist dir wohl klar?«

»Ich wüßte nicht, warum ...«

»Weil du ein renitenter Bursche bist! Weil du dich nicht einfügen kannst in die Volksgemeinschaft! Und darum wirst du, wenn du dich nicht änderst, in deinem Leben noch viel Ärger bekommen. Los, nun ab mit euch!«

Renitent? Ja, das habe ich schon mal gelesen. In dem Buch »Schlag nach«, das ich mir für vier Mark gekauft habe. »Renitent: widerspenstig, aufbegehrend.« Na ja, da hat der Chef vielleicht gar nicht so unrecht. Nur – warum wird einer renitent? Darüber sollte er mal nachdenken – der Herr Wehrbetriebsführer ...

Draußen auf dem Hof schauen wir uns an, Stoffel und ich, und dann haut er mir seine Pranke auf die Schulter und schreit: »Ein Wunder! Ein wunderbares Wunder! Ein halbes Jahr u. k. gestellt – und außerdem noch weg von Pietschmann, diesem gottverdammten Leuteschinder!«

Dann geht alles sehr schnell: Lohnauszahlung am Schalter, Klamotten zusammenpacken, Hände schütteln, viele Hände – nur die von Pietschmann nicht! – und dann raus auf die Straße.

»So«, sagt Stoffel, »und jetzt gehen wir erst mal einen heben. Auf denn zum ›Blauen Lümmel‹!«

Und auf dem Weg in die Gastwirtschaft muß ich denken: Fünf Jahre – wo sind sie geblieben? Fünf Jahre Pietschmann ... Aber vielleicht – vielleicht war er doch nicht so schlecht, wie man glaubt. Vater hat mal gesagt: »Die Verhältnisse sind es, die den Menschen gut machen oder schlecht ...«

Zu 90 Prozent bin ich überzeugt, daß wir einmal den großen Kampf machen müssen, den ich nicht scheue. Wenn wir gewinnen, dann ist Deutschland die erste Macht der Welt, dann kommt die Stunde, wo Deutschland reich ist. Aber man muß was riskieren, man muß was einsetzen.

Hermann Göring
vor Industriellen am 22. Juli 1938

Deutschland ist ohne eine ausreichende Agrar- und Rohstoffbasis innerhalb seiner gegenwärtigen Grenzen nicht lebensfähig. Deutschland ist daher zur Expansion gezwungen – und zwar in das an Bodenschätzen unberechenbar reiche Gebiet Sowjetrußlands.

Denkschrift
eines Konzerns vom 18. November 1938

Neunzehnhunderteinundvierzig

4. Januar

Wehrmachtbericht: Im Laufe des Tages führte die Luftwaffe Angriffe gegen Ziele an der Ostküste Englands durch. Ein Vorpostenboot wurde im Sturzflug mit Bomben belegt und versenkt.

Das fängt ja gut an, das neue Jahr … Im Werk rennt der Werkschutz umher, mit Karabiner und Revolver. Eine fiebrige Spannung liegt in der Luft, und es sieht fast nach Streik aus. Streik – und das in einem Rüstungsbetrieb!

Sie haben uns gestern eine Vorschußlöhnung gezahlt, die war einfach schaurig. Für Familienväter zwölf bis fünfzehn Mark! Das übrige sollen wir ja am Freitag bekommen – aber wovon denn die ganze Woche leben? Außerdem hat man angeordnet, daß wir heute zwei Überstunden machen sollen und morgen ebenfalls. So sollen die Stunden herausgearbeitet werden, an denen zwischen Weihnachten und Neujahr das Werk stillgelegt wurde. Wir hätten vier Tage auf der Bärenhaut gelegen, sagte der Obermeister, und nun, da diese Zeit wieder herausgeholt werden sollte, da würde gemeckert und Drama gespielt. Wir sollten uns nur ja nicht zuviel herausnehmen, sonst …

Am Abend kehre ich am Hafen bei Catelli ein. Willi spielt wie irrsinnig auf seinem Akkordeon, und ein paar Tangojünglinge mit bleichsüchtigen Backfischen hüpfen wie die Affen umher und führen Negertänze auf. Neben mir am Tisch hocken ein paar Soldaten und reden vom Sterben wie vom Essen und Schlafen.

Nun bin ich schon drei Monate in diesem Werk dienstverpflichtet und u. k. gestellt, und ich habe noch immer den Eindruck, ich wäre in einem Irrenhaus. Oder in einem riesigen Versuchslaboratorium, in dem jeder

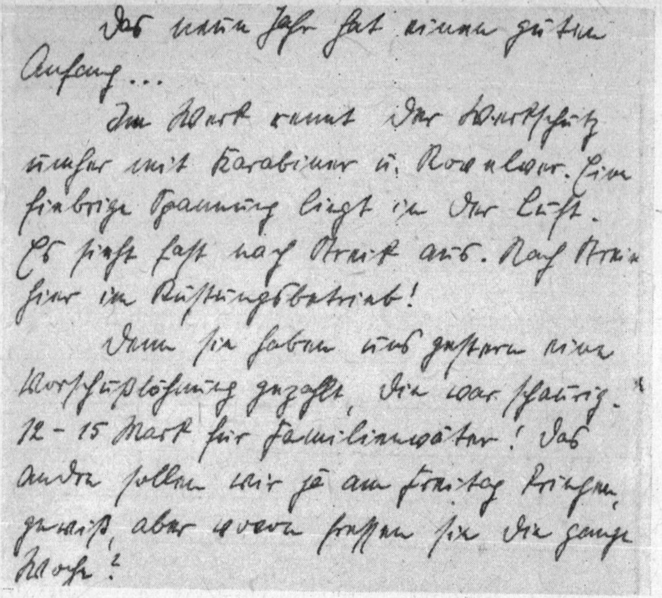
Das neue Jahr hat einen guten Anfang...
Im Werk rennt der Werkschutz umher mit Karabiner u. Revolver. Eine fiebrige Spannung liegt in der Luft. Es sieht fast nach Streik aus. Nach Streik hier im Rüstungsbetrieb!
Denn sie haben uns gestern eine Vorschußlöhnung gezahlt, die war schäbig. 12–15 Mark für Familienväter! Das andre sollen wir ja am Freitag kriegen, gewiß, aber wovon fressen wir die ganze Woche?

Stümper herumwurschteln kann, wie es ihm gerade gefällt. Jeden Tag was anderes, heute so und morgen so und übermorgen wieder so wie gestern. Heute steht ein neuer Arbeitsverfolger neben mir – morgen wieder ein anderer. Heute kommt der Zeitnehmer und sagt, unsere bisherigen Zeiten wären nicht mehr gültig, er müsse neue aufnehmen – und morgen kommt ein anderer Zeitnehmer, den man noch nie gesehen hat, und sagt, unsere alten Zeiten seien noch gültig.

Muß man sich da nicht fragen: Was wird hier gespielt? Können wir so den Krieg gewinnen, wenn alles drunter und drüber geht? Aber – vielleicht gibt sich das mit der Zeit? Es ist schließlich nicht so einfach, ein ganz neues Werk, in dem zweitausend Mann beschäftigt sind, einen zusammengewürfelten Haufen in ein System zu bringen, das reibungslos funktioniert.

Tatsache aber ist, wenn man ganz genau hinschaut: Die Arbeiter werden beschissen, wo sie dabei sind! Akkorde werden heruntergesetzt, Prämien eingeführt, dann wieder gestrichen, Stückzahlen werden heraufgesetzt – und keiner ist da, bei dem man sich beschweren kann. Unser Kolonnenführer und Vorarbeiter, Franz Köhler, sagt: »Mensch, sei froh, daß du u. k. bist und nicht an die Front mußt! Also – halt die Schnauze und zieh deine Naht!“

So hocke ich denn neben meinen vierzehn Kollegen in der Schweißabteilung, und ich ziehe meine Naht, schweiße täglich meine Spanten und Deckel, atme den dicken, ekligen Qualm ein, der von dem Leichtmetall hochsteigt, und rede mir zu, daß es mir gar nicht so schlecht geht, denn – draußen im Krieg, da ist es viel schlimmer.

2. März

Wehrmachtbericht: Kriegsmarine und Luftwaffe führten den Handelskrieg gegen England im Monat Februar mit ganz besonderem Erfolg. Der Feind verlor in diesem Monat insgesamt 740000 BRT Handelsschiffsraum. An dem Erfolg sind die Kriegsmarine mit 550000 BRT und die Luftwaffe mit 190000 BRT beteiligt. Wie bereits durch Sondermeldung bekanntgegeben, marschierten als Sicherung gegenüber den bekanntgewordenen britischen Maßnahmen in Südosteuropa, nach Zustimmung der Königlich Bulgarischen Regierung, seit dem 2. März Verbände der Deutschen Wehrmacht in Bulgarien ein. Die einziehenden Truppen wurden vom bulgarischen Volk lebhaft begrüßt.

Gestern abend bin ich mit Ria und Kingkong zur Mühle gefahren. Wir hockten bis zwei Uhr beisammen, und draußen donnerte die Flak wie noch nie. Über der Kölner Bucht brodelte die Hölle. An vielen Stellen war der Himmel rot, und man hörte die fallenden Bomben heulen und zischen. Dann standen wir auf dem Berg neben der Mühle.

Die Stadt brannte – und wir schauten zu wie bei einem Feuerwerk.

Ich habe mich nach einem möblierten Zimmer umgeschaut, das in der Nähe des Werkes liegt. Jeden Tag zweimal die Bahnfahrt quer durch die Stadt und fast jedesmal im Fliegeralarm – wer soll das noch aushalten? Ein schönes Zimmer bei einer älteren Familie, ein Garten dabei, ein Balkon in der Sonne – und ist gar nicht so teuer.

Endlich, endlich ein eigenes Zimmer, in dem ich ungestört bin, in dem ich lesen und schreiben und mich weiterbilden kann! Aber – die Eltern? Die Mutter weint über meine Undankbarkeit, und der Vater zieht ein brummiges Gesicht. Wie nur, wie kann man's ihnen recht machen? Wann nur, wann werden sie mich mal verstehen? In zwei Monaten, wenn ich großjährig werde, kann ich endlich tun und lassen, was ich will.

Ja – kann ich das wirklich, oder ist das nur ein schöner Traum? War's nicht mal mein Traum, Landjahrführer zu werden und später dann Lehrer? Der Jugend ein Vorbild zu sein, sie zu formen und zu erziehen und mich dabei selbst weiterzubilden und meinen Weg als Schriftsteller zu finden. Und – was ist daraus geworden, aus diesem Traum?

31. Mai

Wehrmachtbericht: Auf der Insel Kreta setzten die deutschen Truppen die Verfolgung des geschlagenen Feindes nach Osten fort und nahmen Verbindung mit den bei Heraklion stehenden deutschen Fallschirmjägern auf. Die Vereinigung mit den von Osten her weiter vorstoßenden italienischen Truppen ist nur noch eine Frage kurzer Zeit.

Mein einundzwanzigster Geburtstag! Vor drei Jahren begann ich in Dassel mit diesem Tagebuch, und damals nahm ich mir vor, all das aufzuschreiben, was mich bewegt und was ich erlebe. Damit ich später hineinschauen kann, wie in einen Spiegel ... Ja, wenn ich damals, als ich meinen ehemaligen Scharführer aus dem Landjahrlager Dassel, den Lehrer Siegfried Thorwald, in seiner Dorfschule besuchte, schon einundzwanzig Jahre alt gewesen wäre – wer weiß, welchen Weg ich damals genommen hätte und wo ich heute stehen würde!

Ich hatte vor seiner Klasse gestanden und erzählen müssen von meiner Trampfahrt durch Deutschland, und nachher sagte Siegfried: »Es ist eine Sünde und Schande, daß dein Vater nicht zugelassen hat, dich als Landjahrführer auszubilden! Du bist der geborene Lehrer, und wie du erzählen kannst und junge Menschen zu fesseln verstehst! Wie kann dein Vater nur so verbohrt sein?!«

Ja, Siegfried hatte damals, am Ende unserer Landjahrzeit, dem Vater einen Brief geschrieben, ihm vorgeschlagen, mich als Landjahrführer ausbilden zu lassen, aber Vater hatte darauf gar nicht geantwortet, und als wir im Dezember entlassen wurden und ich nach Hause kam, sagte er nur einen einzigen Satz: »Ehe ich zulasse, daß du HJ-Führer wirst – eher wirst du auf der Straße Roßäpfel fegen!« Und so wurde ich Hilfsarbeiter.

Damals habe ich Rotz und Wasser geheult und meinem Vater den Vorwurf gemacht, er hätte mir mein ganzes Leben verbaut.

»Abwarten, mein Sohn«, hat Vater gesagt. »Eines Tages – da wirst du verstehen, warum ich das getan habe. Und vielleicht wirst du mir dann sogar dankbar sein.«

In den vergangenen drei Jahren habe ich nun oft darüber nachgedacht: Was wäre, wenn ...? Was wäre zum Beispiel heute mit mir, wenn ich damals den Vorschlag von Siegfried hätte verwirklichen können und zum SS-

Verfügungstrupp gekommen wäre? Er sagte mir damals, vor drei Jahren, da würde jetzt eine neue Einheit gebildet und er könne mir helfen, weil er gute Verbindungen hätte, daß ich dort aufgenommen würde. SS-Verfügungstrupp – nein, dazu hatte ich nun gar keine Lust, obwohl ich mir darunter kaum etwas vorstellen konnte. Nur soviel wußte ich damals: Wenn ich Vater mit diesem SS-Verfügungstrupp kommen würde – mit der Begründung natürlich, in meinem Leben weiterzukommen und nicht Hilfsarbeiter zu bleiben –, dann hätte er mir niemals sein Ja gegeben.

5. Juni

Nun habe ich durch meine Dienstverpflichtung in diesen Rüstungsbetrieb das große Glück, daß ich Änne jeden Tag sehen kann – aber ich habe nicht vorausahnen können, was es bedeutet, einen Vater zu haben, der SA-Mann ist und außerdem Mitglied der Nazipartei, weil er bei der Reichsbahn als Beamter einen dicken Posten bekleidet ...

Vor einer Woche ist Ännes BDM-Führerin zu ihnen nach Hause gekommen und hat sich erkundigt, warum Änne nicht mehr zum Dienst erscheint und nicht mehr zu den Heimabenden und den Fahrten am Sonntag. Die Eltern sind aus allen Wolken gefallen, und Änne hat gedacht, sie kriegt einen Bums vor den Kopf. Sie hat nämlich immer, wenn sie mit mir ins Bergische in die Mühle gefahren ist oder wochentags abends ins Kino, zu Hause treu und brav geschwindelt, daß sie zum BDM-Dienst gegangen wäre.

Wie hat Mutter gesagt? Es ist nichts so fein gesponnen ...

Ja, und nun ist Ännes Vater auf der Palme. Hausarrest! Ausgangssperre bis auf weiteres! Nur am Sonntag darf Änne das Haus verlassen – wenn sie mit ihrer Mutter in die Eifel fährt zum Onkel Josef und seinen Hühnern und Schweinen …

So latsche ich also wieder allein durch die Welt, und diese Welt wird immer beschissener. Die »Kölsche Tiröler« gibt es nicht mehr. Alle sind eingezogen. Als letzter kam Sepp an die Reihe. Er hat uns das Schuhplatteln beigebracht und so innige Lieder aus Bayern, daß den Bergischen Bauern beinahe die Tränen kamen, wenn sie uns zugehört haben …

6. Juni

Wehrmachtbericht: In Nordafrika nahmen Batterien des deutschen Afrikakorps feindliche Stellungen bei Tobruk sowie mehrere im Hafen liegende britische Transporter unter wirksames Feuer. An der Sollum-Front wurde ein feindlicher Stoßtrupp abgewehrt.

Es gibt die tollsten Gerüchte im Werk, und jeder weiß etwas anderes. Nur in einem sind alle sich einig: Große Dinge stehen uns bevor … Es heißt, daß schon seit Wochen Tag und Nacht Militärtransporte nach Osten rollen.

Ich kann diesen Unsinn nicht glauben. Was sollen unsere Truppen im Osten? Ist Polen nicht besiegt? Und mit den Russen haben wir einen Nichtangriffspakt geschlossen. Nein, der nächste Schlag – der entscheidende! – wird gegen England geführt! Seit Monaten kann man beobachten, wie auf dem Rhein von Schleppkähnen große Pontons stromabwärts gebracht werden – Pontons zum Überwinden des Kanals, zum Angriff auf das englische Festland. Mit Müh und Not sind die Tommys bei Dünkirchen ihrer Vernichtung entgangen, und jetzt warten sie täglich auf unseren Angriff, der seit Monaten durch unsere Luftwaffe vorbereitet wird.

Und da faseln solche Spinner von einem Angriff auf Rußland.

15. Juni

Wehrmachtbericht: Im Mittelmeerraum griffen Verbände der deutschen Luftwaffe die Hafenanlagen von Tobruk und Haifa wieder mit guter Wirkung an. Der Feind warf in der letzten Nacht an einigen Stellen in Westdeutschland Spreng- und Brandbomben. Die Zivilbevölkerung hatte Verluste an Toten und Verletzten.

Vor ein paar Tagen, als ich zum Lohnbüro ging, mußte ich durch die Maschinenhalle. Und da sah ich, wie eine junge Frau an der Bohrmaschine saß und schrecklich weinte. Ich ging hin zu ihr und fragte, ob sie vielleicht Schmerzen hätte, ob ich ihr irgendwie helfen könne. Nein, sagte sie, da könne keiner helfen, aber manchmal käme es so über sie. Ihr Mann sei gefallen, vor einem Jahr in Frankreich, und wenn man immer so alleine sei, sich immer so einsam fühle, kein Mensch sich um einen kümmere ... Sogar im Kino fühle sie sich einsam und allein, weil keiner neben ihr säße, mit dem sie sich verbunden fühle. Ob ich auch manchmal ins Kino ginge? Ich dachte an Änne und sagte: »Ja, manchmal. Aber vorläufig nicht mehr.«

»Warum vorläufig nicht mehr?« wollte sie wissen.

»Weil mein Mädchen nicht darf. Weil ihr Vater nicht will ...«

»Ach«, sagte sie, »dann bist du genauso einsam wie ich.«

Da steht diese junge, hübsche Frau nun heute nach Feierabend am Werktor, lächelt mich an und sagt: »Hättest du Lust, mit mir mal ins Kino zu gehen?«

Was sollte ich sagen?

22. Juni

Wehrmachtbericht: Der 22. Juni ist in die Geschichte als ein entscheidendes Datum des Ringens Europas um Freiheit und Leben eingegangen: Der heimtückische Kampf aus dem Dunkeln, den Moskau in engem Einvernehmen mit England führte, ist zu einem Krieg der Waffen geworden. Der harte Kampf, der jetzt an der Ostfront entbrannt ist und der nach Weite des Operationsfeldes wie auch der Stärke der dort eingesetzten Streitkräfte nicht nach herkömmlichen Maßstäben zu beurteilen ist, leitet nicht einen neuen Krieg ein, sondern eine weitere Phase des Kampfes, der England gilt.

Welch ein Tag war das heute! Wie eine Bombe schlug die Nachricht ein: Deutsche Truppen sind über die russische Grenze marschiert und befinden sich auf dem Vormarsch …

Zuerst wollte es niemand glauben, als Hein auf seinem Fahrrad angesaust kam und schrie: »Krieg! Krieg mit Rußland!« Aber dann, ganz allmählich, drang es in mein Bewußtsein: Die Gerüchte der vergangenen Wochen über Truppentransporte nach dem Osten – nun sind sie doch wahr geworden! Trotzdem – es ist nicht zu begreifen. Da haben wir einen Nichtangriffspakt mit Rußland, und sie wollten uns hinterhältig überfallen. Sie waren an der Grenze aufmarschiert, alles war vorbereitet für einen Angriff – und was wäre aus alldem geworden, wenn der Führer ihnen nicht zuvorgekommen wäre und ihre finsteren Pläne zerschlagen hätte?

Ich hockte mit Hein oben im Wald über dem Steinbruch, und obwohl wir uns immer gut verstanden haben, hat Hein so heftig gestritten mit mir, daß ich richtig erschrocken war. Ich hatte nämlich gesagt, in vier Wochen wäre auch dieser Krieg zu Ende, und dann hätten wir endlich Frieden für immer, denn die Engländer brauchten wir gar nicht erst anzugreifen, die würden durch unsere U-Boot-Blockade auf ihrer Insel verhungern und froh sein, wenn wir ihnen ein Friedensangebot machten.

»Aber begreifst du denn nicht!?« schrie Hein mich an. »Der Krieg hat doch jetzt erst richtig begonnen!«

»Und in vier Wochen wird er bestimmt zu Ende sein, davon bin ich fest überzeugt. Der Führer wird schon wissen, was er tun muß oder – nicht?«

Hein sprang auf und rannte davon, und ich saß alleine mit meinen Gedanken, und unten vor der Mühle saßen sie und schwiegen.

8. Juli

Wehrmachtbericht: In Bessarabien sind die deutschen und rumänischen Truppen nach Abweisung von Gegenangriffen in fortschreitendem Angriff. Nördlich der Pripetsümpfe dringen Verbände des deutschen Heeres auf breiter Front gegen den Dnjepr und die obere Düna vor.

In dieser Nacht hat Köln zum ersten Male zu spüren bekommen, was Krieg ist. Es hat Bomben geregnet wie noch nie zuvor. Alle Stadtviertel sind heimgesucht worden. Wir hockten im Keller und dachten: Das ist das Ende! Ununterbrochen heulten die Bomben herunter – es war entsetzlich!

Ich bin mit dem Rad durch die Stadt gefahren. Sie hat an allen Ecken und Enden gebrannt. Noch nie in meinem Leben sah ich solch ein grausiges Schauspiel, und ich mußte daran denken, wie ich neben Vater stand – am 30. Januar 1933! – und über dem Rhein ein gewaltiges Feuerwerk krachte und donnerte und Vater vor sich hinmurmelte: »Wenn die Menschen wüßten, daß aus diesem Spaß eines Tages einmal blutiger Ernst wird ...«

Es trieb mich zur Wohnung von Änne. Überall weinende Frauen, fluchende Männer, schreiende Kinder, überall Brand und Zerstörung, Schutt und Asche und Berge von Glas. Als ich endlich den Eigelstein erreichte, stockte mir der Atem, denn ich sah schon von weitem,

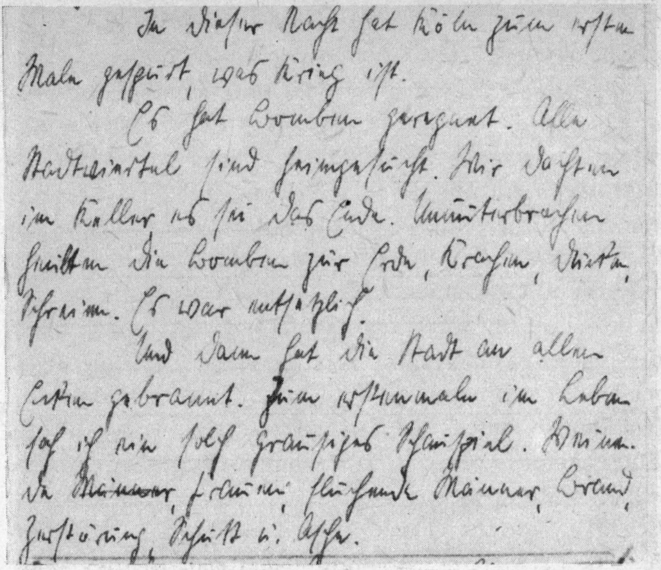
In dieser Nacht hat Köln zum ersten Male gespürt, was Krieg ist.
Es hat Bomben geregnet. Alle Stadtviertel sind heimgesucht. Wir dachten im Keller es sei das Ende. Ununterbrochen fielen die Bomben zur Erde, krachen, dröhnen, schreien. Es war entsetzlich.
Und dann hat die Stadt an allen Ecken gebrannt. Zum erstenmale im Leben sah ich ein solch grausiges Schauspiel. Weinende Männer, Frauen, fluchende Männer, Brand, Zerstörung, Schutt u. Asche.

daß in der Nähe ihrer Wohnung mehrere Häuser lichterloh brannten. Aber – nur in der Nähe! Ihr Haus hatte keine Bombe getroffen …

Heute ist es im Werk so still, wie an einem Sonntag. Über die Hälfte der Belegschaft ist nicht zur Arbeit erschienen. Auch Änne ist nicht in ihrem Büro – aber keine ihrer Kolleginnen weiß etwas Genaues. Ich möchte am liebsten zu ihrer Wohnung fahren, um mich zu erkundigen, aber ich traue mich nicht, Ännes Vater hat seiner Tochter jeglichen Umgang mit mir verboten. Änne hat mir erzählt, daß er bei ihrem Chef gewesen ist und sich dafür eingesetzt hat, daß sie bis zum Ende ihrer Lehrzeit ins Zweigwerk nach Bodenbach kommt. Bodenbach – am anderen Ende der Welt!

15. Juli

Wehrmachtbericht: Die Durchbruchoperationen an der Ostfront verlaufen planmäßig. 101 Sowjetpanzerwagen wurden durch eine einzige deutsche Division bei den Kämpfen an der Düna vernichtet. Die finnische Wehrmacht ist beiderseits des Ladogasees zum Angriff angetreten.

Der Hermann Schaffstein Verlag hat mir mein Manuskript zurückgeschickt. Nach genau elf Monaten. Ich hatte schon gar nicht mehr damit gerechnet. Aber es ist diesmal ein langer Brief dabei – alles Vorschläge, was ich ändern müßte, damit der Verlag es drucken könne ... Ja, schon mit der Verfolgung übers Haff – so soll das Buch heißen –, da hätte das seine Schwierigkeiten. Tim, die Hauptfigur meiner Geschichte, müßte sich da eigentlich ganz anders verhalten. Und außerdem und außerdem ... Ich sitze am Tisch, und mir schwirrt der Kopf. Und nur eins wird mir allmählich klar: Wenn ich all das berücksichtigen wollte, was die mir da vorschlagen, müßte ich ein neues Buch schreiben, ein ganz anderes. Aber ich will doch nicht schreiben, was sich ein anderer ausgedacht hat, einer, der von einem Verlag dafür bezahlt wird. Ich will meine, meine eigene Geschichte schreiben, die ich selber erlebt und nach meinen eigenen Erlebnissen aufgeschrieben habe.

Wenn ihnen das nicht paßt, dann können sie mich ...!

Ach, was würde ich jetzt darum geben, wenn ich mit einem Menschen sprechen könnte. Hein wohnt nur ein paar Straßen von mir entfernt, und ich bin schon ein paarmal bei ihm zu Hause gewesen, auch seine Frau war sehr freundlich zu mir. Obwohl Hein fast doppelt so alt ist wie ich, haben wir uns vom ersten Tag, an dem ich ins Werk kam, prima verstanden. Er hat mir immer geholfen, wo er nur konnte. Aber nun hockt er seit Tagen neben mir und zieht seine Schweißnaht, und ich bin für ihn Luft. Nach unserem Streit über den Krieg gegen Rußland hat er noch einmal versucht, mir alles in Ruhe zu erklären, aber als ich dann sagte: »Ich weiß nur soviel – wenn Rußland nicht rasch niedergezwungen wird, zerstampft uns die englische Luftflotte«, da hat er sich umgedreht, und seitdem bin ich für ihn nicht mehr da.

8. September

Wehrmachtbericht: Die Operationen an der Ostfront erreichen weiterhin ihren geplanten Verlauf. Ein stärkerer Verband deutscher Kampfflugzeuge bombardierte in der Nacht zum 7. September mit guter Wirkung den britischen Flugplatz Abu Sueir am Suezkanal.

In dieser Nacht verwünsche und verfluche ich den Tommy, wie man nur die Pest verfluchen kann. Wäre dieser elende Wahnsinn doch endlich beendet. Kurz vor zweiundzwanzig Uhr – Alarm. Kurzes Schießen, Ruhe. Kaum liegen wir im Bett – wieder wahnsinniges Schießen. Dicht über die Dächer braust eine Maschine. Und wieder bin ich kaum eingeduselt, da geht dasselbe Theater von neuem los. Viermal nun schon: Fliegeralarm. In einer einzigen Nacht! Und jetzt ist es gleich drei Uhr morgens, und in zwei Stunden heißt es: Aufstehen, zur Arbeit …

Und der Abend war so schön. Ich war mit Billa im Kino, und dann bummelten wir durch die mondhellen Straßen der Altstadt, saßen am Rhein auf einer Bank, und sie gab mir zum ersten Mal einen Kuß.

»Siehst du, so ist das«, sagte sie auf dem Heimweg, »du bist jetzt allein, weil sie dein Mädchen weggeschickt haben, und ich, weil mein Mann in Frankreich gefallen ist fürs Vaterland, und weil wir beide nicht wissen, ob wir morgen noch leben … Wenn du dich wieder mal einsam fühlst, du weißt, wo ich wohne.«

17. September

Wehrmachtbericht: In der Ukraine haben Verbände des deutschen Heeres mit wirksamer Unterstützung durch die Luftwaffe in kühnen Angriffen an den wichtigsten Stellen Brückenköpfe über den breiten Unterlauf des Dnjepr gebildet. Nachdem die Brückenköpfe in mehrtägigen Kämpfen gegen erbitterte feindliche Angriffe, zum Teil mit Panzerunterstützung, gehalten und erweitert werden konnten, entwickeln sich die Angriffshandlungen zu einer Operation größten Ausmaßes.

Auf einem Bummel durch die Stadt stoße ich plötzlich mit Rainer Möricke zusammen. Er kommt eben aus »Brungs Weinstuben«, und wie es scheint, ist er guter Laune, denn er zieht mich am Ärmel ins Lokal und bestimmt: »Auf ein Schöppchen, mein Lieber, das dürfen Sie mir nicht abschlagen!«

Aus diesem »Schöppchen« sind dann zwei Flaschen geworden, und wie das so ist, beim Wein kommt man ins Schwatzen. Über vieles haben wir geredet, und vieles wollte er von mir wissen. Ich sagte, daß ich mein Buch zurückbekommen habe, aber er lachte nur und meinte, das sei nun mal so in der Schriftstellerei. Ein Schriftsteller müsse zwei Charaktereigenschaften haben: Ausdauer und Geduld. Ausdauer bei der Arbeit und Geduld, wenn sein Buch gedruckt sei, was der Leser dazu sagen werde und vor allem die Kritiker. Und manchmal komme der Erfolg erst viele Jahre später, vielleicht nach dem Tod ...

So ergab es sich fast von selbst, daß er als Beispiel den Dichter Heinrich Lersch nannte. »Ein Gedicht, geschrieben neunzehnhundertsechzehn, das heute noch seine Gültigkeit hat, heute noch so aktuell ist wie damals – das nenne ich Dichtung! Schon in unserem Schullesebuch konnten wir es lernen: ›Laß mich gehen, Mutter, laß mich gehen! All dein Weinen kann nichts nützen, wir gehen, das Vaterland zu schützen ...‹«

»Ja«, sagte ich, »Deutschland muß leben, und wenn wir sterben müssen ...«

»Ist das nicht ein wahrhaft nationaler, ja, ein nationalsozialistischer Dichter? Er war, wie Sie, ein einfacher Arbeiter, ein Kesselschmied. Und er war – ja, er war ein guter Deutscher!«

Und da hat mich wohl plötzlich der Teufel geritten, denn ich hörte mich aus dem Weindunst sagen: »Was ist das – ein guter Deutscher? Einer, der für Deutschland stirbt? Und was ist das – Deutschland? Mir hat mal einer gesagt, der Lersch, das war ein Arbeiterverräter, und darum ...«

Was dann folgte, ging alles sehr schnell. Er schüttete mir sein Weinglas ins Gesicht, und bevor ich begriff, was los war, stand ich draußen vor der Tür.

Rainer Möricke und noch zwei Herren vom Nebentisch hatten mich hinausgeworfen.

3. Oktober

Wehrmachtbericht: Im Osten wurden die Operationen erfolgreich fortgeführt. Kampfflugzeuge bombardierten in der Nacht zum 3. Oktober mit beobachteter Wirkung militärische Anlagen in Moskau sowie ein wichtiges Rüstungswerk südostwärts Charkow.

Jahrelang habe ich von einem eigenen Zimmer geträumt, in dem ich frei bin, in dem ich arbeiten kann, wie ich will – und jetzt, wo ich mein Zimmer besitze? Ich brauchte es gar nicht. Ich bin jeden Abend, jede Nacht in der Wohnung von Billa. Als Billa mir Anfang September sagte, ich könnte sie jederzeit besuchen, wenn ich mich mal einsam fühlte, aber zumindest könnten wir gemeinsam ins Kino gehen oder am Abend einen Spaziergang machen – da hat alles begonnen. Seit diesem Tag lebe ich wie in einem Traum. Ein Mensch ist da auf dieser Welt, der sich um mich kümmert! Während Änne im fernen Bodenbach nur wenig Zeit für mich hat, nur alle paar Tage eine Ansichtskarte oder einen kurzen Gruß an mich schickt, kümmert sich Billa wie eine sorgende Mutter um mich. Sie ist zwar neun Jahre älter als ich – aber was macht das schon? Sie sieht viel jünger aus, weil sie klein und schlank ist und blonde Haare hat, und ich weiß genau, daß manche Männer im Werk mich um sie beneiden.

Aber manchmal fühle ich mich hundeelend. Manchmal – wenn ich daran denke, wie das denn alles so weitergehen soll. Doch jedesmal, wenn ich mit Billa darüber reden will, sagt sie nur lächelnd: »Heute, mein Lieber – heute leben wir, und was morgen sein wird, das steht in den Sternen.« Oder: »Du darfst nicht soviel denken. Wer heutzutage viel denkt, macht sich selber nur unglücklich.« Oder: »Man lebt nur einmal und dann nie wieder.«

Ja, leben – leben, das will ich!

Vor ein paar Tagen bin ich zum Personalchef gegangen. Ich möchte versetzt werden, ins Zweigwerk nach Bodenbach, hab ich gebeten. Er hat mich ganz merkwürdig angesehen und gefragt: »So, versetzt nach Bodenbach? Und darf man fragen, warum?«

Damit hatte ich nicht gerechnet, darum begann ich zu stottern, und da schrie er mich an: »Mensch, scheren Sie sich zum Teufel – oder ich schicke Sie an die Front!«

10. Oktober

Irgendwo habe ich mal gelesen: »Zwei Seelen wohnen, ach, in meiner Brust!« So geht es mir heute und seit Tagen schon.

Da freue ich mich, daß der Krieg in Rußland nun zu Ende ist, daß ich all das Schreckliche nicht miterleben muß, wovon mir Vater tausendmal erzählt hat – und doch kann ich mich nicht freuen, wenn ich daran denke, wie dieser Sieg über Rußland zustande gekommen ist und was nun danach sein wird.

Vor zehn Jahren habe ich mit den Jungpionieren gesungen: »Ein jeder Propeller singt surrend Rot Front! Wir schützen die Sowjetunion!« Und jetzt muß ich in der Zeitung lesen, daß 14000 russische Flugzeuge abgeschossen wurden! 17000 Panzer vernichtet, 21000 Geschütze! Aber, was viel schlimmer ist: Drei Millionen Gefangene wurden eingebracht! Drei Millionen Menschen hinter Stacheldraht, so wie die Polen, die ich in der Wahner Heide sah ...

Wenn der Krieg auch noch nicht ganz zu Ende ist, weil die Russen noch nicht kapituliert haben, wie vorher die Polen und Franzosen, so kann es doch nur Tage dauern, bis alles vorbei ist. In der Zeitung steht, daß die letzten russischen Divisionen, die noch kampfkräftig waren, aufgerieben worden sind und im Kessel von Brjansk die letzten drei feindlichen Armeen ihre Vernichtung erwarten ...

Wie sich das anhört! Ihre Vernichtung erwarten ... Soll man sich nun freuen, daß nun endlich Frieden wird? Daß man nicht mehr in den Krieg und an die Front muß, um zu sterben, damit Deutschland leben kann?

20. Oktober

Wehrmachtbericht: Im Südteil der Ostfront rücken die deutschen, ungarischen und slowakischen Divisionen unaufhaltsam gegen das Industriegebiet im Donezbecken vor. Auch an den übrigen Frontabschnitten verlaufen die Operationen erfolgreich.

Herr Oberingenieur Patzig hat mich zu sich befohlen. Er hockte hinter seinem Schreibtisch, dick, wabbelig, die kleinen Schweinsaugen listig verkniffen.

»Nehmen Sie Platz«, sagte er und schob mir einen Sessel hin. Dann hielt er mir eine Zigarrenkiste unter die

Nase – und sofort wurde ich hellwach. Wenn ein Vorgesetzter, der dich sonst überhaupt nicht beachtet oder nur von oben herab anraunzt, dir eine Zigarrenkiste unter die Nase hält – dann ist höchste Vorsicht geboten.

»Ich rauche keine Zigarren«, sagte ich. »Nur Zigaretten. Nur Selbstgedrehte.«

»Na, schön.« Schweinebacke biß die Spitze seiner Zigarre ab, spuckte sie auf den Boden, zündete sie an, betont langsam und bedächtig – und ich wurde immer mißtrauischer. »Frey«, sagte er dann, »Sie sind doch schon eine ganze Weile hier im Werk?«

»Seit dem siebenundzwanzigsten September des vergangenen Jahres. Dienstverpflichtet ...«

»Ja, und u. k. gestellt, wenn ich mich nicht irre. Und ich irre mich wohl auch nicht, wenn Sie noch eine Weile hier bei uns bleiben möchten?«

Ich gab keine Antwort, und so fuhr er fort: »Sie wissen genauso gut wie ich, daß die Zeiten, die Sie auf Ihrem Akkordzettel haben, nicht real sind? Konkreter gesagt: In der Abteilung der Elektroschweißer – aber nicht nur dort – wird nicht das gebracht, was gebracht werden könnte.«

»Wozu haben Sie denn Ihre Zeitnehmer? Die sind doch verantwortlich ...«

»Schnickschnack!« unterbrach er mich. »Alles Schnickschnack! Jeder von euch könnte das Doppelte leisten, wenn er die Zeitnehmer nicht betrügen würde. Also, Frey, so geht das nicht weiter, und darum habe ich an Sie folgenden Auftrag, nein, eine ganz persönliche Bitte ...«

Bevor Schweinebacke mir seine ganz persönliche Bitte vortrug, hielt er mir erst mal einen langen Vortrag. Er ging in seinem Büro auf und ab, paffte hin und wieder aus seiner Zigarre eine Rauchwolke und erklärte mir, warum Deutschland gegen den Bolschewismus angetreten sei und dieser Befreiungskampf des Abendlandes von uns Deutschen mit allen uns zur Verfügung stehenden Kräften geführt werden müsse.

»Wir haben nicht mehr weit bis Moskau«, sagte er, »aber der Weg ist schwer und hart. Und so, wie unsere Soldaten an der Front kämpfen unter Einsatz ihres Lebens, so müssen auch wir an der Heimatfront unser Bestes und Letztes geben, um den Endsieg zu erringen. Wir kämpfen hier an der Heimatfront, und unsere Aufgabe ist es, unsere Wehrmacht mit der notwendigen Rüstung zu versorgen. Aber leider scheint das nicht jeder in unserem Werk zu begreifen. Wie könnte es sonst möglich sein, daß nicht jeder sein Letztes gibt, um unseren Sieg zu erringen?«

Er nahm plötzlich aus der Schublade seines Schreibtisches eine Stoppuhr und sagte: »Ich weiß, daß Sie ein guter Deutscher sind. Sie waren in der Hitlerjugend, schon neunzehnhundertvierunddreißig im Landjahrlager, darum bin ich fest überzeugt, ich kann mich auf Sie verlassen.«

Mit spitzen Fingern nahm ich die Stoppuhr entgegen. »Was – was soll ich damit?«

»Zeiten nehmen«, sagte er. »Aber die richtigen Zeiten, die realen. Wenn ein Zeitnehmer kommt, muß er die Stoppuhr offen hinlegen – und man kann sich darauf einrichten, das wissen Sie, Frey. Hat man aber die Stoppuhr in der Tasche, dort, wo niemand sie sieht und – wo niemand sie vermutet, dann, mein Lieber, kämen wir ein Stück weiter.« Er warf seine Zigarre in den Aschenbecher. »Also – vier Wochen gebe ich Ihnen Zeit.«

2. November

Wehrmachtbericht: In entschlossener Ausnutzung unseres Sieges auf der Krim wird die Verfolgung des Gegners schwungvoll fortgesetzt. Der Nordrand des Jailagebirges ist in breiter Front er-

reicht. Deutsche und rumänische Truppen haben gestern Simferopol, die Hauptstadt der Krim, genommen und befinden sich in weiterem Vorgehen auf Sewastopol.

Nach langer Zeit bleibe ich am Sonntag mal wieder zu Hause. Und zwar in meinem eigenen Zimmer ... Billa ist nach Nürnberg gefahren, zu ihrer Tante, die im Sterben liegt. So habe ich denn endlich mal wieder Zeit, um in aller Ruhe über vieles nachzudenken, was mich bewegt.

Mit Hein spreche ich wieder. Aber nur über das Notwendigste, was zu unserer Arbeit erforderlich ist. Es ist einfach nicht möglich, nebeneinander zu sitzen, die gleiche Arbeit zu verrichten und nicht miteinander zu reden. Aber sonst hüllt er sich in Schweigen. Ich habe schon ein paarmal Anlauf genommen und gesagt, ich müßte ihn in einer wichtigen Sache um Rat befragen, doch er gab mir die Antwort, wenn ich von ihm wissen wolle, wie lange Hitlers Blitzkrieg in Rußland noch dauern würde – bitte schön, der »Völkische Beobachter« sei dafür zuständig ...

Und da ist noch eine andere Sache, mit der ich mich plage. In dem Schreiben vom Hermann Schaffstein Verlag – das ich schon auswendig kenne – steht dieser Satz: »Man darf seiner Phantasie nicht allzu freien Lauf lassen, sondern muß sich so weit wie möglich auf reales Geschehen stützen, auf eigenes Erleben. Darum müssen Sie die Episode mit dem Scharführer unbedingt streichen! Ein Scharführer der Hitlerjugend schlägt keinen Untergebenen mit der Faust ins Gesicht.«

Also – habe ich meiner Phantasie freien Lauf gelassen, als ich mich beim Schreiben meines Buches daran erinnerte, daß mein Scharführer Siegfried mich so heftig ins Gesicht geschlagen hat, daß ich hingefallen bin?!

Eine merkwürdige Sache ist das mit der Erinnerung. Wenn ich mich heute, jahrelang nach meiner Landjahrzeit, an sie erinnere, dann war es die schönste Zeit meines bisherigen Lebens. Draußen in der freien Natur, herrliche Fahrten durch Deutschland: Ostpreußen, Lüneburger Heide, Weserbergland, Teutoburger Wald – der waldreiche Solling, ja, und noch vieles andere Schöne mehr unserer deutschen Heimat habe ich während dieser Zeit kennen- und liebengelernt. Ohne das Landjahrlager? Nein, niemals! Aber – dann die andere Seite: Befehl und Gehorsam – Befehl und Gehorsam! Jeden Tag, jede Nacht, jede Stunde. Und wehe dir, wenn du nicht spurst! Da gibt es Strafdienst, Strafexerzieren, Nachtalarm, Hordenkeile, Sprechverbot und – einen Schlag in die Fresse, wenn du aufmuckig wirst ...

Irgendwo hab ich mal gelesen: »In der Gegenwart ist die Vergangenheit vergoldet«, und ich glaube, das ist wahr. Wie werde ich das, was ich heute sehe und erlebe, in späterer Zeit mal bewerten? Darum, so glaube ich, ist es sehr wichtig, wenn man Tagebuch schreibt. Das ist unbestechlich. Denn ein Tagebuch hält – wie die Momentaufnahme eines Fotoapparates – die Gegenwart fest, und keiner kann kommen und sagen: »Nein, das war ja ganz anders, ich erinnere mich genau ...«

9. November

Wehrmachtbericht: Auf der Krim setzten die deutschen und rumänischen Truppen die Verfolgung des geschlagenen Feindes entlang der Südküste und auf der Halbinsel Kertsch erfolgreich fort. Jalta wurde genommen.

Nun bin ich mit Hein doch wieder ins Gespräch gekommen – und zwar auf eine ganz komische Art und Weise. Wir trafen uns am Sonntag auf der Straße nach Bechen. Es nieselte, und der Tag war grau und neblig. Er kam mir auf seinem Fahrrad entgegen und rief schon von weitem: »Am besten ist, du kehrst wieder um.«

Als ich fragte, was denn los sei, antwortete er nur: »Der Teufel ist los in Bechen! Los, kehr um!«

Auf dem Weg zur »Liesenberger Mühle« erfuhr ich dann, daß die HJ-Gebietsstreife einer Gruppe von Edelweißpiraten aufgelauert hätte, und nun sei dort eine mächtige Klopperei im Gange, und die Hälfte der Pimpfe von der Gebietsstreife hätte schon keine Hosen mehr an ...

10. November

Als ich im Magazin neue Schweißdrähte hole, steht neben mir eine Kollegin von Billa. Sie mißt mich mit einem prüfenden Blick, und dann sagt sie: »Na, wann kommt sie denn zurück – deine Billa? Oder – bleibt sie in Nürnberg bei ihrem Mann?«

Es gibt Momente im Leben, da hat man das Gefühl, es hätte dich jemand mit dem Hammer vor den Kopf geschlagen. So ist mir jetzt, als die Arbeitskollegin von Billa mir erzählt, daß Billa eine geschiedene Frau ist, daß ihr Mann mit dem Kind bei seinen Eltern in Nürnberg wohnt, ja, und daß sie schuldig geschieden ist, weil ihr Mann sie ertappt hat, als sie mit einem anderen Kerl im Bett – na ja, du weißt schon, wie das ist, wenn man von Nachtschicht kommt, und da liegt ein fremder Kerl in deinem Bett ...

»Aber – ich denke – ihr Mann ...? Sie ist doch Kriegerwitwe, hat sie gesagt, und ...«

»Billa sagt viel, wenn der Tag lang ist. Das müßtest du doch wissen. Oder – ist dir das noch nicht aufgefallen?«

Ich habe noch nie so miserable Schweißnähte geliefert wie an diesem Tag, und der Meister sagt, wenn er mich nicht so gut leiden würde, dann müßte er mich wegen Sabotage zur Meldung bringen ...

14. November

Wehrmachtbericht: Auf der Krim stehen unsere Truppen dicht vor Kertsch. Stadt und Hafen liegen unter dem beobachteten Feuer deutscher Artillerie. Die Luftwaffe setzte Küstenbatterien bei Sewastopol durch Bombenangriffe außer Gefecht. Weitere Luftangriffe richteten sich gegen die aus Kertsch flüchtenden Truppen.

Ich sitze bei Hein in der Küche, und seine Frau hat uns ein Bier hingestellt, und plötzlich sagt Hein: »Martha, wolltest du nicht noch mal zur Nachbarin?« Sie zögert, sieht ihn fragend an – und dann geht sie hinaus.

»Na«, sagt Hein und nimmt einen Schluck, »schieß endlich los!«

»Hein, ich wollte dich mal fragen – was hältst du von Heinrich Lersch?«

Er macht ein Gesicht, als hätte er Essig geschluckt. »Sag mal, wenn du mich auf den Arm nehmen willst ...«

»Nein, ich meine das ehrlich. Es ist nämlich so, mir geht die Frage nicht aus dem Kopf: Wer ist ein guter Deutscher? Da hat mir der Oberingenieur Patzig einen Auftrag gegeben – und ich weiß nicht, was ich tun soll. Ich wäre doch ein guter Deutscher, hat er gesagt, und als solcher ...«

»Also«, sagt Hein, »damit du es weißt: Ich bin kein guter Deutscher. Ich bin wehrunwürdig. Sagt dir das etwas? Oder muß ich deutlicher werden? So, und nun schieß endlich los!«

Während ich Hein von meinem Gespräch mit Schweinebacke berichte und jedes einzelne Wort aus meinem Gedächtnis hervorkrame, geht er zum Küchenschrank und nimmt eine Schnapsflasche heraus. »Reserve«, sagt er, »für besondere Fälle ...«

Als seine Frau gegen Mitternacht zurückkommt, sitzen wir am Küchentisch, und die Schnapsflasche ist nur noch halb gefüllt, und sie nimmt die Flasche und stellt sie zurück in den Schrank.

»War denn das nötig?« sagt sie mit leisem Vorwurf.

»Ja«, sagt Hein, »das war nötig. Ich meine, das Gespräch mit dem Jungen ...«

»Gespräch«, sagt die Frau, »was ändert das schon?«

2. Dezember

Wehrmachtbericht: An der Ostfront dauern die Kämpfe im Raum von Rostow an. Im Kampfgebiet vor Moskau drangen die deutschen Truppen an weiteren Abschnitten tief in das feindliche Verteidigungssystem ein. Vor Leningrad wurden mehrere nach starker Artillerievorbereitung unternommene Ausbruchsversuche sowjetischer Kräfte abgewiesen.

Nein, nein – ich mag nicht mehr, ich kann nicht mehr, ich will nicht mehr! Nacht für Nacht so daliegen und warten, bis etwas geschieht, eine Bombe einschlägt, dich in Stücke zerfetzt, in eine brennende Fackel verwandelt – nein, nein, ich kann das nicht mehr ... Und jetzt, nachdem ich nochmals mit Billas Arbeitskollegin gesprochen habe, mag ich nicht mehr. Wie kann man zusammenleben mit einem Menschen, der dich belügt und betrügt, dem du nicht vertrauen kannst?!

»Natürlich ist sie nach Nürnberg zu ihrem Mann und ihrem Kind! Denkst du vielleicht, ich mache Spaß mit so was? Aber wenn du mir nicht glaubst – bitte, kannst ja alle fragen, hier in unserer Abteilung. Vielleicht erfährst du dann auch noch so manches andere ...«

Was denn noch? wollte ich wissen. Erst zögerte sie, aber dann sagte sie: »Denkst du vielleicht, der Meister schanzt ihr die besten Arbeiten zu, wenn er dafür nichts bekommt? Frag mal jede hier, warum der Meister sie begleiten muß, wenn sie draußen im Materiallager neue Stäbe holt. Da kann man sich so schön verstecken, und keiner sieht, was da geschieht. Aber – wir haben's gesehen … Kannst jede hier fragen!«

Als sie mir dann noch erzählt, daß Billa ihr eines Tages, als ich durch die Maschinenabteilung mußte, gesagt hat: »Den Jungen angele ich mir! Und ich bekomme ihn – da gehe ich jede Wette ein!«, da kann ich nicht mehr länger zuhören und gehe einfach weg, zurück in meine Schweißabteilung.

Nein, nie wieder werde ich ihre Dachkammer betreten! Nie wieder werde ich neben ihr liegen, beim Geheul der Sirenen, beim Rauschen und Krachen der Bomben ihren weichen, zuckenden Körper spüren – und vor Angst und Schrecken wie gelähmt sein …

»Gehen wir doch runter in den Luftschutzkeller!«

»Was denkst du dir denn?! Sollen die Leute mit Fingern auf mich zeigen?«

»Aber ich will nicht! Ich will nicht elend verrecken!«

»Na, komm schon! Komm und lieb mich! Lieb mich, Benjamin, mein Süßer …«

Liebe? Den Jungen angele ich mir … Sollen die Leute mit Fingern auf mich zeigen … Nun zeigen die Weiber auf mich, wenn ich durch die Maschinenabteilung muß: »Da kommt er, der Trottel …«

Heiliger Abend

Webrmachtbericht: Im Osten hat der Gegner seine unter hohem Bluteinsatz geführten Angriffe auch gestern fortgesetzt. Einzelne örtliche Einbrüche wurden im Gegenstoß beseitigt. An anderen Stellen wurden feindliche Bereitstellungen durch eigenen Vorstoß zerschlagen.

Ich sitze in meinem Dachkämmerchen, und der kleine Kanonenofen knistert und summt. Auf dem Tisch steht ein Tannenbäumchen mit einer brennenden Kerze. Billa hat es gestern in meiner Abwesenheit dort hingestellt.

Und einen Teller mit Süßigkeiten, eine lederne Geldbörse … Heute morgen war Änne da! Seit einer Woche ist sie wieder zu Hause, und nun können wir uns jeden Tag sehen – im Werk, aber ich hoffe, daß sie im nächsten Jahr wieder mit mir auf Fahrt gehen kann.

Eben hat mir Frau Lange, meine Wirtin, einen vollbepackten Weihnachtsteller hingestellt und ein großes Stück Kuchen, und dann hat sie gesagt: »Es ist nicht gut, wenn ein junger Mensch so allein ist. Aber – na ja, am Heiligen Abend bleibt jeder zu Haus in seiner Familie.«

Bin ich wirklich so allein, daß sie glaubt, sie muß Mitleid haben? Wenn ich auch allein in einer Dachkammer hocke am Heiligen Abend – ich habe mich schon einsamer gefühlt, als ich mit Menschen zusammen sein mußte, mit denen mich gar nichts verband.

Ich hätte heute abend zu Hein gehen können, seine Frau hat mich eingeladen – und das will was heißen! Aber nun gehe ich erst morgen zum Mittagessen hin. Ich habe in den letzten Tagen viel nachdenken müssen über die Geschichte, die Hein mir erzählt hat:

Ein junger Mann hat sich freiwillig zur Luftwaffe gemeldet, denn er will ein guter Deutscher sein, und eines Tages muß er ein KdF-Schiff besteigen und gen Süden fahren. Dort muß er an Land – und nur wenige Tage später kreist er mit seiner Maschine hoch über Madrid und wirft Bomben auf wehrlose Menschen.

Vier Monate später wirft er wieder Bomben auf Menschen – und die können sich wehren. Die liegen vor einem Ort, der heißt Guadalajara, und die schießen mit ihren Gewehren auf die Flugzeuge. Einer von ihnen ist ein Bruder des Fliegers, und er ist nicht mit einem KdF-Schiff als Urlauber getarnt nach Spanien geschickt worden. Er ist freiwillig gekommen, um dem spanischen Volk, den spanischen Arbeitern zu helfen.

Und heute, da ist der eine der Brüder ein Fliegermajor, und er wirft für Deutschland Bomben auf London. Und der andere Bruder, der darf gar nicht schießen für Deutschland. Er muß in einem Rüstungsbetrieb Teile zusammenschweißen, die man nachher für Seeminen braucht.

»Preisfrage, Jakob: Beide sind Deutsche, beide sind Brüder – wer von den beiden ist nun ein guter Deutscher?«

Das kann er, der Hein, fast so wie mein Vater: alles erklären, und wenn es auch noch so kompliziert erscheint. Nur eine Frage hat er mir nicht beantwortet an jenem Abend in der Küche:

»Bist du in Spanien dabeigewesen?«

»Dreimal darfst du raten.«

Aber warum soll ich raten? Wirft Hein etwa Bomben auf London, oder hockt er neben mir und schweißt Teile zusammen, die man nachher für Seeminen braucht?

Ist es nicht schrecklich, daß man am Heiligen Abend an Krieg denken muß?! Nun sind wir schon sechs Monate in Rußland auf dem Vormarsch – aber noch immer hat Moskau sich nicht erobern lassen. Und in dieser Situation hat Hitler nun Amerika den Krieg erklärt! Jetzt glaube ich Vater, daß wir von Größenwahnsinnigen regiert werden. Dem Land der unbegrenzten Möglichkeiten den Krieg zu erklären – es ist nicht zu fassen!

Zweiter Teil

Nun liegt dieses Jahr 1941 hinter uns. Es war ein Jahr schwerer Entschlüsse und blutigster Kämpfe. Es wird aber in die Geschichte eingehen als das Jahr der größten Siege aller Zeiten. Durch euch, meine Soldaten, euern Todesmut, eure Opferbereitschaft wurde nicht nur unsere deutsche Heimat, sondern darüber hinaus ganz Europa gerettet.
Im Jahr 1942 werden wir mit allen Vorbereitungen, die getroffen sind, diesen Feind der Menschheit erneut fassen und so lange schlagen, bis der Vernichtungswille der jüdisch-kapitalistischen und bolschewistischen Welt gebrochen ist.

Adolf Hitler
Aus einer Rede am 1. Januar 1942

2. Januar

Im Osten setzte der Feind seine Angriffe an zahlreichen Stellen fort. Einzelne Einbruchstellen wurden abgeriegelt, andere im Gegenstoß beseitigt. Die Luftwaffe unterstützte den Abwehrkampf des Heeres.

8. Januar

Im mittleren und nördlichen Abschnitt der Ostfront wiederholte der Feind auch gestern unter blutigen Verlusten seine Angriffe. An einzelnen Stellen sind die Kämpfe noch im Gange.

17. Januar

Im mittleren und nördlichen Teil der Ostfront fügten Truppen des deutschen Heeres, durch starke Verbände der Luftwaffe unterstützt, dem Feinde in hartem Abwehrkampf auch gestern schwere Verluste zu. Im Raum ostwärts Kursk wurden bei einem Stoßtruppunternehmen drei feindliche Geschütze und mehrere Maschinengewehre erbeutet oder vernichtet.

25. Januar

Bei einer Kälte von sechsundzwanzig Grad wiederholte der Feind am 23. Januar seinen Angriff mit starken Kräften seiner Infanterie und mit Artillerie, Panzerkampfwagen und Schlachtfliegern. Obwohl die deutschen Soldaten schon den vierten Tag in heftigem Abwehrkampf standen, scheiterte auch dieser bolschewistische Angriff.

1. Februar

Im Osten dauern die wechselvollen Kämpfe an. Trotz heftigem Schneesturm durchgeführte eigene Angriffe brachten bei ungewöhnlich hohen Verlusten des Feindes weitere örtliche Erfolge.

6. Februar

Nun hat's mich erwischt – ich fühle es. Nicht daß ich abergläubisch wäre – aber gestern hatte ich den ganzen Tag ein unbehagliches Gefühl. Wie vor einem Gewitter.

Ich stand während der Mittagspause in der Halle und unterhielt mich mit einigen Kollegen über den Krieg, über Rußland vor allem, da kam Fräulein Brühl vom Personalbüro und sagte: »Frey, Sie sollen sofort zu Herrn Patzig kommen!«

Schweinebacke stand vor seinem Schreibtisch und gab mir einen Briefumschlag. Ich las »Wehrkommando Köln I« und wußte sofort Bescheid. »Es ist soweit«, sagte er. »Ich kann Sie nicht mehr halten. Alle u. k.-Stellungen sind ab sofort aufgehoben.«

Ich ging also am Nachmittag zum Wehrkommando und bekam die Mitteilung, daß ich morgen nachgemustert werde. Diese Bürokraten! Hätten sie mir das nicht gleich schreiben können an meine Adresse?

Nun sitze ich hier in meinem Dachkämmerchen, und es ist ein komisches Gefühl, zu wissen: Das war also heute dein letzter Arbeitstag. Jetzt wird alles ganz anders werden. Alles!

Ich rauche eine Zigarette und überlege, was sich zwischen Schweinebacke und mir vor einer Woche abgespielt hat. Er ließ mich nach der Mittagspause in sein Büro rufen, und ich war noch nicht ganz im Zimmer, da herrschte er mich schon an: »Mann, was haben Sie sich eigentlich gedacht?! Glauben Sie vielleicht, daß Sie mich auf den Arm nehmen können?«

Ich stellte mich dumm, obwohl ich ganz genau wußte, worauf er hinauswollte, und ich hatte eigentlich schon seit langem auf diese Stunde gewartet. »Ich – ich verstehe nicht, Herr Patzig …«

»Mensch, Mann, stellen Sie sich nicht dümmer, als Sie sind! Hier, schauen Sie sich das an!« Er hielt mir zwei Papierbogen unter die Nase. »Das hier, das sind Ihre Angaben – und das hier, das sind die tatsächlichen Zeiten, und die hätten Sie ermitteln sollen. Sollen, sage ich! Aber Sie haben geglaubt, mich hinters Licht führen zu können!«

Ich tat sehr erstaunt, während ich die Zeiten auf den beiden Papierbogen verglich – und bekam einen Schreck. Nun hat er sie doch, die richtigen Zeiten! mußte ich denken. Aber – woher? Von wem? Klar, ich habe versucht, ihn zu täuschen, nach dem Motto »Auf einen Schelm anderthalben« befolgte ich den Rat von Hein: »Du mußt sein Angebot annehmen, deinen guten Willen zeigen, und dann knallst du ihm deine heimlich aufgenommenen Zeiten auf den Tisch – und die stimmen nicht. Bei jeder Arbeitsphase nimmst du ein paar Sekunden herunter – und setzt sie bei einer anderen wieder drauf. So hat Schweinebacke zwar neue Zeiten, andere als die von seinen Zeitnehmern – aber die tatsächlichen, die hat er nicht.«

Ja, lieber Hein, klug gedacht, »auf einen Schelm anderthalben«, und es wäre auch beinahe geglückt, aber Patzig, diesen Fuchs, den legt man nicht so leicht aufs Kreuz. Das, was er mir hier vorlegt – das sind sie, die tatsächlichen Zeiten! Und wo hat er die her? Nur von einem, der sich dazu hergegeben hat, seine Arbeitskollegen zu verraten. Nur von einem, der in unserer Kolonne arbeitet! Also hat er den Schweinehund gefunden, den er gebraucht hat …

Schweinebacke ging zum Fenster, drehte mir den Rücken zu und sagte mit heiserer Stimme: »Legen Sie meine Stoppuhr auf den Tisch und hauen Sie ab! Ich will Sie nicht mehr sehen.«

7. Februar

Ich bin der jüngste von den vierundzwanzig Männern, die dem Stabsarzt vorgestellt werden – der einzige aus dem Jahrgang zwanzig. Die ganze Untersuchung dauert keine zehn Minuten, dann stehe ich wieder draußen auf der Straße, und es klingt mir noch im Ohr: »K. v. – der Nächste, k. v. – der Nächste! Ab – Infanterie! Wird höchste Zeit!«

»Na ja«, sagt ein Kumpel neben mir, »dann also – auf Wiedersehen im Massengrab in Rußland! Oder denkst du vielleicht, die machen mit dir eine Ausnahme?«

»Nicht so schnell«, sagt ein anderer, »erst gehen wir mal einen saufen.«

Und wie wir saufen! Eine Stunde später sieht die Welt schon anders aus. Sogar die Straße ist nicht mehr so grau wie vorher. Nun trag ich's in der Tasche schwarz auf weiß: Am 11. Februar 1942 zum Infanterie-Ersatzbataillon in Allenstein (Ostpreußen).

Das ist tausend Kilometer weit von Änne.

8. Februar

Mein letzter Tag der Freiheit! Wir treffen uns am Heumarkt, fahren mit der »Weißen Bahn« hinaus nach Bensberg, vierzehn Männer, Frauen und Mädchen von Heinemanns Wandergruppe. Alles zünftige Wandervögel, die ich schon seit Jahren kenne.

Bei Bensberg geht's hinauf in den Wald. Hinter uns dehnt sich die Weite der Kölner Bucht. Eingehüllt vom Morgennebel steigt die Sonne wie ein roter Ball, und ein Glitzern und Flimmern ist ringsum im Schnee, daß man vor Freude über diese Winterpracht am liebsten jodeln möchte.

Ich denke heute nicht an morgen. Ich halte Änne in meinen Armen, atme den Duft ihres Haares, ihres Gesichtes, und ich bin so glücklich wie noch nie in meinem

Leben. Weil ich weiß, daß sie mich liebt und daß sie auf mich warten wird.

9. Februar

Heute nehme ich von meiner Arbeitsstelle Abschied. Wie viele Hände muß ich schütteln! »Jakob, mach's gut! Jakob, mach's gut! Und komm gesund wieder, Junge!« Ein schönes Gefühl, zu wissen, da sind Menschen, die dich mögen!

Nun habe ich fast zwei Jahre hier gearbeitet, dienstverpflichtet und u.k. gestellt, und es kommt mir vor wie eine Ewigkeit. Sogar der Obermeister, mit dem ich mich am Anfang gar nicht verstanden habe, gibt mir einen Klaps auf die Schulter und sagt: »Daß der Patzig dich nicht länger gehalten hat – na ja, der war schon immer ein Flapsmann.«

»Der Führer braucht uns eben an der Front«, sage ich. »Und der Patzig – das ist gar kein Flapsmann. Der weiß genau, was er tut.«

Natürlich weiß er, was er tut, muß ich denken. Ich hab sein Spiel nicht mitgespielt – also ab dafür!

Am schwersten fällt mir der Abschied von Hein. Er stößt mich in die Rippen und knurrt: »Bleib, was du bist, Junge.« Er wischt sich mit der Hand über die Augen. »Verdammter Schlackendreck ... Hab was reingekriegt. Und wenn du mal Zeit hast – Karte genügt. Dann weiß man doch wenigstens ...« Er kneift ein Auge zu, schaut sich vorsichtig nach allen Seiten um. »Ich komme auch noch dran. Wirst sehen – alle kommen wir noch dran. Auch wenn wir keine Ehre mehr haben und wehrunwürdig sind – für den Führer zu sterben, das wird uns eine große Ehre sein ...«

Tschüs, Hein! Tschüs, alter Kumpel! Dir hab ich viel zu verdanken. Wie meinem Vater. Wie Peter Becker. Ja, und – wie Fritz Pietschmann. Und natürlich allen, die ich in der Mühle kennengelernt habe. Allen, mit denen ich gewandert bin in diesen Jahren, an jedem Wochenend, bei jedem Wind und Wetter …

Als ich über den Fabrikhof zum Werktor gehe, kommt mir Billa über den Weg, und ich denke: Lieber Gott, mach's kurz!

»Zu allen Leuten gehst du und gibst Abschiedspfötchen«, sagt sie mit weinerlicher Stimme. »Warum bin ich plötzlich Luft für dich?«

»Nicht plötzlich«, sage ich. »Das ist ganz allmählich so gekommen. Und außerdem – du weißt genau, daß ich mit Änne gehe.«

»Komm doch wenigstens noch einmal!« bittet sie. »Noch einmal – heute abend – zum Abschied.«

»Was vorbei ist, ist vorbei«, sage ich. »Also – mach's gut.«

Sie stößt meine Hand zurück und zischt: »Das wirst du noch bereuen!«

Ich schaue ihr nach, wie sie über den Fabrikhof stakst in ihren viel zu hohen Stöckelschuhen und dem viel zu kurzen Arbeitskittel – und da muß ich plötzlich denken: So ist das also mit der Liebe. Und so ist das, wenn man weiß: Das hier ist zu Ende, endgültig, unwiderruflich. Aber – wie eng das beieinander wohnt – Haß und Liebe, Liebe und Haß.

10. Februar

Nachdem ich den ganzen Vormittag verbummeln mußte mit der Abgabe meiner Lebensmittel- und Kleiderkarte, schwinge ich mich auf mein Rad und fahre am Rhein entlang, Richtung Rodenkirchen. Ich fühle mich seltsam frei und unbeschwert. Ich setze mich in die Wirtschaft »Zum Grauen Hecht«, trinke ein Bier und träume vom gestrigen Abend – träume von Änne. Noch nie zuvor hat sie mich so geküßt, und Frau Lange (»Na, weil's der

Abschied ist ...«) hat ein Auge zugedrückt, und Änne durfte bei mir bleiben bis zum Morgen.

Und dann hat Änne geweint.

11. Februar

Wehrmachtbericht: Die Kämpfe im Osten nehmen bei nachlassendem Frost ihren Fortgang. An der Donez-Front verlor der Gegner seit dem 18. Januar allein im Abschnitt eines deutschen Armeekorps: 1639 Gefangene, über 7500 Tote, 8 Panzer, 19 Geschütze, 164 Maschinengewehre und Granatwerfer sowie zahlreiches sonstiges Kriegsmaterial.

Gegen elf Uhr holt mich Änne bei meinen Eltern ab. Sie wollte mir beim Packen helfen, doch die paar Klamotten sind schnell verstaut in meinem Persilkarton. So können wir noch eine Weile in der Küche sitzen, mit den Eltern zusammen, doch wir wissen nicht so recht, was wir sagen sollen. Änne ist sehr schüchtern, denn ich habe sie zum erstenmal mit meinen Eltern bekannt gemacht, Mutter zieht ein süßsaures Gesicht, und Vater versucht, mit allerlei Schwänken und Erinnerungen an seine Kommißzeit dem Ganzen einen heiteren Rahmen zu geben. Als er schließlich erzählt, wie er bei seiner Musterung, lange vor dem ersten Weltkrieg, beim »Bücken-und-husten-Sie-mal« dem Stabsarzt ins Gesicht gefurzt hat, da kommt kein Lachen auf, nur peinliche Verlegenheit bei Änne, und als Vater dann noch sagt: »Man müßte jedem Offizier in die Fresse furzen, merk dir das, mein Junge!«, da drängt es mich sehr schnell zum Abschied.

14. Februar

Siebenundsechzig Stunden Bahnfahrt quer durch Deutschland. Achtundzwanzig Männer in einem Güterwaggon ... Man hat sich in dieser Zeit aneinander gewöhnt, und nun ist man auf das Soldatenleben schon ein wenig vorbereitet.

Wie eine Schnecke ist der Zug durch das Land gekrochen. Acht Stunden lang standen wir bei Landsberg auf freier Strecke – eingeschneit. Die Nächte waren eine Qual. Nur hin und wieder ein paar Minuten Schlaf. Als wir Allenstein endlich erreicht haben, werden wir dort von Unteroffizieren empfangen und zur Kaserne »Friedrich der Große« gebracht.

Wer die Hoffnung hatte, nun warmes Essen zu bekommen, sich ausschlafen zu dürfen, der wurde arg enttäuscht. Der ganze Haufen auf dem Kasernenhof zusammengetrieben, angebrüllt und immer wieder angebrüllt, und weil das alles nicht schnell genug ging und alle durcheinanderliefen, wie eine Herde Hammel, wurde alles noch mal und noch mal geübt – und dann wurden wir auf eine leere Stube gehetzt. Ja, tatsächlich gehetzt, und wie es aussieht, gibt es hier kein normales Gehen – nur Laufen und Rennen.

Wir hockten zwei Stunden lang auf unserer Stube, glotzten uns gegenseitig an und harrten der Dinge, die da kommen werden. Endlich, um vierzehn Uhr, in der Exerzierhalle antreten, alle der Größe nach – Rekruten von voriger Woche, »alte« vom Januar und wir, die Neuen, noch in Zivilklamotten. So wurde alles durcheinandergemischt – und nun gehöre ich zur 6. Gruppe, liege auf Stube 78, und mein Gruppenführer ist Unteroffizier Gummersbach. Er hat eine Verwundung am Bein, und ich glaube, er ist lieber hier als in Rußland ...

Dann im Laufschritt auf die Kleiderkammer. Jeder empfing ein Bündel, das ihm hingeworfen wurde, und so standen wir auf unserer Stube mit einem großen Haufen Zeug und guckten wie die Ochsen. Danach – wieder im Laufschritt – Bettwäsche empfangen, und dann zeigte uns der Unteroffizier, wie ein Bett gebaut wird, wie man einen Spind einrichtet, den sich je zwei Mann teilen müssen ...

So ging dieser Tag zu Ende, und wir kamen nicht zu Besinnung. Und draußen schien die Sonne, war ein Duft, wie in der ersten Frühlingssonne. Ein Duft, der mich an Ännes Haar erinnerte, als wir am letzten Wochenende durch den winterlichen Wald gewandert sind. Zum letzten Male – Änne!

15. Februar

Liebe Änne!

Mein erster Brief aus »der kalten Heimat«. Die lange Fahrt durch Deutschland war einfach herrlich! Vielleicht hat es doch sein Gutes, daß ich so weit von Köln fortgekommen bin. So lernt man etwas Neues, Unbekanntes kennen – vor allem diesen urwüchsigen, ostpreußischen Menschenschlag. Ich war zwar schon mal hier in Allenstein, acht Jahre ist das her, und da sind wir hier nur so durchgewandert, aber jetzt ist alles ganz anders. Ja, das bißchen Hunger und Durst während der langen Fahrt aus unserem rheinischen Vorfrühling in diesen ostpreußischen Winter. Das habe ich alles gern auf mich genommen, so nach dem Motto: Gelobt sei, was hart macht!

Vom Bahnhof bis zu den Kasernen (fast eine Stadt für sich!) ist es nur eine halbe Stunde. Unsere Kaserne sieht aus, als hätte sie der Alte Fritz erbaut. Ein Grund mehr, nun das stolze Ehrenkleid unseres Führers zu tragen, in solchen Räumen und Anlagen, in denen der alte preußische Geist zu Hause ist! Gleich beim Eintreten las ich irgendwo an einer Wand: »Wer auf die deutsche Fahne schwört, hat nichts mehr, was ihm selbst gehört«. Ist das nicht prima? So werde ich mich also dieser alten deutschen Tradition würdig erweisen und mir große Mühe geben, wie auch alle anderen Rekruten, ein guter Soldat des Führers zu werden. Wenn es ein komischer, zusammengewürfelter Haufen ist (es sind viele »Beutedeutsche« darunter, einerseits aus Eupen-Malmedy und andererseits aus dem Generalgouvernement), so hoffe ich doch, daß wir uns zu einer richtigen verschworenen Gemeinschaft zusammenfinden werden. Es hapert ja manchmal ein bißchen mit der Verständigung. Die einen sprechen, wenn sie unter sich sind, Französisch oder so was Ähnliches, und die anderen machen das auf polnisch. Wenn wir Rheinländer uns dann noch auf platt unterhalten (Aachener, Kölner, Düsseldorfer, Duisburger) – was denkst Du, wie herrlich das klingt! Unser Unteroffizier rauft sich das Haar und hält sich beide Ohren zu. Hier sind viele Rekruten, die schon mal gedient haben – die einen in der polnischen, die anderen in der französischen Armee. Ist das nicht eine ideale Voraussetzung für unseren Endsieg? Die alten Landser, die schon länger hier sind, die stammen fast alle aus der unmittelbaren Umgebung. Fast alle tragen auf ihrer stolzgeschwellten Brust das Verwundetenabzeichen, den »Gefrierfleischorden«, und einige sogar das EK und das Sturmabzeichen.

Du siehst also, liebste Änne, wie gut ich hier angekommen bin, wie gut ich hier aufgenommen wurde in einem uralten Regiment preußischer Haudegen, und diese Männer werden uns jungen Rekruten nun den notwendigen Schliff schon geben, darauf kannst Du Dich verlassen! Damit auch wir recht bald etwas aufzuweisen haben auf unserer Brust.

Na ja, heute hocken wir noch auf unserer Bude, haben uns gemütlich eingerichtet und mustern uns gegenseitig in unseren neuen Uniformen. Neu sind die ja gerade nicht, diese Uniformen. Manche haben Schlitze und Risse und dunkle Flecke, und man glaubt, man riecht noch das Blut von den Verwundeten (oder Toten?), aber darüber kann man nicht allzulange nachdenken, denn ab morgen beginnt die Ausbildung, und Du weißt, liebe Änne, wie sehr ich mir schon immer gewünscht habe, endlich Soldat des Führers zu werden, und wie groß mein Wunsch schon immer gewesen ist, endlich an die Front zu kommen, um dort meine Mannesprobe zu bestehen und mein Nahkampfabzeichen und mein Sturmabzeichen zu erringen, vielleicht sogar das EK.

Viel mehr über unser Leben hier kann ich noch nicht berichten. Ich liege mit siebzehn Mann auf einer Stube, auf der früher zehn gelegen haben, und wir bilden zusammen eine Gruppe. Wo bisher zwei Betten übereinander gestanden haben, da sind es jetzt drei, und natürlich liege ich als der Jüngste oben im dritten Bett, gleich unter der Decke. Daß es da oben ganz urgemütlich ist, das kannst Du Dir vielleicht vorstellen – vor allem, wenn jeder dagegen ist, am Abend noch ein Fenster zu öffnen und dafür lieber noch eine Zigarette raucht. Motto: Besser im Mief ersticken als in der Kälte erfrieren.

Heute waren wir den ganzen Tag damit beschäftigt, unsere Spinde einzurichten und das Bettenbauen zu erlernen, wobei uns der Unteroffizier und der Stubenälteste (ein Obergefreiter, dem vor Moskau ein paar Zehen weggefroren sind) tatkräftig unterstützt haben. Das war ein nettes Spielchen: Wir Rekruten durften die Betten schön zurechtlegen, dann die Spinde – und die beiden durften dann alles wieder rausschmeißen, kreuz und quer in die Stube. Ja, so kann man lernen, wie so etwas richtig gemacht wird.

So, liebe Änne, das wär's für heute. Ein ziemlich langer Brief, und Du siehst daraus, daß ich sehr glücklich bin mit meinem Schicksal fern von Dir in dieser »kalten Heimat« und ihren prächtigen Menschen.

18. Februar

Wehrmachtbericht: Bei den Kämpfen im mittleren Abschnitt der Ostfront war es einer feindlichen Kräftegruppe gelungen, unsere Linien im Raum 80 Kilometer südöstlich Wjasma zu durchbrechen. Nach harten Kämpfen wurden sie im Gegenangriff eingeschlossen und vernichtet.

Um sechs Uhr ist Wecken. Dann fängt unser erster Soldatendienst an: Exerzieren auf dem Kasernenhof. Grundstellung, links um, rechts um, kehrt. Alles wie gehabt. Vor acht Jahren im Landjahrlager Dassel am Solling – und dann zwei Jahre danach in der HJ. Da ich über diese Erfahrung verfüge, bin ich der Beste in der Gruppe, und der Unteroffizier hat das gleich mitbekommen und mich zum »Vorturner« gemacht, und er hat mich vor allen anderen sehr gelobt …

Mittags stehen wir dann eine geschlagene Stunde in der grimmigen Kälte vor der Küche zum Essenempfang. Eine undefinierbare Brühe, drei zermatschte Pellkartoffeln – und auf dem Weg in die Unterkunft wird alles eiskalt. Weil das nun wohl jeden Tag so sein wird, waren einige schon so klug und haben ihren Fraß gleich auf dem Weg zur Unterkunft verschlungen. Werde ich wohl auch bald machen.

Am Nachmittag ist wieder Exerzieren. Die Sonne scheint auf den Kasernenhof, und hoch in der klaren blauen Luft segelt ein Sperber, hoch über der Erde, über den Kasernenmauern, die uns umgeben. Er ist frei, frei … Und ich bin jetzt Soldat.

21. Februar

Der Rekrut ist der dümmste Mensch auf Gottes weiter Erde. Er kann nichts, er weiß nichts – und trotzdem muß er alles können und wissen, und das in möglichst kurzer Zeit.

Eine Woche bin ich jetzt Soldat (mit Bahnfahrt, wie Gummersbach immer betont), und was habe ich schon erlebt in dieser kurzen Zeit! Gestern waren wir zum erstenmal auf einem Marsch. Hoher Schnee, weite Wälder, einsame Gehöfte, Schlitten mit struppigen Pferden. Auf einem Truppenübungsplatz hat der Unteroffizier uns beigebracht, was eine Schützenlinie ist, eine Schützenkette und Schützenreihe. Damit wir das schneller begreifen konnten, mußten wir uns auf den Bauch legen (in den tiefen Schnee!) und an eine Stellung heranarbeiten. Dann wieder zurückrobben bis zu seinen Fußspitzen.

Nachher sind wir an der sogenannten Torfschlucht vorbeimarschiert. Leutnant Holzinger ließ halten, und dann erklärte er uns, daß hier in dieser Torfschlucht die Deserteure erschossen würden. Auch die Wehrkraftzersetzer. Vor Tagen hat er uns – so ganz nebenbei – in einem Vortrag erzählt, daß der Iwan keine Gefangenen macht. Jeder, den er kassiert, wird gleich liquidiert. Genickschuß – und weg.

Da habe ich Dummkopf mal geglaubt, bevor ich mal an die Front komme, das dauert seine Zeit. Und nun muß ich mich fragen: Warum erzählt uns der Leutnant solche Sachen?

Heute vormittag war eine Kälte, daß uns die Zähne klapperten, obwohl wir wie die Hasen hin und her gescheucht wurden. Aber der Dienst ist nicht das schlimmste. Viel schlimmer ist der Essenempfang jeden Mittag. Drei Kompanien, fast sechshundert Mann, stehen in einer endlosen Schlange und warten, bis sie endlich vom Küchenbullen ihr Fressen bekommen. Anderthalb Stunden standen wir heute. Die ganze Mittagspause war futsch, und der Fraß war nachher so kalt, daß ich ihn am liebsten weggeschüttet hätte. Aber – wenn man Kohldampf hat ... Ja, es ist so schön, Soldat zu sein!

19. Februar

Lieber Jäcki!
Nun ist es soweit. Du bist, wie Du angibst, glücklich in Allenstein gelandet, und ich hänge hier zu Hause in Köln und darf von der Vergangenheit zehren, Wie lange wohl? Nun ja, einerlei, es ist nichts dran zu ändern, und ich glaube Dir gern, wenn Du schreibst, daß Du Dich freust, bald Deine erste Mannesprobe an der Ostfront zu bestehen und eventuell das Eiserne Kreuz zu bekommen ... Du bist und bleibst ein richtiger Spinner!

Ich laufe jetzt viel alleine herum. Es ist schrecklich, niemand neben sich zu haben, der einem sagt: »Heute gehen wir dorthin, und morgen machen wir das.« Alles Sch...! Wenn das noch lange so geht, werde ich wohl verblöden. Nun noch etwas Unerfreuliches: Deine Mutter hat mir von Deinen Beziehungen zu Billa erzählt. Vor allem, daß sie so viel älter ist als Du. Ich habe mir das alles ruhig angehört – und ob ich wollte oder nicht, mir kamen schlimme Zweifel. Und – auch Eifersucht war da. Aber dann sagte ich mir, was gewesen ist, das ist gewesen. Das ist vorbei. Was geht's mich an, daß mein Jäcki vor mir schon eine andere hatte?

Ach, sei mir nicht böse, ich muß den Brief jetzt rasch beenden, sonst kriege ich noch das heulende Elend. Lieber, lieber Jäcki, ich hab ganz große Sehnsucht nach Dir! Ob Du das verstehen kannst?

21. Februar

Liebe Änne!
Hier ein Nachtrag zu meinem ersten Brief, den Du hoffentlich schon erhalten hast. Ich wollte Dich nur daran erinnern, was wir bei unserem Abschied verabredet haben: Immer, wenn ich Dir einen Brief schreibe, mußt Du alles so lesen, daß Du es auf den Kopf stellen kannst. Also – Schwarz ist Weiß, und Weiß ist Schwarz. Vergiß

das nicht, damit Du Dir nicht vergebens den Kopf zerbrichst über mein Geschwafel. Außerdem will ich immer, wenn ich ein graues Heft vollgeschrieben habe (mein Tagebuch), das sofort an Dich abschicken. So erfährst Du außer meinen Briefen, wie es mir tatsächlich geht ...

In der vergangenen Nacht habe ich im Traum noch einmal erlebt, was an unserem letzten Wandertag gewesen ist – und als ich dann wach wurde, war ich sehr traurig und einsam und habe mir gewünscht, ich könnte bei Dir sein ... Ich hoffe, daß Du hin und wieder mal zu meinen Eltern gehst und auch was aus meinen Briefen vorliest. Vor allem Mutter wird sich freuen, weil sie dann die Gewißheit hat, daß ihr Junge ein gutes, braves Mädchen liebt, nicht irgendein »Flittchen«, wie sie immer befürchtet hat.

22. Februar

Wehrmachtbericht: An der Ostfront wurden zahlreiche Angriffe des Feindes abgewehrt. Der Feind unternahm in der vergangenen Nacht planlose Störungsangriffe auf west- und südwestdeutsches Gebiet. Zwei britische Bomber wurden abgeschossen.

Gestern abend lagen wir noch lange wach, und wir unterhielten uns im Dunkel, und einer sagte: »Da sind wir ganz schön in die Scheiße geraten. Wenn man nur könnte, wie man wollte ...«

Da sagte ich in die Dunkelheit hinein: »Kameraden, wir haben die Größe unserer Zeit, die Bedeutung des gewaltigen Geschehens, in dem wir uns befinden und an dem wir teilnehmen dürfen, noch immer nicht richtig begriffen. Gewiß, unser Dienst ist hart, wir erleiden Strapazen und Entbehrungen, und nachher, an der Front, da wird der Tod nach uns greifen. Jeder von uns spürt an sich, an seinem eigenen Körper, an seiner Seele die

Grausamkeit dieses Krieges – aber was bedeutet das schon? Was hilft alles Jammern und Fluchen? Schaut euch die gewaltigen Pyramiden an, die vor Jahrtausenden von den Ägyptern errichtet wurden! Wer spricht heute noch von den Sklaven, die sie erbaut haben? Keiner! Jeder neigt sein Haupt in Ehrfurcht vor der Größe dieser Völker, die solch gewaltige Bauwerke errichtet haben. Und so ist es auch mit uns. Wir dürfen stolz sein, in dieser Zeit zu leben. Sind wir nicht eine herrliche Volksgemeinschaft? Und spätere Dichter werden unserer gewaltigen Taten in Ehrfurcht gedenken ... Das, Kameraden, sollten wir immer bedenken ...«

Eine Weile war es so still in der Stube, daß man hören konnte, wie einer kräftig furzte, und erst nach einer langen Pause sprach einer in die Stille hinein: »Sag mal, du Arschloch da oben unter der Decke, glaubst du das selber, was du da sabberst? Du Pimpf, du willst wohl erwachsene Männer verscheißern?«

»Ja, glaubst du denn nicht, daß es so ist?«

»Schnauze, du Scheißer! Oder ich schmeiß dir meinen Stiefel in die Fresse!«

Und ein anderer, im Bett unter mir, sagte danach: »Wenn du uns noch einmal mit so einem Käse kommst ... Glauben, glauben! Ich glaube, daß ein Pfund Rindfleisch eine gute Suppe gibt – und das ist alles!«

»Aber«, widersprach ich, »an etwas muß der Mensch doch glauben! An etwas Höheres, etwas Heiliges, etwas Ewiges. Nur so kann das Leben einen Sinn haben – oder?«

Das war das erste gemeinsame Gespräch, das wir in unserer Gruppe hatten (Rekruten haben keine Zeit zu Gesprächen) – und womit hat es geendet? Dicht neben meinem Kopf knallte ein Stiefel gegen die Wand, und ich lag ganz mucksmäuschenstill.

Heute morgen hat Loerper seinen Stiefel gesucht.

»Hier ist er«, sagte ich, »in meinem Bett ... Wie der wohl dahingekommen ist?«

Loerper ist der Älteste in der Gruppe, fünfzehn Jahre mehr als ich hat er auf seinem Buckel – aber unbeherrscht, ein Stiefelschmeißer ...

23. Februar

Heute beim Unterricht sagte Oberleutnant Uhlig (er hat nur noch einen Arm, den rechten), wir Soldaten wären eine große Familie. Darum müßten wir wissen, daß jede Familie ihr eigenes Leben führe, und niemand ginge es etwas an, was darin geschähe, selbst die allernächsten Verwandten nicht. Kurz und gut: »Schreibt nicht alles nach Hause, was hier bei uns passiert! Das muß unter uns bleiben! Verstanden?!«

Dann sagte der Oberleutnant, wir sollten lernen, viel und fleißig lernen, jeden Tag, jede Stunde, jede Minute. Wir sollten so unseren Ausbildern Freude machen, damit wir noch im Frühjahr einsatzbereit wären und an der Front unseren Mann stünden und nicht den Russen in die Hände fielen. Wir wüßten doch ganz genau, daß der Iwan keine Gefangenen mache und er alles massakriere. Alles, ohne Ausnahme! Verstanden?!

Mir schlug das Herz bis zum Halse. Noch in diesem Frühjahr einsatzbereit ... Der spinnt doch! Oder? Natürlich lernen wir, und wir haben kaum eine freie Minute, und wir machen uns so schnell wie möglich mit den Waffen vertraut, aber – im Frühjahr schon einsatzbereit? Tag für Tag geht's wie am laufenden Band: Grundstellung üben, Gewehr über nehmen, laden und sichern, Gewehr in Anschlag. Dann: Schießlehre, Waffenreinigen, Gasmaskenunterricht, Exerzieren unter der Gasmaske. Dann: Geländedienst, Ziel erkennen, Zielansprache. Dann: Ausmarsch in geschlossener Kompanie, Schießen mit Platzpatronen. Dann: MG34 und seine

Einzelteile. Bedienung des MGs, Laufwechsel, Einsatz des MGs bei Fliegerangriff usw. usf.

Morgen soll das erste Scharfschießen sein.

Nicht eine Minute kommt man zur Besinnung. Noch immer ist es entsetzlich kalt. Wir waten durch kniehohen Schnee, liegen zitternd in den Wäldern, wir fluchen und schimpfen von früh bis spät – und führen gehorsam aus, was immer man uns auch befiehlt, immer gehorsam, immer diszipliniert. Denn wir sind Soldaten des Führers, und jedem Befehl ist unbedingt Folge zu leisten, sonst ...

Aber ein Gutes ist doch dabei, daß wir keine freie Minute haben: Wer keine Zeit hat für sich, der hat auch keine Zeit zum Denken, zum Nachdenken, und wer nicht denkt, der hat keine Qualen. Nur abends, im Bett, da kommen die Gedanken, wie Schatten und Gespenster, und ich wälze mich auf meinem Strohsack, und alle Knochen tun mir weh, und die Nacht ist von schlimmen Träumen erfüllt.

24. Februar

Liebe Änne!
Schon lange keine Post von Dir. Aber ich werde mich trösten – mit meiner neuen Braut. Jawohl, ich hab jetzt eine neue Braut! Unser Spieß, Oberfeldwebel Hanke, hat sie mir in die Hand gedrückt und freundlich lächelnd gesagt, damit meine Sehnsucht nach der Braut in der Heimat nicht allzugroß werde, möchte ich mich nun tüchtig mit ihr beschäftigen, vielleicht werde sie mir sogar mal das Leben retten. Nun hab ich sie schon viel auf der Schulter getragen, meine neue Braut, sie hat neben mir bei Fuß gestanden, und einmal, als ich sie hinfallen ließ, weil mir die grimmige Kälte durch die Handschuhe biß, da hat der Spieß sich darüber so sehr gefreut, daß er mich drei Ehrenrunden laufen ließ. Dreimal rund um den riesigen Kasernenhof.

Sicher hast Du längst mitbekommen, wer meine neue Braut ist? Natürlich – mein Gewehr, Karabiner 98. Unsere ganze Ausbildung geht rasend rasch, ein bißchen schneller als bisher üblich, sagt unser Kompaniechef, Oberleutnant Uhlig. Ich habe immer das komische Gefühl, wir würden irgendwo so dringend gebraucht, daß er Angst hat, wir kämen zu spät. Tatsächlich, unser Oberleutnant sagte erst gestern, wir würden an der Ostfront dringend gebraucht, daß wir uns noch viel, viel mehr anstrengen müssen bei unserer Ausbildung.

Noch sind wir ja Rekruten, und eigentlich ist das noch gar kein richtiger Mensch, so ein Rekrut. Er befindet sich erst auf dem Weg, ein richtiger Mensch zu werden. Denn er muß so unheimlich viel lernen! Ein ganz neuer Beruf, von dem er bisher nicht einen blassen Schimmer hatte. Ein richtiges Handwerk sozusagen – das Kriegshandwerk eines Infanteristen.

Als Zivilist hat man nicht die geringste Ahnung, was man alles nicht kann und erst noch lernen muß. Ich bin bestimmt nicht auf den Kopf gefallen – aber ich komme mir unheimlich blöde vor, weil ich das alles nicht so schnell begreifen kann, wie das mein Unteroffizier von mir erwartet. Und der Feldwebel erst! Und der Leutnant! Und der Oberleutnant an der Spitze unserer Kompanie! Wenn Du Dir dann vorstellst, liebe Änne, daß ich der Beste bin in unserer Gruppe (ohne Angabe, bin ich!), dann bekommst Du vielleicht eine Ahnung, wie kläglich und erbärmlich sich die anderen fühlen müssen. Noch nicht mal richtig grüßen kann so ein Rekrut, ja, ja, noch nicht mal vorschriftsmäßig die Nase putzen. Der Soldat muß alles, alles anders machen als ein Zivilist. Also zusammengefaßt: Wir lernen und lernen und lernen, damit wir recht bald auf dem Felde der Ehre bestehen können und, wie unser Leutnant sagt, dem Iwan tüchtig eins draufpfeffern. Wozu die Soldaten im aktiven Dienst früher zwei Jahre brauchten, das lernen wir jetzt in drei Monaten – und das will was heißen!

Es ist jetzt acht Uhr abends, und um mich herum hokken sechzehn Kameraden (der Älteste ist siebenunddreißig, der Jüngste neunzehn) und wienern ihre Klamotten, daß es nur so eine Freude ist, und einer singt das Lied vom Jonny, der so große Sehnsucht hat ... Ja, Sehnsucht! Ich habe Dein Bild in meine Zigarettenschachtel geklebt, und weil ein Soldat hin und wieder mal eine rauchen muß (dazu werden extra Rauchpausen befohlen), da habe ich Dich also hin und wieder mal vor Augen. Eben sagt Tyret, der Jüngste: »Hätte meine Mutter mich doch lieber ersäuft!« Dieser Mensch, dieser dumme Mensch! Was mag der bloß in seinem Schädel haben? Ich jedenfalls weiß zu schätzen, was das heißt: Gelobt sei, was hart macht!

Übrigens: Wenn ich ein Heftchen vollgeschrieben habe, schicke ich's an die Eltern, dort kannst Du Dir's holen und bei Dir aufbewahren. Vielleicht können wir das später mal brauchen. Später, wenn unsere Kinder groß sind und selber lesen können. Guter Witz, wie? Trotzdem mußt Du wissen, daß ich Dich sehr, sehr liebe und immer lieben werde.

26. Februar

Hallo, Jäcki!
Du scheinst bis jetzt noch kein Lebenszeichen von mir erhalten zu haben, obwohl ich doch sofort antworte, wenn ich Deine Post in Händen halte. Vier Tage geht die Post von Dir zu mir. Entsetzlich lange Zeit! Du, ich freue mich ganz wahnsinnig, wenn ich von Dir Post erhalte, und finde es sehr schön von Dir, daß Du so ausführliche Briefe schreibst. Jeden Brief lese ich mehrmals, Wort für Wort, ganz langsam. (Auch Deine kleinen Briefchen, die Du mir im Vorbeigehen in der Werkhalle

zugesteckt hast, die hab ich alle noch. Ich muß sie immer wieder lesen.)

So, nun ist meine Mittagspause zu Ende. Darum entschuldige, wenn ich heute nur sowenig schreibe. Behalt mich trotzdem lieb und denke manchmal an mich. Halt, noch was! Du weißt, ich habe Dich immer verstanden, und immer habe ich Dir zugehört, wenn Du mir erzählt hast, was Dich bewegt und was Du Dir so denkst. Ich hoffe, das wird immer, immer bleiben ... Und noch was: Jetzt haben sie auch Goldzahn eingezogen und Kingkong und noch ein paar, die ich nicht näher kenne. So schmilzt die alte Wandergruppe mehr und mehr zusammen, und wir sind nur noch lauter Weiber. Ist das nicht schrecklich?

27. Februar

Drei Tage Tauwetter. Wir dachten schon, nun wäre der grimmige Winter zu Ende – da ist in der Nacht Neuschnee gefallen, und am Morgen war der Himmel wieder blank und klar, und alles ringsum klirrt vor Kälte. Gestern beim Dienst war es so kalt, daß die Nasenlöcher fast zugefroren wären, und der Ostwind brachte die Augen zum Tränen.

Ich habe mir heute einen faulen Tag gemacht. Während die Kompanie zum Schießen ausgerückt ist, bin ich mit acht Kameraden zum Arzt in die Stadt wegen einer Schießbrille.

Allenstein, diese uralte preußische Garnisonstadt, beherbergt (so schätze ich) zur Zeit mindestens zehntausend Soldaten. Jeder zweite Mann auf der Straße ist ein Landser. Man muß höllisch aufpassen, daß man keinen Vorgesetzten übersieht und ihn vorschriftsmäßig grüßt. Am besten ist, man läßt die Hand gleich oben an der Mütze. Aber auch vielen hübschen Mädchen kann man begegnen. Einmal dachte ich – und war erschrocken –: Die sieht aus wie meine Änne.

Auf dem Rückweg vom Arzt ergab es sich, daß ich neben Loerper ging. Der Obergefreite, der uns führte, war ein Stück vor uns und konnte uns nicht hören, und da sagte Loerper plötzlich: »Warst ganz schön erschrocken, als mein Stiefel angeflogen kam? Na ja, dein blödes Gequatsche … Oder bist du wirklich so doof, daß du das selber glaubst?«

»Man hat mir das mal eingetrichtert«, sagte ich, »vor acht Jahren im Landjahrlager. Nationalpolitischer Unterricht. Von meinem Vater hab ich was anderes zu hören bekommen …«

»Na, Gott sei Dank, dann scheint dein Alter wenigstens vernünftig zu sein. Siehst du, so kann man sich irren.« Loerper blickte nach dem Obergefreiten und sprach ganz leise: »Aber einen guten Rat möchte ich dir geben: Denk nicht soviel. Das ist heutzutage nicht gut. Mach's, wie der Unteroffizier sagt: ›Das Denken müßt ihr den Pferden überlassen, die haben größere Köpfe.‹«

»Das sagst ausgerechnet du? Bist du ein Pferd?«

»Aber ich bin nicht so blöd, daß ich das, was ich denke, auch noch aufschreibe, damit es jeder lesen kann. Junge, sei vorsichtig! Du weißt nie, mit wem du es zu tun hast.«

»Mein Tagebuch kann jeder lesen.«

»Dein Wort in Gottes Ohr«, sagte Loerper. »Aber jetzt sei still – da ruft schon der Oberschnäpser, wir sollen uns beeilen.«

Dann hatte ich heute noch einen halben Festtag: Es gelang mir am Mittag, zweimal Essen zu fassen! Zweimal zermatschte Pellkartoffeln und Null-acht-fuffzehn-Soße – ein innerer Vorbeimarsch!

Am Abend hatten wir dann wirklich einen Marsch. Wir machten – wie Gummersbach sich ausdrückte – einen kleinen Abendbummel in den Wald. Dort wurden wir behandelt wie die ersten Menschen. Man führte uns Geräusche vor, die wir erkennen mußten. Klappern mit irgendwelchen Gegenständen, lautes Reden in einiger Entfernung, lautes Bewegen. Mir kam das alles so lächerlich vor, aber der Unteroffizier sagte, das würden wir mal bitter nötig brauchen, schon recht bald, wenn wir an der Front wären.

1. März

Gestern abend habe ich bei einem Kameraden in der Nachbarkompanie eine Klampfe entdeckt, und ich lieh sie mir aus für eine Stunde. Wir saßen dann auf unserer Stube, und es war mucksmäuschenstill, als ich meine Fahrtenlieder sang. Wir hockten im Dunkel, jeder auf seinem Bett, und während ich sang, träumte ich mich zurück – in mein freies Leben. Träumte vom Scherfbachtal, von der »Liesenberger Mühle«, von meinen Wanderkameraden und meinem Wandervogelleben. Und plötzlich war ein wehes, bisher nie gekanntes Gefühl in mir, ein stechender Schmerz – und viele, viele Bilder der Vergangenheit zogen an mir vorüber. Wie weit, wie weit das schon zurückliegt.

Die unzähligen Samstage und Sonntage, die Sonnen- und auch Regentage, da ich mit gleichgesinnten, guten Menschen durch das Bergische Land gewandert bin. Sonne und leuchtendes Land, raunende Kornfelder, rauschender Wald im herbstlichen Wind, flimmernde, sommerliche Hitze, klirrender Frost – alles, alles stand vor meinen Augen. Und ich singe Hermann Löns' Lied: »... drei Tage lang auf grüner Heid, dann war sie aus, die schöne Zeit«, und denke an die Zeit mit Änne, die viel zu kurz war und nun vorbei ist.

Was ist das für eine irrsinnige Welt!? Unsere Großväter haben Krieg führen müssen, damit ihre Söhne es später einmal besser hätten, und unsere Väter haben vier

Jahre Krieg führen müssen, damit ihre Söhne es später einmal besser hätten, sie haben in der Hölle gelegen (wie oft hat Vater mir davon erzählt!), für eine bessere Zukunft ihrer Söhne – und nun liegen wir Söhne hier in einer Kaserne, die der Alte Fritz schon erbauen ließ, und wir warten darauf, daß wir kämpfen dürfen, damit unsere Söhne es später einmal besser haben.

Wie sagte Loerper? Du denkst zuviel, mein Junge, das ist nicht gut in der heutigen Zeit ... Als ich die Klampfe wieder zurückbringe, spüre ich plötzlich, daß ich einen irrsinnigen Hunger habe. Aber meine ganze Ration, Brot, Margarine, Kunsthonig und ein Zipfel Wurst, die habe ich schon geschluckt, wie ein ausgehungerter Köter. Das alles sollte bis morgen mittag reichen.

2. März

Wehrmachtbericht: Auf der Krim, an der Donezfront und südostwärts des Ilmensees halten die schweren Abwehrkämpfe an. Im Kampf gegen die Versorgungsschiffahrt Großbritanniens und der Vereinigten Staaten versenkten die See- und Luftstreitkräfte im Monat Februar 39 feindliche Handelsschiffe mit zusammen 525400 BRT.

Hallo, Jäcki!
Hat der Mensch noch Worte?! Da schreibe ich treu und brav fast jeden Tag – und was ist der Dank dafür? Man bekommt eine dicke Zigarre verpaßt. Von einem gewissen Jäcki. Na, warte, wenn ich Dich erst mal wieder bei mir habe! Da gibt es Prügel. Aber erst mal einen Kuß. Einen langen, langen Kuß, und dann ... Übrigens, jetzt wirst Du staunen: Ich war gestern mal wieder im Kino. Aber nicht allein. Was denkst Du wohl, mit wem? Mit Billa! Ja, Billa und ich, wir waren gemeinsam im Kino. Du, ich könnt mich kringeln! Wenn mir das einer vor-

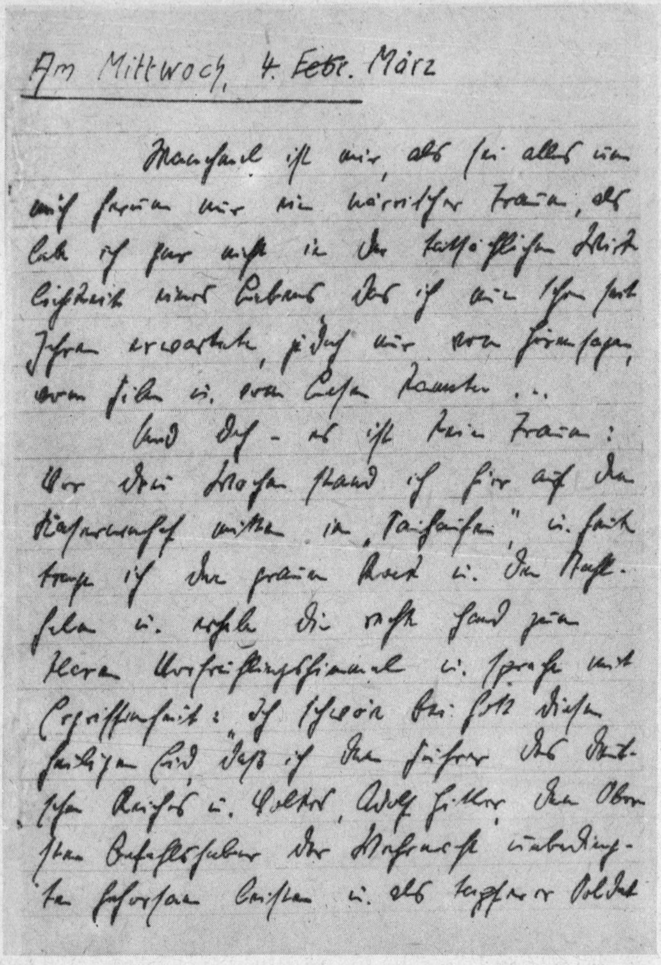
Am Mittwoch, 4. ~~Febr.~~ März

Manchmal ist mir, als sei alles um mich herum nur ein närrischer Traum, als lebe ich gar nicht in der tatsächlichen Wirklichkeit meines Lebens, das ich mir schon seit Jahren erwartete, jedoch nur vom Hörensagen, vom Sehen u. vom Lesen kannte …

Und doch – es ist kein Traum: Vor drei Wochen stand ich hier auf dem Kasernenhof mitten im „[illegible]" u. [illegible] trage ich den grauen Rock u. den Stahlhelm u. erhob die rechte Hand zum [illegible] Vereidigungsschwur u. sprach mit Ergriffenheit: Ich schwöre bei Gott diesen heiligen Eid, daß ich dem Führer des Deutschen Reiches u. Volkes, Adolf Hitler, dem Obersten Befehlshaber der Wehrmacht unbedingten Gehorsam leisten u. als tapferer Soldat

ausgesagt hätte – Billa und ich, zwei gute Freunde! Vielleicht hat sie mich ein bißchen trösten wollen. Vielleicht hat sie selber ein bißchen Trost gebraucht. Wenn man überlegt: der Mann in Frankreich gefallen, und dann bin ich gekommen und habe Dich ihr weggenommen – und jetzt … Ist das nicht allerhand von ihr? Übrigens: Sie hat

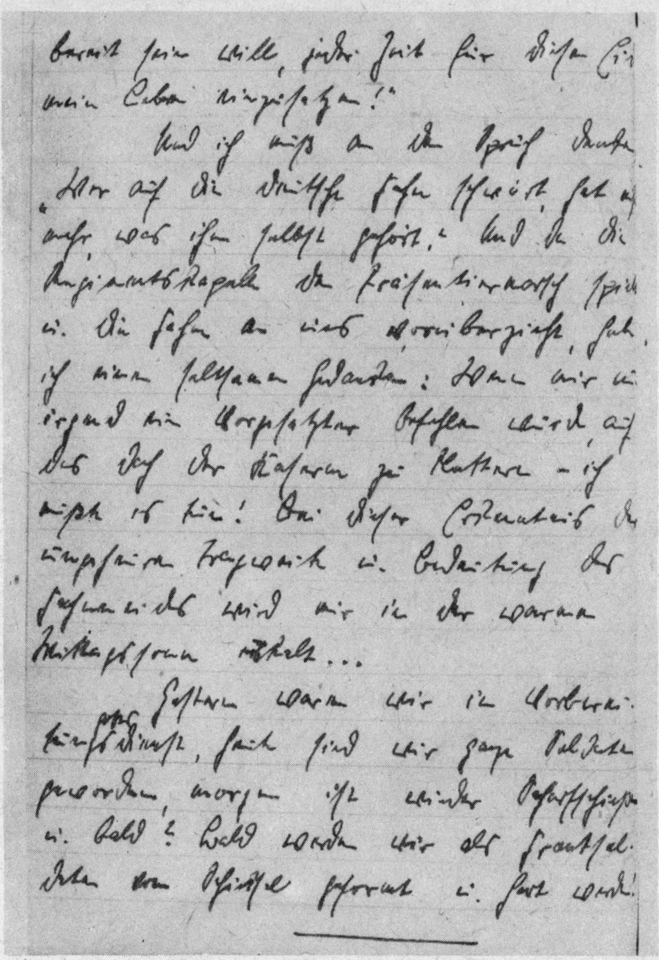
bereit sein will, jeder Zeit für diese Sie mein Leben einzusetzen!"

Und ich muß an den Spruch denken: „Wer auf die deutsche Fahne schwört, hat nichts mehr, was ihm selbst gehört." Und da die Regimentskapelle den Präsentiermarsch spielt u. die Fahne an uns vorüberzieht, habe ich einen seltsamen Gedanken: Wenn mir irgend ein Vorgesetzter befehlen wird, auf das Dach der Kaserne zu klettern – ich müßte es tun! Bei dieser Erkenntnis der ungeheuren Tragweite u. Bedeutung des Fahneneides wird mir in der warmen Mittagssonne übel ...

Gestern waren wir in Vorbereitungsdienst, heute sind wir ganz Soldaten geworden, morgen ist wieder Scharfschießen u. bald – bald werden wir als Frontsoldaten vom Schicksal geformt u. hart werden!

mir Brotmarken gegeben, die soll ich Dir schicken. Außerdem hat sie überall Zuckerklümpchen geschnorrt. Auch die soll ich Dir schicken. Außerdem bekommst Du ein schönes Päckchen mit Sachen zum Naschen – von Billa und Deiner Änne. Schreib bald wieder, ich hab zwei Tage nichts von Dir gehört.

4. März

Vor drei Wochen stand ich hier zum erstenmal auf dem Kasernenhof und wurde mit den anderen Rekruten angebrüllt: »Sauhaufen! Hammelherde! Euch werd ich Beine machen!« Vor drei Wochen – und heute stehe ich nun hier, trage den grauen Rock des Führers, erhebe die rechte Hand und spreche nach, was man uns vorsagt:

»Ich schwöre bei Gott diesen heiligen Eid, daß ich dem Führer des deutschen Reiches und Volkes, Adolf Hitler, dem Obersten Befehlshaber der Wehrmacht, unbedingten Gehorsam leisten und als tapferer Soldat bereit sein will, jederzeit für diesen Eid mein Leben einzusetzen!«

Die Regimentskapelle spielt den Präsentiermarsch, und ich muß plötzlich an den Spruch denken: »Wer auf die deutsche Fahne schwört, hat nichts mehr, was ihm selbst gehört ...« Und dann habe ich einen seltsamen, bedrükkenden Gedanken, der mich bis ins Innerste erschreckt: Wenn mir jetzt der Unteroffizier Gummersbach befehlen würde, ich solle auf das Dach der Kaserne steigen – obwohl ich davor schreckliche Angst habe, weil ich schwindlig bin –, so müßte ich das tun. Alles, was man mir befiehlt, muß ich ausführen! Denn – soeben habe ich bedingungslosen Gehorsam geschworen. Nicht dem Unteroffizier Gummersbach, sondern dem Führer, meinem Obersten Befehlshaber. Aber das ist wohl dasselbe.

4. März

Liebe Änne!

Endlich, endlich Post von Dir! Und gleich zwei Briefe auf einmal. War ja auch höchste Zeit, mein Mädchen! Ich hoffe, daß Du jetzt regelmäßig meine Post beantworten wirst – oder? Wir hatten uns beim Abschied versprochen, jeden Tag zu schreiben, und wenn es nur ein paar

Zeilen sind. Aber nun sehe ich, das läßt sich in der Praxis gar nicht so leicht durchführen. Nur eine Bitte, liebste Änne: Ich wäre sehr glücklich, wenn Du in Deinen Briefen ein wenig mehr eingehen würdest auf das, was ich Dir geschrieben habe, damit – trotz der weiten Entfernung – doch so etwas wie eine Unterhaltung zustande kommt.

Mir scheint, Du hast noch nicht recht mitbekommen, wie ich das mit der Schwarzweißmethode gemeint habe. Wenn ich also in einem Brief »schwarz« sage, dann meine ich »weiß«, und das mußt Du auf alles beziehen. Zum Beispiel, daß ich so gerne Soldat bin und so weiter …

Es freut mich, daß Du Dich mit meinen Eltern gut verstehst, aber ich möchte Dir einen Rat geben: Wenn Mutter mal wieder von Billa anfängt – horch einfach weg und vergiß es! Ich glaube, Mütter müssen so sein. Sie müssen sich Sorgen machen um ihre Kinder, auch wenn sie schon erwachsen sind. Natürlich wollen Mütter verhindern, daß ihre Kinder (vor allem Söhne!) in schlechte Gesellschaft geraten. Nebenbei: Ich möchte nur wissen, woher meine Mutter die Sache mit Billa spitzgekriegt hat. Bestimmt hat sie nachts in meinem Tagebuch geschnüffelt.

Ich bin manchmal sehr traurig, daß ich keine Möglichkeit mehr hatte, Deine Eltern kennenzulernen, daß sie einfach nicht wissen, daß es mich gibt auf der Welt. Oder – wissen sie schon? Hast Du ihnen schon erzählt von mir?

Vielleicht lesen auch sie heimlich die Briefe, die ich Dir schreibe? Nun, dann will ich mal gleich ein paar Takte von mir geben: Bitte, schimpfen Sie nicht mit Ihrer Tochter! Erstens hat das gar keinen Zweck, denn wer sich gern hat, der hat sich eben gern, da können alle Eltern der Welt nichts dran ändern. Zweitens bin ich der Meinung, es kann gar nicht schaden, wenn man sich schon in jungen Jahren kennen und lieben lernt. Nur so ist die Grundlage da, um ein ganzes langes Leben seinen Weg gemeinsam zu gehen …

Ob sie nun zufrieden ist, Deine Mutter? Schließlich bin ich fünf Jahre älter als Du und schon lange kein Pimpf mehr! So, nun Schluß für heute. Ich werde mich jetzt ans Fenster setzen und den Zügen nachschauen, die drüben auf dem Bahndamm vorbeirollen. Aber nicht denen werde ich nachschauen, die nach Osten rollen, sondern denen, die entgegengesetzt fahren.

Tschüs, mein liebes Mädchen!

5. März

Hallo, Jäcki!
Nun hast Du meiner Mutter einen so netten Vortrag gehalten, aber sie hat den Brief sowenig gelesen wie all die anderen. Kurz gesagt: Meine Mutter hat sich gebessert. Ob mein Vater sein übriges dazu getan und ihr verboten hat, in meiner Post »herumzuschnüffeln« – ich kann es nur hoffen.

Du bittest, ich möchte auf Deine Briefe näher eingehen, damit Du auch weißt, welche ich bekommen habe und welche nicht. Dein Wunsch sei mir Befehl! Wenn ich es richtig betrachte, dann waren bisher große Fragen nicht zu beantworten, und auf Deine ausführlichen Berichte – was hätte ich darauf erwidern sollen? Du fluchst, warum Du so wenig Briefe von mir bekommst, und fragst, woran das wohl liegen mag. Ich habe bisher jeden Tag geschrieben (manchmal zweimal!), das kannst Du mir glauben. Also scheint die Ursache mal wieder bei der Post zu liegen. Oder bei euch in der Kaserne ist was nicht in Ordnung. Jetzt hab ich fast Angst, zu Deinen Eltern zu gehen. Wer weiß, was Du denen schon wieder vorgeflucht hast über meine Saumseligkeit im Schreiben.

Hier ist es zur Zeit verdammt langweilig. Außerdem ist Tauwetter. Man hängt fast bis zu den Knien in der

Sch... Es ist eigentlich doch gut, daß ich Dir das Wort Sch... früh genug eingetrichtert habe. Darum ist es Dir jetzt so geläufig – oder? Also – tschüs für heute und alles Liebe und Gute von Deiner Änne!

5. März

Die Hälfte Zeit des Lebens steht der Soldat vergebens. Dieses Wort ist absolute Wahrheit. Geduldhabenmüssen – das lernen wir jeden Tag von neuem. Bei jedem Antreten, bei jedem Appell, bei jedem Dienst, sogar beim Essenfassen – warten, warten, warten ...

Heute waren wir auf dem Schießplatz, der mitten in einem Wald liegt, und es war schrecklich kalt. Stundenlanges Warten, bis man endlich an die Reihe kommt. Zitternd vor Kälte liege ich auf der Pritsche. Ins Ziel gehen, Druckpunkt nehmen, tief durchatmen – und päng und weg! Sechsundzwanzig Ringe hatte ich, knapp die Bedingung erfüllt. Der Leutnant meinte, ich wäre doch ein ganz guter Soldat, aber im Wichtigsten, dem Schießen, fast eine Niete. Das Wichtigste für den Soldaten: Den Gegner treffen! Ich sagte, mit meinen Augen haue das nicht so hin, immerhin müsse ich ja eine Brille tragen.

Am Nachmittag standen wir dann frierend und zitternd vor dem Krankenrevier. Zweihundert Mann in einer langen Reihe, die ganze Kompanie. Im Laufschritt vorbei, Spritze in den Arsch – wie beim lieben Vieh.

6. März

Ich glaube, ich bin dem »Geheimnis der Wunderleistungen« unserer Deutschen Wehrmacht ein wenig auf die Spur gekommen.

Nachdem wir gestern geimpft wurden, habe ich in der Nacht Fieber gehabt, und heute morgen war ich am ganzen Körper wie gerädert. Dann gingen wir auf einen langen Marsch. Die Kompanie marschierte im gleichen

Schritt und Tritt, und der eisige Wind ließ die Gesichter zu Masken erstarren. Eisglatt die Straße. Das Gewehr drückt auf der Schulter. Stunde um Stunde verrinnt, und du wirst von Schmerzen gepeinigt und weißt nicht, was um dich herum vor sich geht. Du bist nicht mehr als eine Maschine. Dann geht's von der Straße ab, seitwärts ins Gelände, bergauf, bergab, durch tiefen Schnee.

In einer Rauchpause stehen wir frierend in einer windgeschützten Mulde. Ich habe Hunger, aber keinen Bissen zu essen, auch keine Zigarette. Und da steht einer neben mir und frißt schmatzend ein faustgroßes Stück Speck, einer von den »Beutedeutschen«, die übers Wochenende nach Hause fahren dürfen, weil sie dem Herrn Unteroffizier ein Freßpaket mitbringen. Ich habe plötzlich nur den einen Gedanken: Schmeiß die Knarre hin, hau ab nach Hause! Aber das tue ich nicht. Und warum nicht? Warum marschiere ich weiter und weiter und weiter? Weil die Kompanie mich mitreißt. Weil die Kompanie marschiert und marschiert und weil ich mich schäme, schlappzumachen. In mir ist nur der Gedanke: Ich will das können, was die anderen können.

Aber dann ist da noch etwas: Unser Unteroffizier Gummersbach! Der marschiert neben uns. Der sieht jeden einzelnen von unserer Gruppe – und wehe dir, wenn du nicht mehr kannst! Was, Sie können nicht mehr? Sie schlappes Schwein, Sie wollen nicht mehr! Alle anderen können – und Sie, warum können Sie nicht?! Nein, Sie wollen nicht, und darum ... Ja, und darum sitzt dir die Angst im Nacken, die erbärmliche Angst vor der Strafe. Es muß ja nicht gleich die Torfschlucht sein – es gibt viele andere Strafen davor, und die sind nicht zu verachten. Und wer will schon bestraft werden? Nein, ich will nicht bestraft werden! Darum halte ich durch. Halte durch, trotz der schmerzenden Füße, und nachher – da bin ich über mich selber erstaunt, wie ich das geschafft habe. Und dann, in der Kaserne, diese Erkenntnis: Der eigentliche Grund, warum nicht längst alles zusammengebrochen ist, liegt nicht nur im System, nicht nur im organisatorischen Aufbau der Wehrmacht – der eigentliche Grund liegt in uns selber! In uns, den Menschen!

Denn: Jetzt sitze ich in der Kantine, habe warme Pantoffeln an den schmerzenden Füßen, rauche eine Zigarette, trinke ein Bier – und alles, alles ist vergessen. (Spätestens aber morgen.) Und alles, was uns eben noch gequält hat, ist vergessen. Und darum kann es morgen weitergehen. Auf ein neues! Immer weiter, immer weiter so – und das ist unser Schicksal. Das ist mein persönliches Schicksal – und das Schicksal eines ganzen Volkes: die Vergeßlichkeit ...

Aber ich bin mir nicht so ganz sicher, ob das wirklich das eigentliche Geheimnis ist um die wunderbaren Leistungen unserer Wehrmacht. Da muß noch etwas anderes sein, ich weiß nur nicht, was. Aber – ob sie das auch so erkannt haben, meine Kameraden neben mir? Ob sie begriffen haben, daß ihre Vergeßlichkeit, die Vergeßlichkeit des Menschen überhaupt einerseits seine größte Stärke – aber andererseits auch seine größte Schwäche ist? Ich glaube nicht, daß sie das erkannt haben. Einige vielleicht. Die meisten werden noch nicht mal darüber nachgedacht haben. Ja, nachdenken können – und dann die Schlußfolgerung daraus ziehen, dann wäre alles, alles mit einem Schlage anders!

Ich bin fest überzeugt, daß ich freiwillig, wenn ich wüßte, daß dies alles wirklich einen Sinn hat, noch viel, viel mehr leisten könnte und auch leisten würde. Aber wozu? frage ich mich. Wozu und für wen verrecken müssen? Wozu und für wen ein Sklave sein? Wozu hungern und frieren und dann am Ende doch krepieren? Wozu? Wozu? Tausend Fragen – keine Antwort.

6. März

Liebe Änne!
Hurra – und wieder zwei Briefe auf einmal! Entschuldige bitte, wenn ich in meinem letzten Brief etwas losgepoltert habe, weil ich keine Post von Dir bekam, aber es ist nun mal ein ganz erbärmliches Gefühl, wenn jeder der Stubenkameraden seine Post in Empfang nimmt – und Du stehst daneben mit leeren Händen ... So, und nun hoffe ich, daß es besser wird.

Mir fällt heute das Schreiben besonders schwer, weil wir gestern geimpft worden sind. Ich hoffe, daß es bald wieder besser geht. Der Mensch kann ja viel ertragen. Viel mehr als ein Ochse. Der Ochse legt sich einfach hin, geht keinen Schritt mehr weiter, und Du kannst den dicksten Knüppel nehmen – wenn der nicht mehr will, dann will der nicht mehr. Und weißt Du, warum? Weil er kein Hirn hat wie ein Mensch und er sich deshalb keine Hoffnung ausdenken kann. Die Hoffnung – das ist es, was den Menschen am Leben hält.

Und nun eine ernsthafte Bitte: Bei jedem Fliegeralarm – geh in den Keller! Und nimm Deine Gasmaske mit! Denk nicht, das ist alles nur ein Spaß! Bitte, das mußt Du mir versprechen! Frag nicht, warum, ich hab schon meine Gründe, wenn ich mich so um Dich sorge. Ich möchte den Tag nicht erleben müssen, an dem meiner lieben Braut etwas zugestoßen ist.

8. März

Hallo, Jäcki!
Nun haben wir schon wieder mal »heiligen Sonntag«. Und schon wieder mal bin ich nicht draußen im Bergischen Land. Schlechtes Wetter, viel Matsch. Fast niemand steht am Heumarkt und wartet auf die »Weiße Bahn«. Heute morgen wurde ich von der HJ aus dem Bett geholt, in meine Uniform gesteckt und ins Par-

teihaus geschleppt. Elternmorgen. Ich mußte mein müdes Organ anstrengen, um unserem HJ-Gesangverein keine Schande zu machen. Ach, mir fehlt die Lust zu allem, weil Du nicht hier bist …

Ich habe Dir einige Brot- und Fleischmarken geschickt und hoffe, Du hast sie bekommen. Zum »Dank« dafür darfst Du mir dann wieder drohen, Dir in Allenstein ein Mädel anzuschaffen, wenn ich weiterhin so »schreibfaul« bin. Damit kannst Du mich nicht schrekken – weiß ich doch genau, daß Du so etwas nicht tust. Auch auf mich kannst Du Dich verlassen. Jedenfalls denke ich immer an Dich. Vor allem, wenn ich neben Billa im Kino sitze und wir Bonbons austauschen. Dann denke ich, Du bist es, der neben mir sitzt und mich mit seinen weichen Händen streichelt. Nachher bin ich immer ein wenig enttäuscht – aber es war doch ganz schön.

Und nun zu einem anderen Thema: Ich habe bei Deinen Briefen manchmal nicht unterscheiden können, was Du im Ernst sagen willst und was Du nur so ironisch meinst. Mit Schwarz und Weiß, das geht wohl auf die Dauer nicht. Schreib also so, wie es wirklich ist. Kannst Dich ja sparsam ausdrücken, das meiste erfahre ich ja aus Deinem Tagebuch. Und noch etwas Ernsthaftes: Da Dir jetzt die Bedeutung des Fahneneides bekannt ist, mache ich mir keine Sorgen, daß Du mal etwas anstellen könntest. Und wenn Du mal etwas »anstellst«, dann wirst Du ganz bestimmt Deinen Grund dazu haben. Dein Vater hat mir das alles erklärt, was Du vielleicht einmal vorhast – vorhaben mußt, wenn es wirklich ernst wird. Schließlich hat er Dir den Rat gegeben, was Du in diesem Falle tun sollst.

So, nun kannst Du Dich freuen oder ärgern über die »sonntäglichen Ungereimtheiten einer Siebzehnjährigen« – ich mach Schluß für heute, sonst kommen mir gleich wieder die Tränen. Wenn Du doch wenigstens bald ein paar Tage Urlaub bekommen würdest! Ich würde Dich totknutschen. Ist doch immerhin besser als totschießen, oder nicht?

8. März

Wehrmachtbericht: Im Donezgebiet und an der Front ostwärts Charkow scheiterten zahlreiche von starken Kräften geführte Angriffe des Feindes. An weiteren Stellen sind noch Kämpfe im Gange.

Gestern hätte ich heulen können vor Sehnsucht nach meiner Änne. Da hockt man nun hier wie ein Vogel im Käfig. Und wozu gibt es einen Wald? Wozu ist die Welt so herrlich und schön? Man lebt doch nur einmal, ein einziges Mal – und keine Minute, keine Sekunde wird jemals wiederkehren. Aber irgendwo in der Kaserne ist ein Wort zu lesen, und das ist von Friedrich dem Großen: »Es ist nicht notwendig, daß wir leben, wohl aber, daß wir unsere Pflicht tun ...« Was für ein herrlicher Blödsinn! Wie kann ich meine Pflicht tun, wenn ich nicht lebe?

Nach dem Mittagessen werden wir ausgeführt. Der erste Ausgang seit drei Wochen! Wie Kinder haben wir uns darauf gefreut, und nun latschen wir stumpfsinnig durch die Straßen, siebzehn Rekruten hinter einem Unteroffizier. Eigentlich müßte man sich wundern, daß es noch Männer gibt, die in Zivilklamotten stecken.

Am Jakobsberg führt uns der Unteroffizier in ein Tanzlokal. Ein Saal wie im »Großen Kurfürst« in Paffrath. Und viele hübsche Mädchen. Sie alle scheinen auf eine Bekanntschaft zu warten – aber uns schaut keine an. Rekruten, die von ihrem Unteroffizier an der Leine ausgeführt und gleich wieder zurückgezerrt werden in die Kaserne. Da hat's gar keinen Zweck, erst anzufangen. Nein, wir tragen jetzt den grauen Rock und sind nicht mehr frei. Auch nicht auf dem Tanzboden. Immer ist der Unteroffizier bei dir, und der bestimmt, was du zu tun und zu lassen hast. »Bitte Herrn Unteroffizier, austreten zu dürfen!« Ein Blick auf die Uhr: »In zehn Minuten zurück!«

Ob Änne jetzt auch in irgendeinem Tanzlokal ist, um sich »einen anzulachen«? Ach, nicht soviel denken!

9. März

Hallo, Jäcki!
Ich kann Dir heute Dein Kompliment zurückgeben: Ich habe zwei Briefe auf einmal bekommen. Zwei auf einmal! Darum will ich Dir heut mal etwas aus meinem Alltag berichten, aus unserem Werk usw. Ich weiß zwar, daß Dich der Name Patzig allein schon in Rage bringt – aber eben von diesem Herrn muß ich Dir heute berichten. Stell Dir vor: Schweinebacke hat sich verlobt! Und was glaubst Du, mit wem? Mit der dürren rothaarigen Köhler aus dem Lohnbüro! Du, ich könnt mich kringeln! Wenn ich bedenke, wer alles sich hier im Werk schon kennengelernt hat ... Wirklich, kringeln und kichern könnte man. Die Köhler und Schweinebacke! Wurde ja auch Zeit für die beiden, aus dem jugendlichen Alter sind sie längst heraus.

Jäcki, Du hättest Dich geschibbelt vor Lachen, wenn Du gesehen hättest, wie ich vor Schweinebacke mein Knickschen machte und im Namen der Lohnbuchhaltung alles Gute wünschte. Er schien sich tatsächlich über meine artigen Worte zu freuen, denn ich bekam von ihm (offiziell!) eine Einladung zur Verlobungsfeier. So war ich denn das einzige »kleine Würstchen« unter lauter »großen Tieren«. (Nur vom Abteilungsleiter aufwärts!) Doch wußte ich mich ganz artig zu benehmen. Wie es dann nachher dort zuging (ich ging natürlich früher weg), das will ich Dir ersparen.

Aber nun halt Dich fest: Schweinebacke nahm mich mal beiseite und erkundigte sich – na, dreimal darfst Du raten! Ja, nach einem gewissen Jakob Frey erkundigte er sich, »wie das dem so geht«. – »Ach«, sagte ich, »der ist auf dem besten Weg, Leutnant zu werden. Aber vorher kommt er erst mal in Urlaub ...« Gut, nicht?

Na ja, das wäre schon alles, was ich zu berichten hätte. Im übrigen: Schufterei von Montag bis Samstag, täglich Überstunden, mittwochs zur Berufsschule, Singewettstreit zwischen HJ und BDM. Dann, am Freitag, einen Besuch bei Deinen Eltern. Und hin und wieder einen Sprung ins Café. Und sonntags, wenn's das Wetter erlaubt, hinaus ins Bergische Land. Mit Dir bin ich ja im dicksten Regen rausgefahren oder im Schneegestöber – damals, muß ich jetzt sagen.

Bist Du zufrieden mit meinem heutigen Bericht? Wenn ja, dann bitte postwendend Antwort!

10. März

Liebe Änne!
Junge, Junge, wenn es nicht so ernst wäre, man könnte drüber lachen! Da macht einer dem anderen Vorwürfe wegen seiner »Schreibfaulheit«, und zugleich versichert jeder, daß er jeden Tag einen langen Brief abschickt. Ich müßte Dir ja noch viel, viel mehr schreiben, aber unter den Bedingungen hier ist es mir gerade noch möglich, mein Tagebuch vollzukritzeln, damit ich nicht vergesse, was gewesen ist.

So ist das zum Beispiel auf unserer Bude: Der eine wienert sein Koppel auf dem Tisch, an dem man schreibt, daneben üben zwei einen Handstand auf einem Schemel, ein anderer schmettert das Lied von der wilden Sau, ein vierter erzählt lang und breit, wie er mit seiner

Frau zum letztenmal im Bett war, und da kommt einer daher, so ein ostpreußischer Flapsmann, und packt sein Freßpaket auf den Tisch (Bauernbrot, Butter, Wurst, Schinken), säbelt sich mächtige Brocken ab und beginnt schmatzend zu fressen – und daneben sitzt einer und wäscht sich in der Schüssel seine stinkenden Schweißfüße, und so geht das weiter, wie in einem Irrenhaus. Jeder ist mit irgendwas beschäftigt – und ich sitze dazwischen und will etwas Vernünftiges zu Papier bringen. Es ist zum Knochenkotzen!

12. März

Schon in aller Frühe auf dem Schießplatz war ein mörderischer Schneesturm, und den ganzen Tag hat dieses Schneetreiben angehalten. Ein Wetter, bei dem man keinen Hund vor die Tür jagt, aber ein Hund – das ist ja kein Soldat.

Es war schön, nach vier Wochen mal wieder unter Menschen zu sein, in einem Café zu sitzen – aber auch dort kommen die Gedanken und bohren sich wie Würmer in dein Hirn: Warum, warum, warum? Warum müssen all diese Schikanen sein? Man läßt uns noch nicht mal Zeit zum Fressen. Gestern mittag – wir hatten unsere halbverfaulten Pellkartoffeln kaum verschlungen –, da mußten wir raustreten zum Impfen. Raus in die scheußlich-nasse Kälte, nur mit der Turnhose und ab ins Revier. (Gelobt sei, was hart macht!) Nun hustet die halbe Kompanie, und viele sind grippekrank. Loerper hat vierzig Grad Fieber. Kaum, daß sich jemand um ihn kümmert. Geht er hops – was macht das schon? Ein Pferd ist beim Kommiß mehr wert als ein Mensch. Das hat mir Vater oft gesagt – und nun erlebe ich das selber.

Und trotzdem ist mir heute fast feierlich zumute. Änne hat mir ein paar Fleischmarken geschickt, und ich habe mir Brot und Wurst kaufen können und mich mal wieder richtig satt gegessen. Wie klein und erbärmlich der Mensch doch wird mit seinen Wünschen in der Not!

15. März

Unteroffizier Gummersbach hat mir ein paar Bücher geliehen. Eins davon hat Hermann Löns geschrieben, und es heißt »Meine Welt«. Ich muß es immer wieder lesen. Da ist eine gewaltige Liebe zur Natur, zur Erde, zur Sonne, zu allem Schönen auf dieser Welt! Aber – da ist auch der zwiespältige Geist eines suchenden, innerlich zerrissenen Menschen. All das kann ich mitfühlen, und es ist wie eine Offenbarung meines eigenen Ich. Dieses Buch muß ich Änne kaufen! Es sind Worte darin, die ich, obwohl ich sie vorher noch nie gelesen habe, so empfinde, als wären sie von mir: »Warum muß ich all das Schöne allein erleben? Warum muß ich alleine durch die Flur irren, ruhlos, rastlos, von der dunklen Macht des Blutes getrieben? Warum findet die dürstende Seele nicht Ruhe und Frieden und Erfüllung in einer anderen gleichen? Warum kann ich nicht eins werden mit einer anderen zu einem großen mächtigen Ganzen?«

Eins werden mit einer anderen Menschenseele zu einem großen mächtigen Ganzen … Mit Billa war das nicht möglich. Zu vieles war da, was uns trennte, nicht nur der Unterschied im Alter, die Zahl der Jahre. Billa genügte es, wenn sie mich ins Bett ziehen konnte – und wenn sie dann nachher sagte: »Du warst mal wieder 'ne ganz tolle Wucht!« Dann fühlte sie sich glücklich und zufrieden. Und ich? Soll das die Liebe sein? mußte ich mich fragen. Die große heilige Liebe, die zwei Menschen vereint zu einem Ganzen? Nein, Liebe muß mehr sein. Liebe muß so sein wie zwischen Änne und mir. Darum war ich so glücklich, als ich sie kennenlernen durfte. Wenn mein Traum auch noch nicht ganz in Erfüllung gegangen ist, weil der Krieg uns so jäh auseinandergerissen hat – wir wären allmählich zusammengewachsen, nicht nur geistig, wie jetzt, sondern auch körperlich.

Heute ist Heldengedenktag. Es wird nicht viel erwähnt von den Toten, jedenfalls nicht so, wie es bisher üblich war, wenn der Toten des Weltkrieges gedacht wurde.

»Wozu alte Narben aufreißen?« hat der Oberleutnant gesagt. »Nein, wir wollen an diesem Tag nicht zurückschauen, Männer! Wir wollen unseren Blick vorwärts richten in unsere Zukunft! Und unsere Zukunft – das ist der Sieg! Der glorreiche Sieg unseres tapferen Volkes, unserer tapferen Wehrmacht, deren Angehörige ihr jetzt seid!« Und wer von uns, so frage ich, wird dabei ins Gras beißen müssen? Damit am nächsten Heldengedenktag, im nächsten Jahr, auch an ihn gedacht werden kann?

In der vergangenen Nacht hatte ich einen Traum, der mich heute den ganzen Tag nicht mehr losläßt. Ich saß in meiner Schulbank, und vor uns stand ein französischer General. Er schrie uns an und fuchtelte mit seinem Rohrstock vor unseren Augen herum: »Es gibt zwanzig Millionen Deutsche zuviel auf der Welt!« Da kam unser Rektor herein und sagte mit seiner sanften Stimme: »Da seht ihr es, Jungs – die Franzosen wollen uns vom Erdboden vertilgen! Sie wollen uns ausrotten – und deshalb müssen wir uns verteidigen! Verbrecher, diese Franzosen! Zwanzig Millionen Deutsche ermorden – darum sind und bleiben sie unser Erbfeind!«

Wie komme ich wohl auf so einen Traum? Ich kann mich erinnern: Vor ungefähr zehn Jahren lauschte ich einem Gespräch, das mein Vater mit meinem Onkel hatte. Es ging um den Ausspruch eines französischen Staatsmannes: »Zwanzig Millionen Deutsche sind zuviel auf der Welt!« Vater erklärte meinem Onkel, was der Franzose eigentlich damit hatte ausdrücken wollen:

Wenn es zwanzig Millionen Deutsche weniger gäbe, dann wäre Deutschland nicht in der Lage, einen Krieg zu führen gegen Frankreich.

Ja, das begreife ich erst heute: Wenn wir zwanzig Millionen weniger Menschen in Deutschland hätten, dann wäre dieser Krieg wohl niemals zustande gekommen. Was tut ein Kaufmann, wenn er keinen Überschuß hat? Er kann nicht auf Verlust setzen, in der Hoffnung, doch zu gewinnen. Und so können wohl zwanzig Millionen Deutsche draufgehen – der Überschuß, den man dann als Verlust ruhig abbuchen kann. Aber – wer kann das begreifen? Wer will das begreifen? Konnte ich das damals begreifen, vor zehn Jahren, als Vater mal sagte, der nächste Krieg läge schon fix und fertig in der Schublade – beim deutschen Generalstab?

15. März

Hallo, Jäcki!

Heute bin ich sehr traurig. Warum hast Du sowenig Vertrauen zu mir? Du hast mir mit keinem Wort geschrieben, daß Du mit Billa im Briefwechsel stehst. Warum verschweigst Du mir das? Ich war mit Billa mal wieder im Kino – und ehrlich gesagt, ich weiß im Augenblick nicht, was ich von ihr zu halten habe. Ich höre aus ihren Worten, daß sie Dich immer noch gern hat. Im Werk erzählt sie, nur den kleinen Finger brauchte sie krummzumachen – und schon hätte sie Dich wieder. Zugleich aber kümmert sie sich in einer rührenden Weise um mich, daß ich mich fragen muß, womit ich das eigentlich verdient habe. Bevor Du eingezogen wurdest, haben wir beide uns doch gar nicht gekannt, und jetzt vergeht kaum ein Tag, an dem wir nicht beide irgend etwas gemeinsam unternehmen, und ich fühle mich sehr glücklich, weil ich nicht so allein bin, wenn Billa bei mir ist. Da kann ich es überhaupt nicht verstehen, daß Du ihr einen Brief schreibst, sie solle mich in Ruhe lassen und sich um ihre eigenen Angelegenheiten kümmern, da gäbe es so manches in Ordnung zu bringen. Ob Du mir das mal erklärst?

16. März

Wehrmachtbericht: Auf der Halbinsel Kertsch wiederholte der Feind auch gestern seine von zahlreichen Panzern unterstützten Massenangriffe. An anderen Stellen der Ostfront wurden feindliche Angriffe bei heftigem Schneesturm zurückgeschlagen.

Erst wollte ich nicht, aber dann bin ich doch ausgegangen in die Stadt. Nur weil ich Hunger hatte. Ich wollte schnell in einer Kneipe ein Stammgericht essen und dann wieder zurück in die Kaserne – aber dann kam ich mit einem Landser ins Gespräch, einem Wiener, und er hatte so ein zerknittertes, kummervolles Gesicht, daß er mir leid tat.

»Kennst du die größte Scheiße auf dieser Erde, Kamerad? Das ist dieser Krieg, dieser gottverdammte Krieg!«

Ich erfuhr, daß er elf Jahre lang glücklich verheiratet war, und als er nun nach vierzehn Monaten zum ersten Male auf Urlaub kam, da lag in der Küche auf dem Stuhl eine Feldwebelmontur – und seine Frau lag mit einem fremden Kerl im Bett ... Bei der Scheidung vor Gericht sagte einer der Beisitzer, wenn er zu entscheiden hätte, müßte für alle Landser der Heimaturlaub generell gestrichen werden. Damit endlich die Ehescheidungen ein Ende nähmen.

»Ist das eine Logik, Kamerad? Heimaturlaub generell gestrichen! Nein, heimfahren lassen sollen sie uns! Erst gar nicht wegholen von der Familie für Wochen und Monate!«

Ich stand auf und ging. Ich bummelte ziellos durch die Straßen und wanderte hinaus aus der Stadt. Mußte frische Luft um mich haben, den weiten klaren Himmel über mir. O du mein Gott, unsere Sprache ist zu arm, um all das ausdrücken zu können, was mich bedrückte!

Auf dem Heimweg fiel mir dann der Traum wieder ein, den ich vor kurzem hatte. Ich war auf Urlaub gekommen, unerwartet, und ich ging auf dem schnellsten Weg zu Änne. Aber sie war nicht zu Hause. Ich irrte durch die Stadt – doch nirgends fand ich eine Spur von Änne. Und plötzlich war mein Urlaub schon zu Ende, und ich stand am Bahnhof, so allein, so mutterseelenallein. Und da sah ich Änne! Sie stand auf dem Bahnsteig, und ein Leutnant hielt sie umschlungen, und sie küßten sich lange, und dann fuhr der Zug langsam hinaus aus dem Bahnhof ...

17. März

Hallo, Jäcki!
Erst hört man ein paar Tage gar nichts von Dir, und dann kommen wieder zwei Briefe auf einmal, und obendrein noch eine Karte von dem schönen Allenstein! Große Freude! Vorerst die Feststellung, daß Du einen Haufen Prügel verdient hast. Einem kleinen, liebeshungrigen Mädchen den Mund wäßrig zu machen von wegen in die Arme nehmen und drücken und küssen, bis ihm die Luft wegbleibt ... Hilfe, ich ersticke!

Nun bist Du knapp vier Wochen weg und willst schon wieder geküßt werden. Und so was wollen Männer sein – oder werden?! Aber Spaß beiseite: Mir kommen die vier Wochen wie eine Ewigkeit vor, und alles, was ich mit Dir erlebt habe, liegt schon so weit zurück! Aber Du darfst nicht eifersüchtig sein. Ich bin es auch nicht, das verspreche ich Dir. Darum vergiß, was ich in bezug auf Billa geschrieben habe. Ich werde nie wieder so einen Unsinn von mir geben.

Daß ich hier im Werk mal mit einem Mann ein paar

Worte wechsle und eventuell auch mit jemand ein Stück über die Straße gehe, das läßt sich wohl nicht vermeiden. Aber einladen lasse ich mich nicht, grundsätzlich nicht, noch nicht mal zu einem Täßchen Kaffee. Überhaupt, ich bin ja immer gegen diese Knutscherei gewesen. Bis auf den Tag, da ich Dich kennengelernt habe. Weißt Du noch, wie ihr »Kölsche Tiröler« bei uns aufgetreten seid? Da hat mein »Unglück« angefangen. Aber nun komme ich mir vor, als wäre ich wieder in meinen »jungfräulichen Zustand« zurückversetzt worden. Wenn nicht unser reger Postverkehr, die Erinnerung und oft auch die Sehnsucht wäre – ich könnte fast annehmen, ich hätte vom 3. Februar 1940 bis zum heutigen Tag einen langen schönen Traum gehabt.

Nun etwas anderes: Am 27. März haben wir im Werk während der Mittagspause ein Werkkonzert mit Direktübertragung im Rundfunk. Wäre es nicht prima, wenn Du Dir das anhören könntest?? Du sitzt da in Deiner »kalten Heimat« am Lautsprecher – und ich stehe hier und singe für Dich. Außerdem soll ich ein Gedicht vortragen. Ich weigere mich aber bis jetzt. Denn so, wie ich mich kenne, werde ich an der unpassendsten Stelle die Leute zum Kichern bringen.

Zum Abschluß bei dieser Gelegenheit: Vielleicht hast Du schon mitbekommen, daß ich in bezug auf meine Anrede an Dich ziemlich einseitig bin? Aber meine Anrede »Hallo, Jäcki« enthält für mich alles, alles, was ich ausdrücken kann! All meine Liebe und Sehnsucht ... So, jetzt wird's aber Zeit, daß ich Schluß mache. Wenn man so dasitzt und schreibt und schreibt und dabei auf den Tommy wartet – dann kommt er natürlich nicht. Erst, wenn man sich ins Bett gelegt hat, dann heulen die Sirenen. Aber ich werde mir jetzt meinen Schlafsack über die Ohren ziehen, und der Tommy kann mich mal! Oh, Jäcki, dieser Schlafsack! Erinnerst Du Dich noch? Ich könnt mich kringeln (und heulen zugleich), wenn ich daran denke: im Dezember, kurz vor Weihnachten – und dann im Schlafsack in einer Scheune! Mir wird's noch heute warm und kalt zugleich, wenn ich mich erinnere – was wäre wohl gewesen, wenn der Bauer uns erwischt hätte?

Du, jetzt kommt der Tommy! Die Sirenen heulen schon Voralarm. Zeit, daß ich verschwinde. Und mach Dir keine Sorgen – die Gasmaske hab ich immer bei mir. Sie kommen jetzt jede Nacht. Sie werfen kaum etwas ab, doch das schlimme ist, daß man sich keine Nacht mehr richtig ausschlafen kann.

18. März

Seltsam dieser Zwiespalt in mir: Ich hasse das Soldatenleben und bin doch ein guter Soldat. Der Beste in der Gruppe, sagt unser Unteroffizier. Heute hat er mich zum Stubenältesten befördert, und der Leutnant hat mir höchstpersönlich eine Theaterkarte geschenkt.

Das komische an der Sache ist nur, daß es mir bisher immer so ergangen ist – in der Schule, im Landjahrlager, im Betrieb. Nie habe ich mich in den Vordergrund gedrängt. Was andere mit allen Mitteln zu erreichen suchten, da haben mich die Vorgesetzten mit der Nase drauf gestoßen. Im Landjahr war ich schon nach drei Monaten Kameradschaftsführer (also Unteroffizier!), und mein Scharführer hat mich vorgeschlagen für eine Landjahrführer-Schule – und jetzt bin ich schon wieder »etwas geworden«, worum mich die anderen beneiden, und ich selber wollte das gar nicht.

Heute kam ein Unteroffizier von der Front und besuchte unseren Obergefreiten Molkenbur. Die beiden hockten in der hintersten Ecke und sprachen ganz leise, doch wir konnten mithören. Sie waren bei der gleichen Kompanie – und ganze acht Mann leben noch! Zweihundert Mann waren sie stark, als sie angetreten sind gegen Rußland – und jetzt noch acht Mann.

Und der Unteroffizier erzählt weiter, daß alle aktiven Fronttruppen so aufgerieben wären. Nun holt der Führer seine letzten Reserven. Oder – sind es schon die allerletzten? Noch viele Reserven stecken in den Rüstungsbetrieben, die wird man nun auch noch alle herausziehen, wird sie innerhalb von acht Wochen zu einsatzfähigen Frontsoldaten machen, um mit ihnen den Krieg zu gewinnen. Aber – was wird aus der Rüstungsproduktion? Ohne Facharbeiter?

Ich bin mehr denn je davon überzeugt, daß dieser Krieg nur noch durch ein Wunder zu gewinnen ist. Aber – ich glaube nicht an Wunder. Es wird jetzt viel geredet: von neuen Waffen, von Wunderwaffen, die den Krieg zu unseren Gunsten entscheiden werden. Latrinengequatsche! Ich glaube nicht daran.

Wir haben für unsere ganze Kompanie – zweihundert Mann! – genau drei Maschinengewehre. Und außerdem fehlt es an Ausbildern, die wirklich was können.

18. März

Liebe Änne!
Wieder zwei Briefe auf einen Schlag! Ich könnte jodeln! Nun etwas anderes: Schicke mir bitte keine Zigaretten mehr. Von den drei Päckchen, die Du erwähnt hast, ist nicht eines bei mir angekommen. Saupack, verfluchtes!

Und dann schreibst Du etwas von Urlaub und so, und ich denke, mein trübes Auge sieht nicht recht. Bitte, Änne, streiche dieses Wort aus Deinem Sprachschatz! Es gibt hier Männer in unserer Kompanie, die haben den Rußlandfeldzug vom ersten Tag an mitgemacht – und waren bis heute noch nicht einen Tag in Urlaub. Ja, die »Beutedeutschen«, die hier in der näheren Umgebung zu Hause sind, die dürfen an jedem Wochenende nach Hause – vorausgesetzt, sie bringen dem lieben Herrn Unteroffizier ein Freßpaket mit. So einfach ist das, und so gerecht geht das zu in dieser glorreichen Armee. Aber wir? Die aus Aachen und Köln, aus Eupen-Malmedy und Duisburg? Wie können wir übers Wochenende nach Hause fahren, wenn wir für die Hin- und Rückfahrt alleine schon vier Tage brauchen? Nein, liebes Mädchen, das schlag Dir aus dem Kopf, die Sache mit dem Urlaub.

Ich hatte Dich in einem Brief gebeten, mir etwas aus dem Werk zu berichten, aber Du hast recht – das alles hat mich wenig erfreuen können. Wie weit ist das schon von mir entfernt! Erst vier Wochen bin ich Soldat – aber ich lebe schon in einer völlig anderen Welt, und ich sehe mein Leben von einer völlig anderen Seite als bisher in der Heimat.

Und wenn Du mir schreibst, wie Schweinebacke sich verlobt hat, wie sie gepraßt, gefressen und gesoffen haben, während wir hier schon glücklich sein müssen, wenn die zermatschten Pellkartoffeln noch ein bißchen lauwarm sind – nein, bitte, verschone mich damit!

Aber schreiben, schreiben mußt Du immer, und soviel Du nur kannst – über Dich und über alles, was Dich betrifft und bewegt.

21. März

Frühlingsanfang! Ausgerechnet heute hat Molkenbur, unser Obergefreiter, wieder Besuch bekommen von einem Frontkameraden. Der trägt, wie Molkenbur, den »Gefrierfleischorden« und hat vor Moskau gelegen – im vergangenen Dezember. Und plötzlich ist der kleine, spitznasige, maulfaule Molkenbur so gesprächig wie nie zuvor. Er hockt mit seinem Kameraden auf dem Bett, und sie stecken ihre Köpfe zusammen und reden von ihren Erlebnissen an der Front. Rußland … Da steht es vor uns mit seiner ganzen grauenvollen Wirklichkeit! Mein Gott, wenn wir das alles auch erleben müssen!

Dann hat Molkenbur auf einmal ein paar Zettel in der Hand. »Flugblätter«, sagt er, »von russischen Fliegern abgeworfen.« Gierig greifen wir danach. »Aber Schnauze halten!« sagt Molkenbur. »Ihr wißt, was darauf steht, wenn man so etwas findet. Ist zwar alles Stuß, was der Iwan da schreibt – aber manches, na ja, man könnte darüber nachdenken ...«

Ich hocke auf meinem Bett, oben unter der Decke, und lese, lese immer wieder den gleichen Text. Lese Zahlen über Panzer und Flugzeuge, über Menschenverluste und über Deutschlands Zukunft – und plötzlich ist die Stube rot, die Kaserne ist rot, die ganze Welt ist rot. Rot vom Blut der Menschen, die in diesem Krieg schon gefallen sind und die noch fallen werden.

Ja, Frühlingsanfang. Zu Hause im Scherfbachtal werden sie jetzt wandern, werden Lieder singen zu ihren Klampfen und Mandolinen – die wenigen Übriggebliebenen, Daheimgebliebenen. Und die Jungen, die noch nicht alt genug sind für den Krieg – sie werden lachen und singen und ihre Mädels küssen und einen Tag lang alles vergessen – den Krieg und die Stadt und die nächtlichen Angriffe der englischen Flieger.

23. März

Liebe Änne!
Nur eine Karte heute, aber wenn ich jetzt bei Dir wäre, würde ich Dir eine große Zuckerstange schenken und eine Tüte mit Leckerem. Als Belohnung für Dein gutes Zeugnis! Für Deine so glänzend bestandene Prüfung! Nun habe ich, der Hilfsarbeiter, eine richtige, perfekte Buchhalterin zur Braut. Siehst Du aus der Ferne meine stolzgeschwellte Brust? Also – noch einmal von ganzem Herzen: meinen Glückwunsch zur bestandenen Prüfung!

<u>Wehrmachtbericht:</u> Im Donez-Gebiet scheiterten Angriffe des Feindes, die zum Teil von Panzern unterstützt waren, im erbitterten Nahkampf an dem hartnäckigen Widerstand deutscher und rumänischer Truppen. Der Feind warf in der vergangenen Nacht Spreng- und Brandbomben auf mehrere Orte in Westdeutschland. Die Zivilbevölkerung hatte Verluste an Toten und Verletzten.

Nun ist es doch endlich Frühling geworden nach diesem langen schrecklichen Winter. Heute morgen lagen wir draußen im Gelände, und über uns rauschten die Kiefern im Sturm. Weiße Nebelschwaden wurden im Sonnenlicht zu feurigen Strichen. Oh – wie schön ist diese Welt ... Aber – wir werfen Granaten. Üben Einbruch in eine feindliche Stellung. Handgranatenwurf, Nahkampf, Schuß aus nächster Entfernung. Distanz beim Nahkampf: das Weiß im Auge des Gegners ...

Nun bin ich müde und völlig erschöpft. In den uralten Knobelbechern, die man uns verpaßt hat, läuft man sich die Füße krumm und krüpplig. Ich muß heute in die Stadt, muß raus und unter Menschen sein! Wir kriegen zwar wochentags noch keinen Ausgang, aber ich ziehe mir trotzdem meinen »Frack« an und humple los. Sturm und Regen haben die Straßen vom letzten Schnee befreit. Ich laufe kreuz und quer durch die Stadt, und nachher gehe ich bei »Siechem« etwas essen. Ein Kamerad aus Aachen hat mir ein paar Fettmarken geschenkt, und so lasse ich mir (mein allerdings fleischloses) Essen munden.

Am Nebentisch sitzen vier Unteroffiziere, und ich kann jedes ihrer Worte verstehen. Ist das wirklich die Wahrheit, oder flunkern sie nur, um sich hervorzutun? Kampf bis aufs Messer, Mann gegen Mann, erwürgen, erschlagen, Nasen und Ohren abschneiden, Augen ausstechen, Zunge an die Tischplatte nageln. Das alles soll wirklich geschehen sein? Das alles sollen die Russen mit den Deutschen angestellt haben? Das kann doch nicht wahr sein! Das – darf doch nicht wahr sein! Mir ist in meinem viel zu engen Ausgangsfrack übel geworden, und ich komme erst wieder zu mir, als ich endlich draußen auf der Straße stehe.

Es ist inzwischen dunkel geworden. Die Straßen sind von jungem Volk belebt. Es strömt umher und schnuppert gierig den Frühling. Dann treffe ich Loevenich, den Eifelbauer, und wir latschen von einer Wirtschaft zur anderen, trinken, schwatzen, glotzen begehrlich auf die angeputzten Weiber, hören ihr Girren und Kichern und wissen: Es ist Frühling! Endlich, endlich Frühling!

Auf dem Weg in die Kaserne humpelt vor uns einer auf Krücken, ein junger Kerl wie wir, und hinter ihm geht einer, dem fehlt der linke Arm. Frühling, Frühling in Deutschland.

27. März

Heute haben wir die erste scharfe Handgranate aus dem Graben auf einen »Pappkameraden« geworfen. Hoch über der braunen Hügellandschaft standen die Lerchen und zwitscherten und flatterten unermüdlich gegen den Wind. Und für eine Sekunde hältst du das harte, »niedliche« Ding in der Hand, reißt die Abzugsschnur ab, denkst, daß es dich gleich in tausend Fetzen zerreißt, wenn du nicht – aber du schleuderst sie weg, weit weg von dir, schmeißt dich hin in Deckung, wartest, wartest – päng! Vom Waldrand kommt das Echo gesprungen, ein paar Splitter zischen klatschend neben dir in den Graben – und du weißt: Du hast deine erste scharfe Handgranate geworfen. Auf den Feind – eine leblose Pappscheibe nur. Und denkst: Wann werden es Menschenleiber sein? Wann wird dich so eine Granate tref-

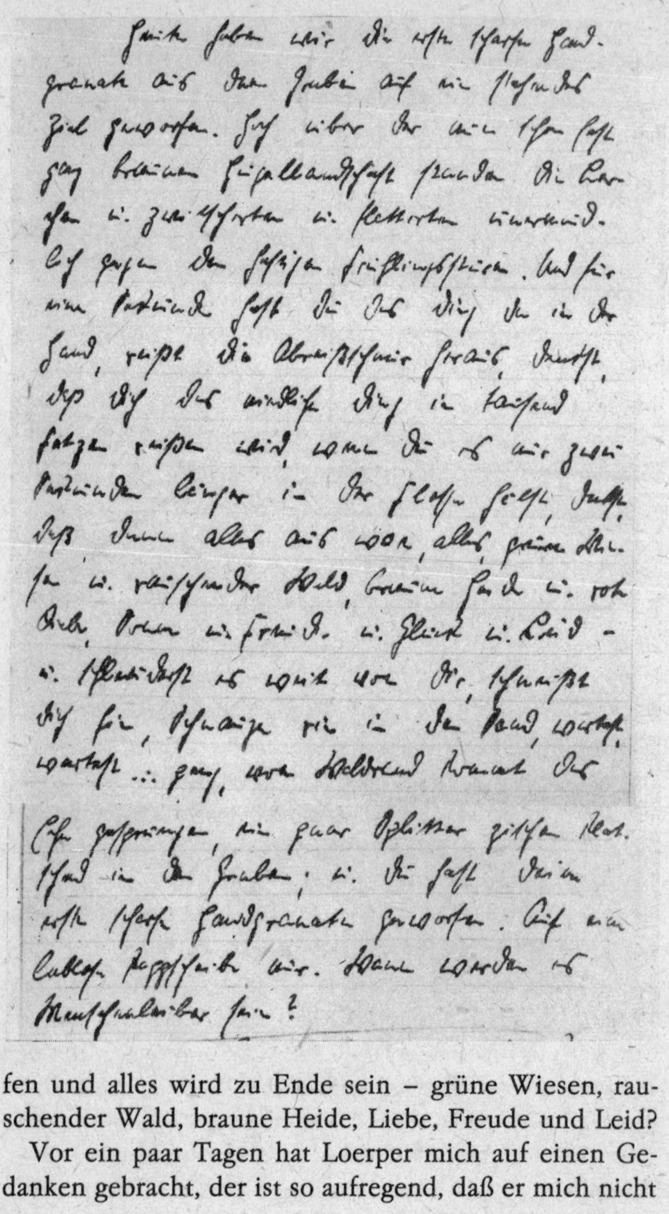
Heute haben wir die erste scharfe Handgranate aus dem Graben auf ein stehendes Ziel geworfen. Hoch über der schon fast ganz braunen Hügellandschaft standen die Lerchen u. zwitscherten u. kletterten unermüdlich gegen den [illegible] Frühlingshimmel. Und für eine Sekunde hast du das Ding da in der Hand, reißt die Abreißschnur heraus, denkst, daß dich das niedliche Ding in tausend Fetzen reißen wird, wenn du es nur zwei Sekunden länger in der Flosse hältst, denkst, daß dann alles aus wär, alles, grüne Wiesen u. rauschender Wald, braune Heide u. rote Liebe, Sonne u. Freude u. Glück u. Leid – u. [illegible] es weit vor dir, schmeißt dich hin, schmiegst dich in den Sand, wartest, wartest ... ganz, von Weltende kracht das [illegible] zersprungen, ein paar Splitter zischen [illegible] in den Graben; u. du hast deine erste scharfe Handgranate geworfen. Auf eine leblose Pappscheibe nur. Wann werden es Menschenleiber sein?

fen und alles wird zu Ende sein – grüne Wiesen, rauschender Wald, braune Heide, Liebe, Freude und Leid?

Vor ein paar Tagen hat Loerper mich auf einen Gedanken gebracht, der ist so aufregend, daß er mich nicht mehr losläßt. Wir waren im Kino, und danach, auf dem Weg zur Kaserne, sagte er plötzlich: »Wenn man so eine Wochenschau gesehen hat, dann möchte man glauben, das ganze deutsche Volk, allc siebzig Millionen würden mit erhobenem Arm durch die Straßen rennen und ohne Pause schreien: ›Heil! Heil, mein Führer!‹ Man möchte glauben, Millionen Männer drängeln sich, um an die Front zu kommen und fürs Vaterland zu sterben. Und wie ist das nun wirklich? Siebzehn Mann in unserer Gruppe – und wer davon ist Nazi? Wer davon geht morgen freiwillig nach Rußland?« Und dann sagte Loerper das, worüber ich nun nachdenken muß: »Wir, die heute leben, wir wissen, wie es wirklich ist, weil wir es selbst erleben. Aber was wird sein in zwanzig, dreißig Jahren? Werden die dann wissen, wie es wirklich war?«

3. April

Karfreitag – und in der Nacht hat es wieder geschneit! Die Kameraden aus meiner Gruppe sind alle in der Stadt, und ich hocke allein hier im Bau und habe Zeit und Muße, über das Geschehen der letzten Wochen nachzudenken.

Einmal haben wir einen Nachtmarsch gemacht, mit einem richtigen Gefecht. In vier Stunden zweiunddreißig Kilometer, in voller Ausrüstung. Eine Stunde lang hat der Angriff gedauert, auf ein Dorf hinter dem Wald, und nach hartem Gefecht war der »Feind«, der eine wüste Knallerei veranstaltete, aus seiner Stellung geworfen und in die Flucht geschlagen. So haben wir zum erstenmal die Hitze eines größeren Gefechtes erlebt, haben erlebt, wenn es ringsum knallt und blitzt. Und hinschmeißen und ranarbeiten – und Sprung auf – marsch, marsch! Und wieder hin in den Sand und zielen und feuern und feuern und wieder auf und weiter und vorwärts, vorwärts – hurra, hurra!

Ich habe zum erstenmal in meinem Leben Schmerzen gehabt, die so schrecklich waren, daß sie unbeschreiblich sind. Schon nach den ersten fünf Kilometern Eilmarsch hatte ich an beiden Füßen Blasen. Aber weiter ging es, immer weiter. Und immer war der Unteroffizier an meiner Seite und schrie: »Mensch, Mann, wehe Ihnen, wenn Sie schlappmachen!«

Nein, ich habe nicht schlappgemacht. Ich habe mich vom Unteroffizier vorwärtstreiben lassen, bin aus Angst vor Strafe immer weitermarschiert – und dann stand ich vor dem Stabsarzt, und der stellte fest: »Spreizfuß. Einlagen bekommen Sie.« Nachher fragte der Spieß, Oberfeld Hanke: »Hat der Stabsarzt Sie g. v. H. geschrieben? Nein?! Mensch, Mann, mit diesen Latschen – was wollen Sie da bei der Infanterie?«

Will ich ja gar nicht! Oder – hat mich jemand gefragt, ob ich zur Infanterie will? Aber vielleicht ist jetzt ein bißchen Hoffnung in Sicht. G. v. H. – garnisonsverwendungsfähig/Heimat, das klingt nicht schlecht. Das würde bedeuten, ich brauch nicht an die Front. Aber er hat mich nicht g. v. H. geschrieben, der Herr Stabsarzt. Einlagen soll ich bekommen, weil ich Spreizfüße habe. Und der Sani hat mir die Blasen aufgeschnitten, mit Jod bepinselt, und nun kann's weitergehen, wie bisher. Stur Heil!

Fast jeden Tag haben wir jetzt Gasunterricht. Wozu? frage ich mich. Und: Was ist nun eigentlich die Wahrheit? Der eine Leutnant sagt beim Unterricht: »Der Russe verfügt über so viel Gas wie alle anderen Staaten zusammen. Eine unheimliche, grausige Macht, gegen die wir uns verteidigen müssen«, und der andere Leutnant sagt während der Ausbildung: »Gaskrieg – das ist der humanste aller Kriege. Gegen Bomben und Granaten gibt es keinerlei Schutz, aber gegen alle Arten von Gas schützt uns unsere Maske.«

Der humanste aller Kriege? Kann ein Krieg überhaupt human sein? Himmel, daß es nicht möglich ist, so einem Kerl, so einem Lügenmaul einfach in die Fresse zu schlagen! Wir sind in den Augen der Herren Offiziere nur Pöbel. Wir können nicht denken, und darum dürfen sie das Blaue vom Himmel herunterlügen – wir glauben's. Wir glauben, glauben – weil wir glauben müssen.

Bei dieser Gelegenheit fällt mir ein, daß wir im Sommer 1934 mit unserem Landjahrlager eine Papiermühle besichtigen durften, und neugierig, wie ich nun mal bin, fragte ich den Meister: »Was sind das für dünne, runde Plättchen?«

Da lächelte der biedere Meister geheimnisvoll und sagte: »Das sind Filter, mein Junge. Filter für richtige Gasmasken.«

Kriegsproduktion im Sommer 1934 – und keiner hat sich damals etwas dabei gedacht. Auch mir ist damals nicht eingefallen, daß Vater mal zum Onkel gesagt hatte: »Der nächste Krieg, der liegt schon fix und fertig in der Schublade – beim deutschen Generalstab. Und alles ist genau berechnet, vom Panzer bis zum letzten Hosenknopf – und«, mit einem Seitenblick auf mich, »bis zur letzten Tripperspritze.«

3. April

Hallo, Jäcki!

Merkwürdig, wie man sich verändern kann. Ich habe nun Deinen Freund Hein kennengelernt, der in der Schweißabteilung gleich neben Dir saß. Vor ein paar Wochen noch mochte ich ihn nicht. Er machte immer so ein abweisendes, finsteres Gesicht, wenn ich in der Mittagspause auf einen Sprung zu Dir kam. Fast immer habt ihr beiden zusammengehockt und miteinander getuschelt. Seit Du nun weg bist, habe ich einen großen Bogen um die Schweißerei gemacht. Weil ich Dein Gesicht dort nicht mehr sah. Aber nun traf ich den Hein an der Straßenbahnhaltestelle, und er fragte nach Dir, und er bat mich, Dir viele herzliche Grüße von ihm zu bestellen. Da war er mir schon etwas sympathischer. Und jetzt gehe ich hin und wieder in die Schweißerei und unterhalte mich mit Hein. Man kann mit ihm reden, genauso wie mit Dir. Manchmal redet er Sachen, da könnte ich meinen, das käme von Dir. Über alles kann man mit ihm reden. Ich meine aber vor allem: man braucht keine Angst zu haben, daß er's an die große Glocke hängt, was man fragt. So hat mich zum Beispiel die Sache mit Spanien interessiert. Er hat mir da ganz was anderes gesagt als das, was man uns im nationalpolitischen Unterricht erzählt hat.

Heute soll ich Dir schreiben, daß Hein Dich recht herzlich grüßen läßt und daß Du immer daran denken sollst, was er Dir zum Abschied gesagt hat: »Augen auf und Ohren steif – und ruhig abwarten, bis der Tag kommen wird, wo Du wieder in der Heimat schweißen darfst, aber andere Sachen, als sie jetzt noch hier im Werk jeden Tag schweißen müssen.« Kannst Du verstehen, was er damit meint? Und dann noch etwas: Weißt Du, was das Wort Endsieg bedeutet? Ende des Sieges. Von wem ich das wohl habe? Dreimal darfst Du raten!

7. April

Da sind wir gestern im »Kopernikus«, und wie ich so um mich blicke, kriege ich plötzlich eine Gänsehaut. Denn dort drüben saß – der leibhaftige Tod! Nein, es war nicht der Sensenmann – es war ein Mensch. Er wird Buddha genannt, und von ihm spricht die ganze Kompanie. Wer Buddha ist? Wie soll man's beschreiben? Halb Mensch, halb Tod. Ein Mensch, der nach Grabschaufel riecht. Er sieht aus wie ein siebzigjähriger Greis – und ist doch erst neunzehn.

Da hockte er nun am heiligen Ostertag in seiner alten, zerknitterten Montur und hielt in seinem Kindermund eine Pfeife. Sein Hals, nicht dicker als ein Männerarm, hatte im Nacken tiefe Gruben, so daß sich der Kopf darüber wölbte wie eine Kugel. Das Haar hing ihm schwarz und ungekämmt über die abstehenden Flappohren, und ein seltsam starres Gesicht hinter einer dicken Hornbrille gab ihm etwas Unheimliches, Gespenstisches. Ich habe noch nie solch einen Menschen gesehen.

Aber – was ist nun wirklich mit Buddha? Er ist nicht nur in unserer Kompanie bekannt, nein, er ist eine fast legendäre Gestalt im ganzen Regiment. Für viele war er schon tot, als er das letztemal desertierte, als er überlaufen wollte zum Russen. Sein Kompaniechef holte ihn zurück und verprügelte ihn wie einen Hund. Er hätte ihn auf der Stelle erschießen können. Buddha hatte schon viermal einen Nervenzusammenbruch, und nun zittert er am ganzen Körper, wie ein uralter Mann. Seit Monaten treibt er sich hier in Allenstein beim Ersatzhaufen herum. Er kann machen, was er will, er hat Narrenfreiheit – und wie es scheint, hält er alle Vorgesetzten zum Narren. Manchmal spricht er so intelligent wie ein Pastor, und wo er geht und steht, kritzelt er in seinem kleinen Heft, und keiner kann lesen, was er schreibt. Es ist nämlich Spanisch.

Ich hab mich nun mit Buddha unterhalten, und seine Stimme, mit der er mir in monotoner Leier von seinen Kriegserlebnissen erzählte, klingt mir noch jetzt in den Ohren.

»Was schreibst du da in dein Heft?« wollte ich wissen.

»Alles, was ich so erlebe – und noch etwas mehr.«

»Und warum schreibst du spanisch?«

Er grinste mich an. »Damit es keiner lesen kann. Nur ich.«

»Ich schreibe auch«, sagte ich. »Aber in deutsch.«

»Nicht gut«, meinte er. »Da mußt du gut aufpassen. Deutsch versteht jeder, auch der blödeste Unteroffizier.«

Mir scheint, er ist ein Schlitzohr, dieser Buddha. Doch was mich am meisten interessiert hat an unserem Gespräch: Er erzählte mir von einem Landser, der zwei Wochen in russischer Gefangenschaft war und der durch einen Gegenstoß unserer Leute wieder befreit wurde. Die Russen haben ihm kein Härchen gekrümmt.

»Und das soll man glauben?« fragte ich. »Alles Lüge.«

Oder – ist das alles Lüge, was uns unsere Vorgesetzten erzählen?

»Dieser Landser mußte sofort zum Bataillonskommandeur zur Vergatterung. Er darf keinem erzählen, daß er beim Russen in Gefangenschaft war. Aber mir hat er's erzählt. Darum will ich rüber.«

»Und du glaubst wirklich, das alles ist wahr?«

Buddha grinste mich mitleidig an. »Rekrutchen, bist noch ein bißchen doof. Hätte man ihm sonst verboten, mit anderen darüber zu reden? Überleg doch mal: Wo kämen wir hin, wenn es alle erführen? Die wären doch schon bald unter sich, die da oben mit ihrem Krieg. Wenn alle Landser erfahren würden, daß der Iwan – hui, weg wären unsere Landser und drüben bei ihm. Und das, mein Lieber, darf doch nicht sein – oder?«

8. April

Es ist eine merkwürdige Sache mit den Büchern. Da liest man zum Beispiel, wie alles sehr anschaulich und eindringlich beschrieben ist, und man kann sich das alles ganz lebendig vorstellen – aber dann, wenn man's am eigenen Leibe erlebt und erfährt – dann ist alles ganz anders.

Wie ist das eigentlich mit der Kameradschaft unter den Landsern? In einem Buch, das ich mal las, war der Krieg ganz schrecklich und grausig geschildert, das ge-

genseitige Umbringen der Deutschen und Franzosen – aber es gab in diesem Buch doch einen Zusammenhalt: die Kameradschaft unter Männern. Und diese Kameradschaft, so las ich es im Buch, hat dazu beigetragen, daß die Menschen all das Schreckliche und Grauenhafte des Krieges ertragen und überstehen konnten. Aber – wie ist diese Kameradschaft zustande gekommen? Diese Jungen im Buch, die in der gleichen Gruppe zusammen waren, erst in der Kaserne, dann an der Westfront, die haben sich alle schon lange vorher gekannt. Sie hatten zusammen fünf Jahre lang in der gleichen Schulklasse gesessen, auf einem Gymnasium. Sie alle waren im gleichen Alter. Sie alle hatten Eltern, die so viel Geld besaßen, daß ihre Kinder »etwas werden konnten«. Nicht einer von ihnen kam aus einer Arbeiterfamilie ... Ja, und nun kommen diese Jungen direkt aus ihrer Schulklasse mit ihrer Schulklasse zum Kommiß. Ist es da nicht leicht, ja, sogar selbstverständlich, untereinander Kameradschaft zu halten? Liegt das »Geheimnis« dieser Kameradschaft nicht klar auf der Hand?

Und wie ist das nun bei uns? In meiner Gruppe des Unteroffiziers Gummersbach? Überhaupt kein Vergleich! Jeder kommt aus einer anderen Ecke des Großdeutschen Reiches. Der Jüngste ist zwanzig, der Älteste achtunddreißig. Keiner hat den anderen jemals zuvor gesehen. Hannes Loerper hat als Gußputzer in Gelsenkirchen gearbeitet, Rogalski als Melker im ehemaligen Polen, Josef Loevenich als Bauer in der Eifel, Willi Leyendecker in Aachen als Botenjunge – und so könnte ich alle siebzehn der Reihe nach aufzählen. Da ist kein Studierter dabei, nur einer war Angestellter bei einer Bank – alle anderen waren Fabrikarbeiter, Landarbeiter, Bauern, und die meisten haben Frau und Kinder zu Hause. Und noch etwas: Im Buch gab es keinen, der den anderen in die Pfanne gehauen hat, keinen Denunzianten, der »Meldung nach oben« machte. Und wie ist das bei uns? Gut, Loerper mag recht haben, daß es in unserer Gruppe keinen richtigen, fanatischen Nazi gibt – aber hat einer zum anderen Vertrauen? Muß er nicht immerzu fürchten, bespitzelt zu werden? Ist es nicht traurig, daß ich, obwohl wir nun schon wochenlang zusammenleben, außer Loerper, Loevenich und Leyendecker keinen richtig kenne, mit keinem richtig vertraut werden kann?

14. April

Wehrmachtbericht: Im mittleren Abschnitt wurden bei erfolgreichen eigenen Angriffshandlungen eine größere Anzahl von Ortschaften genommen. An einzelnen Stellen wurden stärkere, von Panzern unterstützte Angriffe des Feindes abgeschlagen.

Ich muß wohl doch ein Schwächling sein. Vorhin, kurz nach dem Gewehrappell, hockten wir auf unserer Stube, und jeder hatte Post bekommen. Jeder – nur ich nicht. Da standen mir plötzlich die Tränen in den Augen, und ich trat ans Fenster und starrte hinaus auf den Kasernenhof, auf die roten Mauern und eisernen Gitter, und ich blickte darüber hinweg nach Westen, wo die Sonne versinkt. Und so hat keiner bemerkt, daß ich weinte. Nun ist es wieder besser, und ich habe den Brief, der gestern von Billa kam, in den Ofen gesteckt.

Es tut mir sehr leid um Dich, schreibt sie, aber ich habe Änne jetzt kennengelernt, und darum weiß ich: Sie ist viel zu jung für Dich. Aber mach Dir nichts draus, es gibt so viele junge Mädchen auf der Welt, und wenn sie jetzt zwei junge Wandergefährten gefunden hat, Deine Änne, dann ist das doch ganz natürlich. So, wie ich Dich kenne, wirst Du in Allenstein auch schon was gefunden haben. Soldaten sind nun mal nicht anders.

Und nun sitze ich hier und überlege, warum Billa mir

diesen niederträchtigen Brief geschrieben hat. Ich habe noch ihre Worte im Ohr, als sie mir auf dem Fabrikhof zum Abschied drohte: »Das wirst du bereuen!« Oder – meint sie es wirklich ehrlich mit mir? Will sie mich nur vor einer Enttäuschung bewahren? Oh, sie war schon immer eine gute Schauspielerin, und lügen konnte sie wie gedruckt!

Gestern habe ich mit unserem Unteroffizier boxen müssen. Dabei habe ich eine neue Erfahrung gemacht: Du darfst niemals besser sein als dein Vorgesetzter! Und wenn du es bist, dann zeig ihm das nicht. Gummersbach ist bestimmt kein schlechter Mensch – aber ein Mensch kann noch so gut sein, eine Niederlage kann er nur schwer ertragen.

Wir hatten also in der Ausbildung Boxen auf dem Programm, und als Gummersbach die Gruppe fragte, wer denn schon mal geboxt hätte, da meldeten sich Loerper und ich. Er fragte Loerper, wo und wann er denn schon mal geboxt hätte, worauf Loerper sagte: »Zu Hause in Duisburg. Beim Arbeitersport.« Gummersbach machte ein saures Gesicht und meinte, das soll er besser vergessen. So wurde ich denn gefragt, und als ich sagte, ich hätte das Boxen schon im Landjahrlager gelernt und später dann auch in der HJ, da ließ er mich vortreten. Er ließ mich die Ausgangsstellungen erklären, die einzelnen Angriffe und Verteidigungen, was ein Kinnhaken und eine Gerade ist und alles, was zum Boxen dazugehört, und dann befahl er: »Los, Frey, machen wir eine Runde!«

Aus dieser »Vorführrunde« wurde ein richtiger Kampf – ein ernsthafter Kampf, denn als ich ihm ein paar Dinger verpaßt hatte, wurde er wütend, und noch wütender wurde er, weil plötzlich der Leutnant dazugekommen war, um die Sache zu beobachten. Nachher war Gummersbach völlig erledigt, und er putzte sich seine blutende Nase und zischte mich an: »Frey, das werde ich dir heimzahlen, das schwöre ich dir!«

Nein, ein Schwächling bin ich wohl nicht. Aber manches schmerzt im Herzen mehr als der härteste Schlag ins Gesicht.

17. April

Gestern hat es einen Zwanzigkilometermarsch gegeben. Mit vollem Gepäck, Tornister und aller dazugehörenden Scheiße. Ich war nachher noch körperlich frisch (Rogalski, Wuttke und Tyret waren schon längst sauer), aber – meine Füße! Sie sehen jetzt aus, als wären sie von kochendem Wasser verbrüht. Die ganze Fußfläche – eine einzige, eitrige Blase! Wenn ich das in Zukunft dauernd so mitmachen soll, dann werde ich wohl eines Tages ... Gestern hat sich einer in der Nachbarkompanie den Gewehrlauf in den Mund gehalten und abgedrückt. Nur eine Platzpatrone, aber es hat gereicht. Er wollte nicht mehr.

Ich kann kaum stehen, geschweige denn gehen, aber der Stabsarzt meinte: »Na ja, die Füße sind ja etwas schwach und kränklich, aber das wird sich mit der Zeit schon geben. Zwei Tage Innendienst – und Sie sind wieder fit!« Alles aufgeschnitten, mit Jod gepinselt, höllisches Brennen – und dann zwei Tage Innendienst! Das ganze Kompanierevier muß ich schrubben und mich dabei genauso bewegen, als würde ich draußen mit der Kompanie irgendwohin marschieren. Wie können so meine Füße jemals wieder heilen?!

19. April

Seit Tagen brennt die Sonne wie im Juni. Weil heute Sonntag ist, wollte ich in den Wald, wollte mich unter die Kiefern legen (mal nicht auf Befehl!) und zu den Wolken hinaufträumen – aber der Mensch denkt, und der Spieß lenkt. Sechs Stunden habe ich heute, am Sonntag, Kartoffeln verladen, weil ich gestern beim Gewehrappell aufgefallen bin. Noch nie bin ich beim Gewehrappell aufgefallen, aber gestern sagte Gummersbach freundlich lächelnd: »Ihr Gewehrlauf sieht aus, als hätten Sie dreimal hineingeschissen.« Dann kam Feldwebel Kramer hinzu (von dem man sonst kaum etwas bemerkt, weil er meist nur dasteht und guckt, was wir machen) und brüllte mich an: »Sie elender Bulle! Total verrostet, das Gewehr! Drei Tage Bau hätten Sie früher dafür bekommen!« Also sind sechs Stunden Kartoffelverladen sogar eine Gnade.

Auf der Stube sah Loerper durch meinen Gewehrlauf und knurrte: »Ist blanker als blank. Aber – der darf wohl nicht blank sein, wenn man seinem Unteroffizier beim Boxen die Fresse poliert.« Gummersbach hat also schon Wort gehalten: »Frey, das werde ich dir heimzahlen!« Er wird mich noch öfter schikanieren.

»Stell deine Knarre in die Ecke und hau dich aufs Bett«, sagte Molkenbur.

»Aber in einer halben Stunde muß ich doch wieder …«

»In einer halben Stunde wirst du dein blaues Wunder erleben.«

Beim Nachappell schaute der Herr Feldwebel höchst persönlich durch meinen Gewehrlauf und nickte befriedigt. »Na ja, Mann, sieht schon ganz anders aus. Warum nicht gleich so?«

Unsere Ausbilder sind seit Tagen merkwürdig nervös. Und der »Druck von oben« wird immer schlimmer. Bisher war Gummersbach wie ein Kumpel zu uns, aber jetzt läßt er uns bei jeder Ausbildung auf dem Kasernenhof Häschen-hopp machen, mit vorgestreckten Armen und mit Gewehr. Anstatt uns alles in Ruhe zu erklären, bis es auch der letzte begriffen hat (Loevenich, der Eifelbauer!), da schreit er lieber und scheucht uns wie die Hasen.

Ja, es sieht wirklich so aus, als würden wir Allenstein schon bald verlassen. Auf dem Kasernenhof hat man Baracken errichtet, weil alles schon bis unter die Decke vollgestopft ist mit Rekruten. Siebzehnjährige junge Kerle sind vor ein paar Tagen angekommen, und sie könnten einem leid tun, wenn man sieht, wie sie behandelt werden.

»Klar«, sagt Obergefreiter Molkenbur, »jetzt müssen die ja verrückt spielen, die Unteroffiziere und Feldwebel. Alle wollen sie beweisen, daß sie hier als Ausbilder unabkömmlich sind und darum nicht an die Front zurückgeschickt werden können. Na ja, was geht's mich an? Ich bin und bleibe g. v. H. – vorläufig wenigstens.«

Gestern hat Mutter geschrieben, daß Änne schon seit Ostern nicht mehr bei ihnen war. Ich schicke noch heute ein Telegramm: Bitte um Antwort, was mit Dir los ist.

22. April

Es ist unvorstellbar, dieses Durcheinander, dieses Hetzen und Umherrennen. Neue Klamotten verpassen, totale Neueinkleidung. Umändern, zum Schneider, zum Schuster, alles verpacken, die alten Klamotten auf Kammer abgeben. Dann Appell. Dann wieder Packen. Und wieder Appell. Es ist zum Verzweifeln. Und doch – ganz allmählich kristallisiert sich aus dem Lumpenhaufen eine neueingekleidete, feldmarschmäßige Kompanie.

Am Abend war ich mit Loerper und Leyendecker in der Stadt. Es war sehr schwül, und nachher kam ein Gewitter, und wir wurden naß bis auf die Haut. Aber es hat mir Spaß gemacht.

Nun bin ich schon zehn Wochen weg von zu Hause und so ganz allmählich Soldat geworden. Merkwürdig, man fühlt sich jetzt ganz anders. Man ist kein Rekrut mehr, und als Feldsoldat in der neuen Montur wird man auf der Straße ganz anders betrachtet. Oder – ist das nur Einbildung? Jedenfalls steht für mich fest: Ich möchte nicht in Köln, nicht in der fliegergehetzten Stadt sein mit den schlaflosen Nächten und der ständigen Angst. Ja, Soldatenleben – das heißt lustig sein!

24. April

Eben wurde bekanntgegeben: Morgen geht es los. Unser Marschziel ist die 377. Infanterie-Division. Wo die liegt, weiß kein Mensch. Aber der Oberleutnant sagte, wir kämen ins Reich. Auf keinen Fall an die Ostfront. Warum betont er das so ausdrücklich? Und überhaupt – warum wird die ganze Chose so feierlich gemacht? Jedem Einzelnen der hundertvierzig Abgestellten drückt er die Hand, blickt ihm lange und fest in die Augen, wünscht alles Gute und Hals- und Bauchschuß, und wir sollen tapfer sein und der 2. Kompanie Ehre machen. Hals- und Bauchschuß? Wieso denn das? Ich denke, wir kommen ins Reich? Wie können wir da Hals- und Bauchschuß kriegen? Also doch – an die Ostfront, er will's nur nicht sagen ...

Nun ist alles fix und fertig gepackt. Für sieben Tage Marschverpflegung haben wir empfangen. Morgen früh um fünf ist Appell, und dann – leb wohl, mein Allenstein!

Vater hat mir heute in einem Brief den Kopf gewaschen. Änne hätte gesagt, sie würde jeden Tag schreiben, jeden Tag! Aber ich würde ihr nur Vorwürfe machen. Was ist da los? Ich habe fast drei Wochen keine Zeile erhalten. Welcher Lump unterschlägt ihre Post? Oder – belügt uns Änne? Ist etwas im Spiel, vor dem ich eine bange Ahnung habe?

Dritter Teil

In den harten Abwehrkämpfen dieses grausamen Winters haben sich unseres Führers eiserne Energie und unbeugsamer Widerstandswille durchgesetzt. Und wenn der Führer uns in diesem Jahr 1942 großen Entscheidungen und Siegen entgegenführt, so findet er Front und Heimat stets bereit, seinen Willen zu erfüllen. Denn das wissen wir alle: Was der Führer plant und befiehlt, dient allein dem Wohl seines Volkes.

Hermann Göring
Aus einer Rede am 20. April 1942

Drei Garantien sind es, die uns über alle Prüfungen hinweg den Sieg verbürgen: Wir haben die besten Soldaten, wir besitzen die beste Führung, und wir verfügen über die besseren Ideen.

Reichspressechef
Dr. Dietrich
»Völkischer Beobachter«, 20. April 1942

27. April 1942

Wehrmachtbericht: An der Ostfront wurden örtliche Vorstöße des Feindes abgewehrt. Als Vergeltung für wiederholte englische Luftangriffe auf deutsche Städte wurde die Stadt Exeter an der englischen Südküste mit schwerer Wirkung bombardiert.

Es scheint, als wolle uns der Herrgott für den langen, strengen Winter jetzt reichlich entschädigen. Das ganze weite deutsche Land ist ein einziger blühender Garten.

Bei unserem Abschied in Allenstein lag viel Sonne in den Straßen, und die Mädchen und Frauen trugen schon duftige Kleider. Sie winkten uns zu, als wir keuchend und schwitzend mit unseren vollgepackten Tornistern über das holprige Pflaster an ihnen vorbeimarschierten.

Wir hundertvierzig Abgestellten von der 2. Kompanie sind nun nicht mehr allein, denn unser Transport hat sich mächtig vergrößert. Zu uns Allensteinern sind jetzt noch Sensburger und Bischofsburger hinzugekommen. Insgesamt sind wir eine Truppe von 780 Mann, und unser Oberleutnant von der 2. Kompanie ist Transportleiter. Am Samstag war er so besoffen, daß wir dachten, er würde nie mehr ganz nüchtern werden, und wir hatten viel zu lachen. Aber dann, als er sagte: »Frankreich, Männer? Irrtum, ganz großer Irrtum! Alle Wege führen nach Rußland – auch die über Frankreich!«, da wurde so manch einer nachdenklich, und das Lachen blieb ihm in der Kehle stecken.

Aus dem kalten und noch kahlen Ostpreußen sind wir durch den Korridor ins Reich gekommen. In der Nacht haben wir Berlin passiert, und nun rollen wir weiter durch das herrliche, frischgrüne Land gen Westen. Überall stehen Menschen und winken, auf großen und kleinen Bahnhöfen, in Städten und Dörfern, auf einsamen, stillen Gehöften – überall winkende Menschen, meist Frauen und Mädchen, und da wir von Osten angerollt kommen, werden sie wohl denken, wir kämen aus Rußland und Gott sei uns gnädig gewesen, weil wir noch am Leben sind.

Ich stehe den ganzen Tag am Fenster und blicke hinaus. Soeben haben wir bei Duisburg den Rhein überquert, und da wußte ich: Jetzt kommen wir nicht mehr nach Köln – und wir kommen auch nicht auf den Truppenübungsplatz in der Wahner Heide, wie das einige Schlaumeier ganz genau wußten.

Von Duisburg bis Aachen war der schönste Teil unserer Reise. Grünendes Land, blühende Obstgärten – und immer wieder winkende Menschen. Das Herz schlug mir höher, und ich dachte voll Stolz: Nun bist du Soldat, ein von allen geachteter Mensch!

Kurz vor Mitternacht gab es in Aachen Verpflegung, und im Morgengrauen passierten wir Namur, und dann hatten wir kurz darauf die erste Begegnung mit der belgischen Bevölkerung. Wir standen hinter einem kleinen Ort auf freier Strecke – und da kamen sie auf den Bahndamm geklettert, alte Weiber und Kinder, und überfielen unseren Zug mit Zigaretten und Bier. Thurau und Batiston, unsere Landser aus Eupen und Malmedy, sprachen sie auf flämisch an, und es stellte sich heraus, daß diese Belgier fast alle aus Polen stammen. Sie arbeiten hier in den Bergwerken, und Batiston sagte mir, sie werden von den Belgiern nicht gerade geliebt.

Die Kinder sind wie die Wanzen. Sie betteln so lange um ein Stück Brot, bis man den letzten Kanten hergegeben hat. Dafür nehmen sie dann für Zigaretten und Bier gesalzene Preise.

So kroch unser Zug langsam weiter durch das Industriegebiet. Die Städte und Dörfer waren auffallend leer, wie ausgestorben. Große Fabrikanlagen waren zerstört, und die Menschen schlichen umher oder hockten rauchend in einer Ecke. Überall vermißt man das emsige

Leben eines Industriegebietes, die laute Arbeit, und alles sieht aus (daran kann ich mich erinnern) wie zu Hause bei uns während der großen Arbeitslosigkeit.

In Mons gab es wieder ein Suppe, und da fragte mich plötzlich ein gutgekleideter Herr, wie lange denn der Krieg noch dauern werde. »Noch zwei Monate?« wollte er wissen.

»O gewiß, Musjöh«, sagte ich, »noch zwei Monate und sieben Jahre.«

»Olala!« rief er, und sein Gesicht sah aus, daß man Mitleid haben mußte. Ist Mitleidhaben wohl landesverräterisch? Tyret sagt, die Lebensmittelration hier in Belgien ist gerade so groß, daß die Leute nicht verhungern.

In Mons war der Himmel grau geworden, ein scharfer Ostwind trieb Staubwolken vor sich her, und als wir die Stadt im Rücken hatten, war die Landschaft noch immer die gleiche: Bergwerk an Bergwerk, Kohlenhalden, Arbeitersiedlungen – und manchmal glaubt man zu sehen, wie die Leute in der Hosentasche eine Faust machen.

Ja, nun sind wir in Feindesland, und man darf kein Mitleid haben, denn das ist streng verboten.

Am späten Nachmittag passieren wir Valenciennes. Nun kommen wir nach Frankreich! Nach einigen Stunden, die Sonne stand schon sehr tief, änderte sich allmählich die Landschaft: die Industrie hatte der Landwirtschaft Platz gemacht. So fuhren wir in die Nacht hinein, ohne zu wissen, wohin und wie lange noch bis zu unserem Ziel.

29. April

Frankreich ist ein schönes Land. Wir sind einen ganzen Tag lang durch einen einzigen Obstgarten gefahren. Heute früh, so gegen drei Uhr, erreichten wir Amiens. Wir durften aussteigen, um unsere »barmherzige Bahnhofssuppe« zu empfangen. Der Zug wurde rangiert. Und dann ging es weiter – Wald, Wald, Wald, sanfte Bergrükken, saftige Wiesen mit braunweißem Jungvieh und dazwischen immer wieder blühende Obstgärten und manchmal, hinter Flieder halbversteckt, ein Gehöft oder im Tal an einem blauen Wasserlauf ein Dörfchen und ab und zu eine leere Bahnstation mit einem fremden Namen. Und dann immer wieder Wald. Den ganzen Tag stehe ich am Fenster und blicke hinaus. Ja, ein sorgenfreies Leben: Wir haben genug zu essen (zum erstenmal während der Barraszeit Weißbrot, Hartwurst, Butter, Käse), wir durchfahren wie Urlauber ein schönes, fremdes Land und haben jeden Moment neue Erlebnisse, Überraschungen – und denken nicht an morgen.

Die tollsten Gerüchte laufen umher, und die am wenigsten wissen, die reden am meisten. Da weiß der eine »aus ganz zuverlässiger Quelle«, daß wir direkt nach Paris fahren. Ein anderer redet von der Schweizer Grenze. Und ein dritter – auch »aus ganz zuverlässiger Quelle« – will erfahren haben, daß wir hier nur zu einer Division zusammengestellt werden und dann auf dem schnellsten Weg nach Rußland kommen. In Wirklichkeit weiß keiner, wo wir uns im Augenblick befinden und was in den nächsten Stunden mit uns geschehen wird. Und so rattern wir in die sinkende Nacht, singen alte Fahrtenlieder: »Wildgänse rauschen durch die Nacht mit schrillem Schrei nach Norden. Unstete Fahrt, habt acht, habt acht, die Welt ist voller Morden ...«

30. April

Wir liegen noch schlaftrunken auf den Bänken und merken eben, daß der Zug mal wieder hält – da schreit draußen eine Stimme: »Der Ersatzhaufen ist da! Alles aussteigen! Aber ein bißchen dalli, wenn ich bitten darf!«

Es dauert eine Weile, bis wir uns gefunden haben und

draußen auf dem Bahnsteig angetreten sind, und ich muß denken: Eine komische Sache ist das. Kaum hat man sich an etwas gewöhnt, da ist schon wieder etwas da, womit man nicht gerechnet hat. Alles kommt so überraschend wie ein Gewitter, und man braucht eine Weile, bis man sich in das Neue einleben kann.

Guer heißt die kleine Stadt, die wir in aller Herrgottsfrühe durchschleichen, mit schwerem Gepäck und bangem Herzen. Zu beiden Seiten der Straße niedrige Häuser, und in jedem ist ein Restaurant oder ein Café. Also – Marschziel erreicht: Truppenübungsplatz Céquidan! Zwischen Obstbäumen und Sträuchern liegen weitverstreut flache Gebäude aus Naturstein, und die Vögel zwitschern, und die Schmetterlinge flattern, und alles ist so, daß man immer hier leben möchte – wenn man nicht als Soldat hier sein müßte.

Der Nachmittag vergeht mit der Einteilung in neue Gruppen, und man sagt uns, daß wir ab sofort dem 770. Infanterie-Regiment angehören, und unsere Feldpostnummer ist: 10239 G. Dann hält unser neuer Bataillonskommandeur eine Ansprache, und das auf nüchternen Magen, denn wir haben noch keinen Bissen im Bauch!

»Sie sind hier zu einer Division als Ersatz gekommen«, ruft er uns zu, »und gehören jetzt einer Division an, die mit den besten Kräften und allerbesten Waffen ausgerüstet wird und die mit der stolzen Aufgabe betraut wurde, entscheidenden Anteil zu nehmen an den in Kürze beginnenden harten Entscheidungskämpfen im Osten!«

Was er dann sonst noch sagt, kann ich nicht mehr verstehen. Mir ist, als habe mir einer einen Kübel Eiswasser über den Schädel gekippt. Da habe ich gehofft und geglaubt, wir werden nun in Frankreich »eine ruhige Kugel schieben«, werden hier das baldige Ende des Krieges erleben – und da quasselt der was von Entscheidungsschlacht im Osten!

Danach kommen wir nicht mehr zur Ruhe. Neue Karabiner empfangen, auch neue Gasmasken, französisches Geld, und Antreten und Wegtreten, Antreten und Wegtreten – wie gehabt in Allenstein.

1. Mai

Wir hatten fünf Nächte keinen richtigen Schlaf. Wir hatten drei Tage kein warmes Essen außer den »barmherzigen Bahnhofssuppen«, und ich war müde zum Umfallen – aber die Kameraden schleppten mich mit in die Kantine, und wir tranken so viel Wein und Champagner und Aperitif, bis die Welt in ein rosiges Licht getaucht war. Hurra, wir sind jetzt in Frankreich! Ich stand mit Jupp Leyendecker auf einer Bank, eine Klampfe vorm Bauch, und sang: »Im Lande der Blutapfelsinen, da war ich erst neulich erschienen, da traf ich so kurz vor Venedig eine Maid, die war jung und noch ledig ...!«

Nachher sah ich nur noch grölende Landser, schwarzhaarige Mädchen mit knallrot geschminktem Mund, sah rosiges Fleisch, alles rot, alles rosarot – und dann stand ich draußen und bekotzte die Wand und hatte einen Ekel tief in mir drin.

Heute werden wir um vier Uhr rausgepfiffen. Das Bataillon rückt aus, das ganze Regiment. Alles verladen, umherliegen und warten. Es riecht nach Juni, nach frischem Gras und Heu, nach Frühlingswind und Sonne. Vom Osten kommen weiße Wolken, türmen sich zu bizarren Bergen über dem Land, und ich liege im Gras und träume, und über mir schlägt schmetternd ein Buchfink ... So wie im Bergischen Land.

3. Mai

Wehrmachtbericht: An der Ostfront wurden bei erfolgreichen eigenen Angriffen zahlreiche Gefangene gemacht und 31 Geschütze erbeutet. Mehrere feindliche Angriffe scheiterten.

Mit siebzig Mann hausen wir in einer der zahllosen Baracken – siebzig Mann aus allen Gauen des Großdeutschen Reiches zusammengewürfelt. Unsere Gruppe Gummersbach aus Allenstein gibt es nicht mehr, nur Loerper, Loevenich, Tyret, Zillekoven und ich sind zusammengeblieben. Heute gibt es keinen Dienst. Wir liegen in der Sonne, dösen und träumen.

Nachmittags wandere ich mit Loerper über Land. Manchmal begegnen wir einem Bauern. Der eine sagt mit tiefer Verbeugung: »Bonjur, Musjöh!«, und der andere dreht sich zur Seite und spuckt auf den Boden. An den Restaurants tippeln wir vorbei. Von unserer ersten Löhnung haben wir keinen Centime mehr in der Tasche.

3. Mai

Liebe Änne!
Hast Du schon mal was gehört vom »Fähnlein der Versprengten«? Das ist ein Buch, und ich habe es sehr gern gelesen. Oder ein ähnliches: »Der verlorene Haufen«. So, wie die Personen in dem Buch, so komme ich mir jetzt vor. Heute morgen fragte einer in unserer Gruppe: »Was haben wir eigentlich verbrochen, daß es uns so gut geht?« Stell Dir vor: Seit vierzehn Tagen haben wir keinen Dienst mehr gemacht! Wir liegen hier in der herrlichsten Gegend »in Bereitschaft«. Jeden Moment, so heißt es, kann's aber losgehen, mit unbekanntem Ziel.

Die Sonne brennt, wie mitten im Juni, und ich liege im hohen Gras und träume in den blauen Himmel. Ringsum ist alles so farbig und grün, und die Vögel zwitschern, und die Falter taumeln vorüber, und in der

Ferne schimmern blaue Höhenrücken, die mich ans Bergische Land erinnern. Ja, schön ist es hier! Aber es könnte tausendmal schöner sein, wenn ich jetzt bei Dir sein könnte oder Du neben mir liegen würdest im Gras. Wieviel hätte ich Dir zu erzählen! Aber ich bin ja nur ein Landsknecht, einer, der »auf Abruf in der Gegend liegt«. Und der – auf Post wartet.

4. Mai

Am Vormittag stehen wir zwischen Birken und Ginstergestrüpp, und der Hauptmann übt mit uns ein neues Lied ein, ein verdammt schwermütiges Lied, bei dem man heulen könnte: »In meiner Heimat, da blühen die Rosen, und jedes Häuschen ist umrahmt von wildem Wein. Wie gerne möcht' ich mein Mädel wohl kosen und nur ein kleines Stündchen mit ihr glücklich sein ...«

Hannes Loerper, der »alte Knochen«, schon fast vierzig Jahre, steht neben mir, gluckst wie ein Kind, und die Tränen rinnen ihm übers Gesicht ...

Punkt zwei Uhr marschiert das Bataillon ab, der Hauptmann voran und wir mit dem neuen Lied hinterher. Es ist glühendheiß, und wir marschieren in einer weißen Staubwolke. Auf dem Buckel schleppen wir siebzig Pfund Gepäck und darunter, am Koppel, den vollgepackten Brotbeutel mit Verpflegung für drei Tage, Feldflasche, Spaten, Gasmaske, Seitengewehr. Schon nach einer halben Stunde bekomme ich kaum noch Luft. Was tun? Dem Leutnant sagen, ich könnte nicht mehr? »Sie schlappes Schwein!« wird er mich anfahren. Und er wird weiter vor mir her marschieren, das neue Lied auf den Lippen – aber ohne Gepäck. Oder soll ich zum Spieß, Oberfeldwebel Krause? Wie der mich wohl anbrüllt, mit entsetzlich rollenden Augen, und dann wird er in sein dickes Buch meinen Namen kritzeln. »Den guten Willen will ich sehen!« brüllt er bei jeder Gelegenheit. »Wenn

Ihre Leistung auch nichts taugt – nur den guten Willen, den will ich lesen in Ihren Augen! Aber – Sie haben keinen guten Willen, Frey! Sie haben noch nie einen guten Willen gehabt – und Sie wollen auch gar keinen haben, Frey! Sie nicht! Das les ich in Ihren Augen!«

Also denn – guter Wille her! Aber – verdammt! – vielleicht hat er recht, und ich habe tatsächlich keinen guten Willen? Wer gibt ihn mir denn? Wo soll ich ihn hernehmen? Wenn man keine Luft mehr bekommt, wenn man glaubt, man wird gleich ersticken ... Da habe ich plötzlich einen komischen Geschmack im Mund, ich muß ausspucken – und der Schreck fährt mir durch den Körper. Blut! Ich spucke Blut! Dann schießt es mir aus der Nase, ein dicker roter Strahl, und ich kann nur noch denken: Weiter! Marschiere weiter! Fall nur ja nicht auf vor den Augen des Spießes!

Nein, ich werde nichts sagen, ich werde marschieren, marschieren, so lange, bis ich umfalle! Wollen doch mal sehen, ob ich ein Schwächling bin! Ein schlappes Schwein! Ein Scheißkerl! Ja, ich weiß, daß ich gleich umkippen werde – und ich denke fast mit Freude daran, mit einem bisher unbekannten Gefühl und Gedanken: Schadet euch gar nichts, ihr Hunde! Schadet euch gar nichts, wenn wir schon vorher krepieren! Dann könnt ihr eure Scheiße da in Rußland alleine machen.

Rote Ringe zucken vor den Augen, und unser Unteroffizier Hempel sieht mich mißbilligend an, weil ich nicht mehr mit ihm im gleichen Schritt marschiere. Er fragt mich etwas, aber ich verstehe ihn nicht, und ich kann ihm keine Antwort geben. Da nimmt er mir meinen Tornister ab, und ein anderer greift nach meinem Gewehr. Dann ist auch der Spieß zur Stelle. Er rollt mit den Augen und hat schreckliche Falten auf der Stirn.

»Marscherleichterung!« befiehlt er – und so darf ich

den obersten Knopf meiner dicken Jacke öffnen. Ich wundere mich zwar, warum er plötzlich so großzügig ist, aber mir ist alles so gleichgültig, so scheißegal, und nachher, als wir am Bahnhof schnaufend im Gras liegen, höre ich gar nicht darauf, was der Kompaniechef, Oberleutnant Bruse, mir ins Gesicht schreit. Ich drehe ihm einfach den Rücken zu, und er scheint vor Wut gleich überzuschnappen.

Und wenn ihr mir jetzt alle, alle, wie ihr da seid, die Pistole auf die Brust setzen würdet – ihr könntet mich alle …

Nachher muß ich lange darüber nachdenken. Über dieses unheimliche Stadium, in dem dir alles scheißegal ist – und wenn man dir droht mit Erschießen. Über jene Grenze auch muß ich nachdenken, hinter der du deinen eigenen Körper nur noch wie einen fremden betrachtest – und gegen ihn wütest, wie einer, der sich selber kasteit. Und dann das plötzliche Erschrecken in dir: Es ist ja auch gar nicht dein eigener Körper! Seit dem Eid auf deinen Führer hast du nichts mehr, was dir selbst gehört.

5. Mai

Und wieder rattern die Räder, und wieder das gleiche Bild: soweit das Auge blicken kann – grünes blühendes Land, hügelig, wie unser Bergisches Land oder die Eifel. Das Korn steht schon hoch. In blauen Tümpeln weiße Rinder und zwischen Fliederbüschen einsame Gehöfte und hin und wieder eine kleine Bahnstation. Keine großen Städte mit rauchenden Schloten, nur Felder und Weiden und hin und wieder ein Stück Wald. Straßen mit schönen Bauten, gepflegte Obstgärten, dann wieder Berge und Wälder – und nirgendwo Menschen.

Ich habe noch immer schreckliche Herzschmerzen, und die Füße stechen – und ich denke mit Schrecken an morgen. Und an übermorgen. Und an jeden Tag, der noch kommt. Denn an jedem dieser Tage werde ich marschieren müssen – mit diesen Füßen! Was hilft mir da der Trost, daß Leutnant Kemmerling, unser Zugführer, mich so bald wie möglich dem Stabsarzt vorstellen will? Der gute Junge ist zwar Leutnant – aber wie es scheint, ein sehr naiver Mensch.

6. Mai

Während der Nacht standen wir auf einem Güterbahnhof, und dann hieß es: »Alles aussteigen! Wir sind am Ziel!« Ein Ort namens Besançon.

Zuerst hieß es, wir müßten den Weg zum Truppenübungsplatz, ungefähr dreißig Kilometer, zu Fuß zurücklegen – mit vollem Gepäck. Aber dann war wohl jemand der Ansicht, man dürfe den Bogen nicht zu sehr überspannen – und so wurden wir von Besançon nach le Valdahon gefahren – mit der Bahn.

Eine wunderschöne Fahrt! Gleich hinter dem Städtchen klettert der Zug mit drei Lokomotiven schnaufend bergauf. Welch ein unvergeßlicher Anblick! Tief unter uns schlängelt sich ein Flüßchen zwischen Weinbergen dahin. Blaue Nebel liegen auf den Wassern, und die Berge sind vergoldet von den Strahlen der Morgensonne. Und höher und höher geht es zwischen steilen, schroffen Kalkfelsen, durch lange Tunnel.

Wer aber glaubte, ins Gebirge zu kommen und die Schweizer Alpen zu erblicken, der wird enttäuscht. Wir dampfen auf einmal über ein langgestrecktes Hochplateau, und nur an der klaren, kühlen Luft spüren wir die Höhe, in der wir uns befinden. Jetzt tragen die weidenden Rinder Glocken um den Hals, und es klingt sehr feierlich, wenn sie sich bewegen. Ein Bild, wie im tiefsten Frieden.

Plötzlich sagt Loerper-Hannes neben mir: »Guck mal,

da weiden unsere Knobelbecher!« Erst verstehe ich ihn nicht, aber dann erinnere ich mich, wie Vater mir mal erklärt hat, wieviel tausend Rinder man großziehen muß, um die Stiefel für eine Millionenarmee zu bekommen. Und aus ist es mit dem friedlichen Bild der weidenden Kühe. Krieg, überall Krieg – auch dann, wenn du glaubst, du schaust in den friedlichsten Frieden!

Wir sind kaum aus dem Zug geklettert in le Valdahon, da brüllt der Spieß wie ein Irrer: »Der Kerl mit dem Herzbluten! Her mit dem Kerl!« Und dann werde ich auf einen Wagen gepackt und kann zwei Kilometer lang staunen über die plötzliche Fürsorge unserer »Mutter der Kompanie«. Bis vor die Tür der neuen Unterkunft werde ich gefahren, und während die Kompanie anmarschiert kommt, habe ich mich schon in Ruhe umschauen können.

Aber dann ist es aus mit der Ruhe. Wir werden in eine der Baracken gescheucht – und dann kommen wir nicht mehr zur Besinnung. Stundenlanges Neueinteilen der Gruppen, Verteilung auf die einzelnen Stuben – und wieder stehst du völlig unbekannten Gesichtern gegenüber und erfährst, daß du jetzt zu einer Kompanie gehörst, deren Kriegsstärke 203 Mann beträgt. Von den »Allensteinern« sind nur noch drei in der gleichen Gruppe geblieben: Loerper, Leyendecker und ich.

Nach seiner Anwandlung von Menschenliebe scheint Oberfeld Krause mich doch wieder vergessen zu haben. Denn ich komme nicht, wie der Leutnant mir angekündigt hatte, nach dieser Neueinteilung zum Bataillons-Gefechtstroß oder sonst irgendwohin, wo ich nicht mehr marschieren muß. Ich bleibe »beim großen Haufen«, weil, wie der Stabsarzt festgestellt hat, ich »ein brauchbarer, einsatzfähiger Infanterist bin und vollkommen geeignet zum MG-Schützen«. Der muß es ja wissen – wozu ist er Arzt?

Schon am Nachmittag rücken wir aus zur ersten Ausbildung im Gelände. Alles spielt sich in fieberhafter Eile ab. Sogar die Gasraumprobe dauert nicht länger als zehn Minuten. Aber eines ist uns schon aufgefallen: Alle Vorgesetzten – oder fast alle – sind merkwürdig menschlich zu uns, manche sogar kumpelhaft freundlich. Woran mag das wohl liegen? Weil wir jetzt keine Rekruten mehr sind? Oder ist es, wie Loerper meint? Die Ausbilder in Allenstein waren wegen Verwundung oder Krankheit g. v. H. geschrieben. Sie brauchten nicht mit uns an die Front. Aber die hier – vom Unteroffizier bis zum Bataillonskommandeur –, die werden mit uns gemeinsam an die Front gehen, werden mit uns gemeinsam kämpfen müssen und vielleicht auch sterben ...

7. Mai

Sechs Mann stehen am frühen Morgen vor der Kompanie und werden vom Spieß mit den freundlichen Worten bedacht: »Ihr Hammel! Ihr Scheißkerle! Ihr gottverdammten Drückeberger! Wie habt ihr euch das wohl gedacht?! Kaum hier angekommen – und schon krank gemeldet! Na, ihr Brüder, ihr sollt mich kennenlernen!«

Er scheucht uns über den Platz, und ich muß an den Spruch denken, den Unteroffizier Gummersbach in Allenstein über seinem Bett hängen hat: Man muß die Menschen so lange schinden, bis sie mehr Lust zum Sterben haben!

Ja, ich habe schon ein bißchen Lust zum Sterben. Ich habe in der Nacht nicht schlafen können vor Schmerzen, obwohl ich hundemüde war, und als ich dann heute früh zum Stabsarzt ging, fuhr der mich an: »Da ist er ja schon wieder, der Kerl! Anstellen tut sich das Schwein! Hat nichts am Herzen! Kerngesund, tauglich für die Front!«

Als ich ihm meine wundgelaufenen Füße hinhalte, spielt er verrückt. »Waschen müssen Sie Ihre Füße! Weiter nichts als regelmäßig mit kaltem Wasser waschen!« Aber dann sagt er plötzlich: »Morgen fahren Sie nach Besançon! Lassen sich neue Einlagen verpassen. Aber dann will ich Sie hier nie wieder sehen, verstanden?!«

Noch nicht mal für einen Tag hat er mich innendienstkrank geschrieben.

Am Nachmittag erleben wir ein paradoxes Schauspiel. Wir werden in einen Kinosaal geführt, und man zeigt uns einen russischen Beutefilm: »Der Bajonettkampf«. Vorher weist der Kompaniechef darauf hin, daß der Russe Meister im Nahkampf sei, und wir müßten von diesem Film eine Menge lernen, weil wir bisher den Nahkampf mit dem Bajonett in unserer Ausbildung sträflich vernachlässigt hätten.

Man höre und staune! Das also ist der sture, intelligenzlose Iwan, der bolschewistische Untermensch, der Haufen, der »auf tönernen Füßen steht«, der schon im vergangenen Jahr nur noch mit Dreschflegeln kämpfte, wenn die Kommissare sie zum Angriff vortrieben – und jetzt plötzlich können wir von ihm lernen, wie man einen Bajonettkampf führt! Können lernen, wie man anderen Menschen, die man nie zuvor im Leben gesehen hat, die Bäuche aufschlitzt!

Es ist unglaublich! Für wie blöd hält uns dieser Bruse, der sich Kompaniechef nennt?

9. Mai

Wehrmachtbericht: Im Osten scheiterten erneute örtliche, von Panzern unterstützte Angriffe des Feindes. Als Vergeltung für die Angriffe britischer Bomber auf deutsche Städte und Landgemeinden belegten Kampffliegerverbände in der Nacht zum 9. Mai zum Teil aus geringer Höhe die englische Stadt Nordwich mit Bomben.

Gestern dachte ich, es ging mit mir zu Ende. Am Mittag sind wir hinausmarschiert zum Schießplatz, zwei Stunden lang auf einer staubigen, glühendheißen Straße. Trotz meiner Schmerzen konnte ich doch sehen, wie schön diese Welt ist, dieses Frankreich ... Aber ich sah auch die Franzosen. Diese Burschen in ihren weiten Hosen, mit ihren schiefsitzenden Baskenmützen und ihrem spöttischen, manchmal auch mitleidigen Lächeln.

»Ihr blöden Herrenmenschen«, scheinen diese Gesichter zu sagen, »ihr bedauernswerten Flapsmänner! Ihr habt den Krieg gegen uns gewonnen, ihr seid die Sieger – aber wir sitzen hier, spielen Schach oder Skat, und wir sind freier als ihr, weil uns keiner etwas befiehlt und keiner etwas vorkommandiert – und wir werden schön abwarten können, wie das eines Tages mit euch Siegern aussehen wird ...«

Ich habe die Stiefel ausgezogen, die Socken in die Taschen gesteckt – und so trete ich barfuß zum Gefechtsschießen an. Ich denke, der Bataillonер, Hauptmann Jansen, wird mich mit seinem aufgerissenen Mund lebendig verschlucken. Was ich mir denn denke, barfuß zum Gefechtsschießen ...? Ob ich von allen guten Geistern verlassen sei?! Und er brüllt und brüllt – und ich lege mich einfach hin und denke: Du kannst mich ... Und wenn du willst, du kannst mich sogar erschießen, mir wird's recht sein. Denn ich kann nicht mehr! Es geht nicht mehr! Es ist nicht mehr zu ertragen, bei jedem Schritt auf eine glühende Nadel zu treten. Bei jedem Schritt, bei jedem! Und du mußt an diesem Tag und am morgigen Tage und an jedem danach – zehntausend Schritte tun! Zehntausend Schritte.

Nun habe ich schon zehn Wochen diese entsetzlichen Schmerzen. Jeder Schritt ist eine Qual. Schmerz, Schmerz, Schmerz – bis zum Verrücktwerden! Wann, lieber Gott, hat das ein Ende?! Das kann doch nicht so weitergehen! Warum steckt man mich nicht in den Stall zu den Pferden? Tag und Nacht will ich schuften – nur befreit will ich werden von dieser Qual.

10. Mai

Gestern sah mich der Leutnant im Gelände umherkriechen, und weil er, wie alle Vorgesetzten (außer dem Spieß!), doch etwas Mitgefühl mit uns hat, fragte er mich, was mit mir los sei. In meiner ganzen Soldatenzeit hatte ich zum erstenmal die Gelegenheit, mich mit einem Offizier zu unterhalten wie mit einem Menschen. Die meilenweite Kluft zwischen dem »Schützen Arsch im vierten Glied« und einem Offizier war nicht mehr zu spüren.

»Ich will sehen, ob ich für Sie etwas tun kann«, sagte er, nachdem er mich angehört hatte, und am Nachmittag holte mich der Kompanieschreiber vom Übungsplatz, und so, wie ich ging und stand, mußte ich zum Regimentsstab, um mich dort zu melden.

Ein Oberleutnant fragte mich: »Können Sie Steno?«

»Nein, Herr Oberleutnant!«

»Schreibmaschine?«

»Jawoll, Herr Oberleutnant!«

»Zehnfingersystem?«

»Nein, Herr Oberleutnant. Aber mit zwei Fingern geht es ganz gut.«

»Was sind Sie von Beruf?«

»Angestellter, Herr Oberleutnant.« Das war eine Lüge. Aber – warum sollte ich nicht lügen? Habe ich etwas zu verlieren?

Dann fragte mich der Oberleutnant nach tausenderlei Dingen aus, und ich schwindelte das Blaue vom Himmel herunter.

»Gut«, sagte er schließlich. »Ich will's versuchen mit Ihnen. Melden Sie sich bei Leutnant Pfeifer.«

Nun ist Samstag, und ich sitze in der Kantine, alleine, und trinke eine Flasche Rotwein. Gestern abend bin ich besoffen ins Bett gekrochen, und heute abend wird es wohl wieder so sein. Mir ist so elend zumute, daß ich tot sein möchte. Fünf Wochen hat Änne mir nicht mehr geschrieben. Fünf lange, endlose Wochen! Nicht eine Zeile von ihr!

Ich habe heute dreizehn Stunden auf der Schreibstube gesessen, und in meinem Kopf dreht sich alles wild durcheinander. Ich glaube nicht, daß ich es schaffen werde. Der Wille alleine reicht nicht, um eine Aufgabe zu lösen, es muß auch Können vorhanden sein. Und das fehlt mir. Nein, ich bin all dem Neuen nicht gewachsen. Ich bin den Offizieren zu langsam, zu schwerfällig im Denken.

Aber mein Versagen hat noch eine andere Ursache, und die ist viel schlimmer. Ich habe es hier nur mit Offizieren zu tun, und da jeder Offizier »hoch im Himmel schwebt« (so hat man's uns beigebracht in der Rekrutenzeit), habe ich jedesmal »Ladehemmung«, wenn einer vor mir steht, mir einen Auftrag (Befehl!) erteilt und ich mich nicht traue, eine Frage zu stellen. Wo haben wir denn als Rekruten gelernt (und uns gewagt!), einem Offizier eine Frage zu stellen?! Also wage ich erst gar nicht zu fragen, wenn ich etwas nicht begriffen habe – und dann sitze ich an meinem Schreibtisch und weiß nicht, was ich tun soll.

Ich bin für den Wagenpark verantwortlich, so hat es der Oberleutnant befohlen. Für den gesamten Wagenpark des Regiments 770! Das muß man sich vorstellen: Wagen, Brennstoff, Zubehör, Ersatzteile, Fahrerpersonal und was weiß der Teufel sonst noch – für all das bin ich verantwortlich, und wenn ein Offizier mich anniest und irgend etwas wissen will, dann soll ich die richtige Antwort wie aus der Pistole geschossen parat haben.

Man könnte das alles ja lernen, denn ich bin nicht auf den Kopf gefallen. Aber – zum Lernen braucht man Zeit, und Zeit, die hat man hier nicht, und außerdem fällt mir am schwersten, zu lernen, wie man als einfacher Landser mit Offizieren umzugehen hat. Jedes Wort, jede Bewegung – alles ist ja ganz genau vorgeschrieben, haargenau, und da kommt man sich vor wie ein neugeborenes Baby.

Nein, in diesen Laden passe ich nicht, und das werde ich Leutnant Kemmerling sagen. Sicher, er hat's gut gemeint mit mir. Es wäre eine Chance für mich, die ich wahrnehmen sollte, denn keiner ohne Dienstgrad würde jemals die Chance bekommen, in einem Regimentsstab zu arbeiten. Ja, lieber Herr Leutnant, alles schön und gut – aber wenn ich in einem normalen Zivilbetrieb bin, dann kann ich Herrn Oberingenieur fragen: »Wie meinen Sie das?« Oder: »Erklären Sie mir das bitte!« Wenn ich aber sagen muß: »Bitte Herrn Oberleutnant fragen zu dürfen, wie Herr Oberleutnant das meinen?« oder: »Bitte Herrn Oberleutnant, mir erklären zu wollen, wie Herr Oberleutnant das meinen?« – Nein, das ist nichts für mich!

14. Mai

Ein Auto hat mich mitgenommen nach Besançon. Eine schöne Stadt! Sie erinnert mich an Kochem an der Mosel oder irgendein anderes Städtchen in dieser Gegend. Hier könnte man sich wohl fühlen, wenn – ja, wenn ... Überhaupt ist es seltsam: Der Himmel hier in Frankreich sieht genauso aus wie der Himmel in Deutschland, und das Gras und die Bäume haben dieselben Farben und die Vögel zwitschern genauso wie zu Hause in Deutschland. Nur die Menschen, die kann man nicht verstehen. Wenn doch alle Menschen auf der Welt die gleiche Sprache sprächen, damit sie miteinander reden könnten!

Ich bin vor der Stadt in einem abgelegenen Lokal, und außer mir sitzen noch ein paar Franzosen an den Nebentischen und schlucken ihren Aperitif. Einer versucht, mit mir ins Gespräch zu kommen – aber es geht nicht, auch wenn wir mit den Händen umherfuchteln und Grimassen schneiden. Ich möchte ihn so vieles fragen und er mich sicher auch.

Unser Stabsarzt hat mich nach Besançon geschickt, um mir neue Einlagen verpassen zu lassen, aber die sagen mir hier, das hätte gar keinen Zweck, ich müßte erst mal nach Dijon ins Lazarett und dort meine Füße auskurieren lassen. Also bin ich umsonst hergekommen. Aber – eigentlich nicht. Es ist schön, mal wieder unter Menschen zu sitzen, die keine Uniform tragen, die sich frei und ungezwungen bewegen können und nicht der Willkür ihrer Vorgesetzten ausgeliefert sind. Auch dann, wenn sie eine Sprache sprechen, die man nicht verstehen kann.

15. Mai

Ich bin gestern in Besançon geblieben und erst heute morgen zu meinem Haufen zurückgekehrt. Dreißig Mark Sold hatte ich gestern – und heute sind meine Taschen leer. Alles in Essen und Trinken umgesetzt. Herrliches Leben!

Als ich mich dann gegen Mittag beim Regimentsstab zurückmeldete, schnauzte der Oberleutnant mich an: Ich wäre ab sofort wieder versetzt zu meiner Kompanie! Also melde ich mich beim Kompanieschreiber, lasse mir für drei Tage Marschverpflegung geben und melde mich beim Spieß ab, ich müsse für drei Tage nach Dijon ins Lazarett. Der Spieß schnappte nach Luft – aber ich hielt ihm das Schreiben des Stabsarztes aus Besançon unter seine rollenden Augen, und ab ging die Reise!

Mir ist grad so, als befände ich mich auf Fahrt. Denn:

Gibt es etwas Schöneres, Aufregenderes als eine fremde Stadt, die du nie zuvor gesehen hast?

Am Bahnhof in Dijon hole ich mir beim Roten Kreuz eine »barmherzige« Wassersuppe, und dann tipple ich los, hinein in die Stadt. Es ist schon sehr warm, und in den Parkanlagen zwitschern die Vögel. Ein paar Wanderer gehen vorbei, ihre prallgefüllten Rucksäcke und Gitarren auf der Schulter – wie zu Hause in Deutschland! Ich setze mich in einen Straßengraben und blicke den vorbeifahrenden Radfahrern nach. Und ich träume vom Bergischen Land, träume von Änne. Ich habe noch immer keine Post von ihr. Im Lazarett, in der Orthopädischen Abteilung, begegne ich zwei Krankenschwestern, die aus dem Rheinland stammen, die eine aus Burscheid, die andere aus Neuß. Sie sind sehr gut zu mir. Ich bekomme einen echten Bohnenkaffee, Milchsuppe, Schokolade, Keks und Erdbeermarmelade. Als »Gegenleistung« muß ich mit ihnen Plattkölsch »bubbeln« – richtiges Platt, wie es bei uns in Köln im Severinsviertel gesprochen wird, und sie können nicht genug davon hören, und die eine sagt: »Wie ein richtiger, echter Gruß aus der Heimat!« Ja, es ist merkwürdig, wie die gleiche Sprache, die gleiche Mundart die Menschen verbindet.

Dann bringen sie mich zum Stabsarzt, einem waschechten, gemütlichen Bayern, mit dem sie sich anscheinend recht gut verstehen, und dieser Stabsarzt-Bayer schaut sich meine Füße an, meine geschwollenen, vereiterten Füße, schüttelt den Kopf und brummt vor sich hin: »Daß es so etwas gibt! Das kann doch nicht wahr sein!«

»In drei Tagen ist das nicht hinzukriegen«, sagt er schließlich. »Sie sind von Ihrer Einheit nur für drei Tage beurlaubt – also fahren Sie erst mal wieder zurück zu Ihrem Haufen, und melden Sie sich dort ordnungsgemäß zum Lazarettaufenthalt ab. Einen entsprechenden

Schrieb gebe ich Ihnen mit. Ich hoffe, daß wir uns bald wiedersehen – hier bei uns in Dijon.« Er erklärt mir dann noch, daß sich im Laufe der Zeit unter einer dikken Hornhaut eine Eiterschicht gebildet hätte. Also aufschneiden, Hornhaut entfernen, in Ruhe ausheilen lassen. Aber zur völligen Ausheilung wird's eine ganze Weile dauern. Wie lange genau, das könne er jetzt noch nicht sagen – auf jeden Fall ziemlich lange. Klar? Und er zwinkert mir vertraulich zu, als wäre er gar kein richtiger Offizier.

Nachher geht mir ein Licht auf: Wenn da meine beiden »Landsmänninnen« aus dem Rheinland nicht ein bißchen Engelchen gespielt haben, dann will ich Meier heißen ... Hurra, es ist wieder Hoffnung! Wie doch der Zufall im Leben eine Rolle spielen kann! Auf jeden Fall, jetzt kann ich's mir leisten, noch einen Tag in Dijon zu bleiben, um diese schöne Stadt ein bißchen näher kennenzulernen.

16. Mai

Wehrmachtbericht: Im Raum von Charkow setzte der Feind seine Angriffe fort. Sie wurden in hartem Kampf abgeschlagen. Der Feind verlor bisher 180 Panzer.

Ich sitze im Bahnhof und warte, daß der Zug kommt, der mich nach Besançon bringt. Da geht eine junge Frau mit einem Kind vorbei, und ich reiche dem Kind die Schokolade, die mir die Schwestern gestern zugesteckt haben – und was geschieht? Die Mutter reißt ihrem Kind die Schokolade aus der Hand und schleudert sie mit einem Ausruf des Abscheus weit von sich. Urplötzlich bin ich aufgewacht. Aus meinem freien Wandervogelleben zurückgedonnert in die Wirklichkeit. Nein, ich bin nicht hier, um als Wandervogel ein fremdes, unbekanntes Land kennenzulernen – ich bin hier als Angehöriger der

Deutschen Wehrmacht! Das hatte ich vergessen. Hatte vergessen, daß diese Menschen hier mich hassen und verachten, weil ich in einer Uniform stecke, die sie hassen und verachten müssen ...

Nicht alle sind so in Frankreich. Gestern zum Beispiel kam ich im Soldatenheim mit einer Kellnerin ins Gespräch. Sie sprach sehr gut deutsch, und weil ich immer neugierig bin und soviel wie möglich wissen möchte, begann ich's auf einem Umweg und sagte: »Sie sehen sehr müde aus, Mademoiselle. Sind Sie vielleicht krank?«

Sie lächelte ein wenig. »Hab wenig geschlafen in der Nacht, Musjöh. Weil wir gestern fünf Jahre waren verheiratet, mein Mann und ich.«

»Was? Fünf Jahre verheiratet schon?« staunte ich. »Sie sehen aus, als wären sie gestern erst neunzehn geworden. Dann haben Sie bestimmt auch schon Kinder?«

Da hob sie abwehrend beide Hände: »Kinder, Musjöh? Nix Kinder! Kinder nix gut. Viel Kinder – viel Krieg. Deutschland viel Kinder – Deutschland viel Krieg!«

Wie sagte der französische Politiker? Es gibt zwanzig Millionen Deutsche zuviel auf der Welt ... Ist das nicht die Ansicht vieler Franzosen? Wozu soll man Kinder in die Welt setzen? Damit die Großen und Mächtigen dieser Welt sie wie Schachfiguren benutzen, mit ihnen ihre Spiele treiben? Mit ihrem Schweiß und Blut die Taschen und Geldsäcke füllen? Nein, sie wollen anders leben, die Franzosen, anders als wir, die dummen Deutschen. Ein Elsässer in Besançon, ein Gastwirt, sagte kürzlich zu mir: »Ihr Deutschen lebt, um zu arbeiten – wir Franzosen arbeiten, um zu leben.« Darüber habe ich lange nachdenken müssen, und mir scheint, der Mann hat gar nicht so unrecht.

Am Nachmittag bummle ich durch die glühendheißen Straßen von Besançon, und weil ich noch Zeit bis zur

Abfahrt nach le Valdahon habe, gehe ich ins Bistro des Elsässers. Er begrüßt mich mit Handschlag, wie einen alten Bekannten. Er bringt mir einen Aperitif und setzt sich zu mir an den Tisch, und da wir uns schon mal ein bißchen beschnuppert haben, fackelt er nicht lange und fragt: »Na, wann geht's denn endlich los?« Weil ich mich erst mal dumm stelle und sage, ich wüßte nicht, was denn »bald losgehen« solle, wird er schon deutlicher: »Es gefällt euch doch hier bei uns, oder nicht? Da geht man doch nicht so gern weg nach dem kalten Osten, diesem schrecklichen Rußland.«

Mir stößt es bitter auf. Wie Gott in Frankreich ... Ja, das gibt es, solche Leute, die hier »wie Gott in Frankreich« leben. Aber da ist keiner dabei, der, wie ich, als Schütze Arsch durch die Gegend läuft. Um wie Gott in Frankreich zu leben, muß man schon Offizier sein, zumindest aber Feldwebel. Am besten ist: Zahlmeister. Für diese Leute könnte der Krieg noch dreißig Jahre dauern, vorausgesetzt, sie blieben hier in Frankreich und müßten nicht an die Ostfront, um sich dort einen kalten Arsch zu holen. Hier können sie sich höchstens einen Tripper holen.

»Frankreich ist schön«, sage ich zu dem Elsässer. »Ein sehr schönes Land. Aber man müßte es im Frieden erleben. Wenn ich später, nach diesem Krieg, die Gelegenheit habe – eine Radtour möchte ich dann machen durch ganz Frankreich.«

Er sieht mich mitleidig an. »Hoffentlich wirst du die Gelegenheit haben, Junge. Ich würd es dir gönnen. Aber so, wie die Sache jetzt aussieht ... Wie kann einer so irrsinnig sein und der stärksten Industriemacht der Welt den Krieg erklären? Wirst sehen, Junge, die zweite Front, die kommt ganz bestimmt. Und dann? Dann wird es wie im ersten Weltkrieg – nur mit dem einen großen Unterschied: viel, viel schlimmer. Sobald die zweite

Front kommt«, er beugt sich etwas vor und flüstert, »Millionen Männer gibt's in Frankreich, die brauchen nur eine Waffe ...«

»Geschwätz«, sage ich, »die Millionen Franzosen hatten Waffen. Und was haben sie damit gemacht, vor zwei Jahren, als Hitler kam? Weggeworfen! Und dann sind sie gelaufen wie die Hasen, und viele hocken jetzt in Deutschland hinter Stacheldraht.«

Er bringt mir einen neuen Aperitif und sagt: »Wir haben nicht mehr neunzehnhundertvierzig, mein Junge. Heute wissen wir Franzosen mehr. Heute wissen wir, daß wir verraten wurden. Von unseren eigenen Führern verraten und verkauft!«

Merkwürdig – an so etwas habe ich bisher noch gar nicht gedacht.

18. Mai

Und erstens kommt es anders und zweitens, als du denkst ... Wenn ich geglaubt hatte, mit meinem Schrieb aus Dijon würde sich mein Leben ändern und zum Guten wenden – ja, so war das eben nur ein törichter Glaube. Was kümmert es diese elenden Hunde, die unseren Haufen führen, was da so ein Stabsarzt in Dijon zu Papier bringt?! Einen Dreck kümmert sie das!

Der Stabsarzt hat mich, nachdem er das Schreiben aus Dijon gelesen hatte, im Krankenrevier behalten. Ich mußte ein Bett belegen und mich dann bei ihm melden. Dann hat er meine Füße aufgeschnitten, und dabei hat er mich unablässig beschimpft: »Sauerei, seine Füße so verkommen zu lassen! Einsperren müßte man Sie! Vors Kriegsgericht bringen wegen Selbstverstümmelung!«

So also ist das! Erst wirst du gequält mit unmenschlichen Strapazen, und wenn du dir krüppelige Füße gelaufen hast, dann hat man natürlich keine Zeit, um sie auszuheilen, weil es ja schon morgen an die Front geht mit dir – und da wird der Spieß einfach umgedreht, und du wirst beschuldigt, ein Selbstverstümmler zu sein.

Hölle und Pest! Aufräumen müßte man mit diesem Pack, mit diesen Hunden und Verbrechern, diesen sadistischen Schweinen! Aber wie? Aus der Haut fahren könnte man, wenn man über alles nachdenkt. Wie man der grenzenlosen Willkür eines einzelnen Menschen ausgesetzt ist, und man kann nichts, nichts dagegen tun!

Der einzige, der mich im Revier besuchen kommt, ist Loerper. Und der Hannes, der hat mir nun eine Frage gestellt, bei der mir angst und bange werden könnte – falls ich sie zu Ende denke. Loerper-Hannes, Gußputzer in Duisburg – also kein Studierter, aber Fragen, Fragen hat er ...

»Machst du mit?« sagte er. »Ich mach die Mücke. Ganz bestimmt mach ich die Mücke, sobald es soweit ist. Und wie ich dich kenne und wie dir's so geht – machst du mit, ganz bestimmt ...«

Mir blieb die Antwort im Halse stecken. Die Antwort nämlich, die ich mir längst schon selbst gegeben habe. Aber – kann ich's Loerper sagen? Gewiß, er steht mir von allen Kameraden am nächsten, er und Loevenich-Jupp, der genauso alt ist wie ich, doch was ist, wenn er's gar nicht ehrlich meint? Wenn er nur was von mir wissen will, herausbekommen will, was außer mir und meinem Vater keiner weiß und keiner wissen darf, um es dann nach oben weiterzumelden: Herr Oberleutnant, der Frey, der will die Mücke machen! Er hat mir's selbst gesagt ... Aber was ist, wenn Hannes es nun ehrlich meint? Bedeutet das dann nicht, daß er Vertrauen zu mir hat? Er könnte doch das gleiche denken wie ich von ihm. Ach, gottverdammte Scheiße, was haben die aus uns gemacht!

19. Mai

Nun liege ich auf der »Insel der Verbannten«. Ja, Verbannte sind wir. Alle Kranken im Revier sollen von den Kameraden ihrer Kompanie das Essen bekommen. Aber – hast du dir gedacht! Gestern und heute haben wir nichts zu fressen bekommen. Und von Krankenpflege kann erst recht keine Rede sein. So wie ich hier hergekommen bin, so liege ich noch heute da. Kein Sani läßt sich sehen, keiner, der sich um uns kümmert.

Als ich gestern einen Brief von den Eltern bekam mit der Nachricht, daß sich Änne auf einer dreiwöchigen Radtour befindet und von Straßburg eine Ansichtskarte geschickt hat, da hätte ich auf der Stelle fortlaufen mögen. Fort aus dieser Scheiße, die sich »Deutsche Wehrmacht« nennt! Irgendwohin in die Freiheit! Da habe ich Blödmann nun davon geträumt, ich würde ein paar Tage Erholungsurlaub bekommen, habe geträumt von einer Wanderung mit meiner Braut durchs Scherfbachtal, und statt dessen liege ich hier, verraten und verkauft, von allen vergessen – und sie gondelt durch die Welt, und das wahrscheinlich mit einem anderen, den sie sich angelacht hat. Ob sie überhaupt schon weiß, daß ich nicht mehr in Allenstein bin, sondern hier in Frankreich in der Nähe der Schweizer Grenze?

Für mein letztes Geld kaufe ich mir eine Flasche Wein. Dann besorge ich mir eine Klampfe und singe bis in die Nacht hinein. Der Kamerad, der neben mir liegt, ein Oberschnäpser, ist die ganze Zeit sehr still. Nur einmal sagt er: »Wozu das alles? Wozu dieser Krieg? Dieses entsetzliche Morden? Wozu dieses Leben, das kein Leben mehr ist? Ich war an der Ostfront, und nun soll ich wieder hin. Aber ich will nicht! Ich will nicht!«

In der Nacht habe ich dann lange wach gelegen und habe nachdenken müssen über das, was der Kamerad mir erzählt hat:

»Das ist ja kein Krieg mehr, da im Osten. Das ist nur noch ein grausiges Morden und Abmurksen. Gefangene werden nicht gemacht. Der Russe läßt sich nicht gefangennehmen. Er schießt bis zum letzten Atemzug. Er läßt sich eher mit dem Gewehrkolben erschlagen, als daß er sich ergibt. Grauenhaft verstümmelte Leichen. Berge von Leichen.

Alles bewegte sich auf der ›Rollbahn‹, und dann kam der Vormarsch auf Moskau plötzlich zum Stehen. Wir hatten gedacht, in zwei, drei Tagen sind wir in Moskau, und dann hat die ganze Scheiße ein Ende. Aber dann, als der Vormarsch auf Moskau zum Stehen kam – unaufhaltsam waren wir vorher, wie eine Lawine –, da war auf einmal ein donnerndes Getöse in der Luft, die ›Rollbahn‹ hob sich, an hundert Stellen zugleich, und alles flog in Fetzen. Die Russen hatten die ›Rollbahn‹ unterminiert, hatten gewartet, uns herankommen lassen – und nun ging alles auf einer Strecke von fünfzehn, zwanzig Kilometern in die Luft. Unser Nachschub konnte nicht mehr nach vorn, und er konnte auch nicht mehr zurück ... Ja, Kamerad, so war das. Rußland – das kannst du keinem erzählen, das mußt du selber erlebt haben. Es ist die Hölle, die wahre Hölle!«

Dann habe ich in der Nacht von Änne geträumt. In der letzten Zeit immer derselbe Traum: Ich komme nach Hause, und sie ist nicht da, ist nirgends zu finden. Dann sehe ich, wie sie mit einem Mann aus dem Werk kommt. Sie gehen Arm in Arm, und sie lachen, und als ich sie anrufe, senkt sie den Kopf und kommt auf mich zu.

»Bitte, sei mir nicht bös«, sagt sie. »Es war ja nichts Schlimmes dabei ...«

Wehrmachtbericht: Im Raum von Charkow ist der am 12. Mai begonnene sowjetische Angriff unter schwersten blutigen und Materialverlusten zusammengebrochen.

In der kurzen Zeit beim Kommiß bin ich so blöd und verbiestert geworden, daß ich mich manchmal selber nicht wiedererkenne. Gestern habe ich zum Unteroffizier vom Revier gesagt, er könne mich am Arsch lecken. Und das im Beisein von zwanzig Kameraden! Was die für entsetzte Gesichter gemacht haben – und heimlich gefeixt: Gut hast du's dem gegeben!

»Ich werde Sie zur Meldung bringen!« hat der Unteroffizier geschrien. »Einsperren lassen werde ich Sie! Drei Monate Soldat – mit Bahnfahrt natürlich – und dann vor einem Vorgesetzten und Frontsoldaten solche Lippe riskieren! Das wird Ihnen noch leid tun!«

Er ist dann aber nicht zum Spieß gegangen und hat mich nicht gemeldet. Eine Stunde später kam er zu uns auf die Krankenstube und sagte, ich solle ein bißchen auf der Gitarre spielen, weil es hier so schrecklich langweilig sei. Wer soll sich da noch zurechtfinden?

In der vergangenen Nacht ist einer desertiert, von der 3. Kompanie. Er ist nicht der erste. Ich sah ihn heute morgen, als sie ihn zurückbrachten, um ihn dem Arzt vorzuführen. Der soll nun erst mal entscheiden, ob der Mann geistig normal ist. Damit sie ihn dann »ganz normal« als Deserteur verdonnern können. Ich habe ihn mir angesehen: ein hübscher, blonder Bengel, vielleicht neunzehn, mit einem weichen verträumten Gesicht. Aber – in den Augen saß der Irrsinn, die Angst vor der Strafe, die ihn nun unausweichlich treffen wird.

Das ganze 770. Regiment ist von einem einzigen Murren erfüllt. Man hat keine Zeit, sich gründlich zu waschen. Man hat keine Zeit, einen Brief zu schreiben.

Man hat keine Zeit – man hat keine Zeit. Von morgens um fünf bis abends um zehn – Ausbildung, harte, pausenlose Ausbildung. Und das bei diesem Fressen! Wassersuppe, jeden Tag Wassersuppe. Ja, und Kunsthonig! Jeden Tag Kunsthonig, und wenn sich das Zeug auch »Naschkätzchen« nennt – es hängt uns schon zum Halse raus. So ist es denn kein Wunder, daß unser Batailloner uns »Stoßdivision« nennt, die Landser aber einen Namen haben, der viel treffender ist: Kunsthonigdivision.

Man muß die Menschen so lange striezen, bis sie mehr Lust zum Sterben haben. Unser Spieß, Oberfeldwebel Krause, scheint sich dieses Motto ins Hirn gebrannt zu haben. Wenn ich, als ich vor zwei Jahren im Scherfbachtal diesen halbirren Spieß erlebte – und schon damals vor dem Barras ein Grausen empfand, wenn ich da geahnt hätte, was ich jetzt täglich am eigenen Leibe erleben muß – ich hätte es nicht geglaubt.

Oberfeld Krause hat sich ganz besonders auf mich »eingeschossen«. Er braucht das, so scheint mir, zu seinem persönlichen Wohlbefinden. Sobald er mich irgendwo erblickt hat (und er erblickt mich todsicher auf hundert Meter Entfernung!), dann hält er erst mal die Luft an. Dann nähert er sich mir, rollt seine veilchenblauen Germanenaugen, stemmt die Arme in die Hüften – und dann brüllt er. Brüllt, daß es im ganzen Kompaniebereich zu hören ist. Und was brüllt er? Daß ich ein gottverdammter Drückeberger bin! Daß ich ein Arschloch, ein elender Bulle und Gott weiß was sonst noch bin! Daß er mir's zeigen wird, wo Bartel den Most holt! Daß er mich zermatschen wird, wie eine Wanze …

Ach, wenn ich fromm wäre, würde ich für ihn beten. Aber ich bin nicht fromm. Darum wünsche ich mir: Wenn du eines Tages vor mir liegst und ein Granatsplitter hat dir den Arsch aufgerissen und du wimmerst nach einem Schluck Wasser – dann werde ich neben dir meine Feldflasche in den Sand kippen, werde mich umdrehen und gehen. Gott möge mir verzeihen!

Gestern mußte ich wieder nach Besançon, um meine Einlagen abzuholen. Das war wohl mein letzter Besuch in diesem Städtchen, das ich so in mein Herz geschlossen habe; auch bei »meinem« Elsässer in seinem Bistro. Diesmal stand neben ihm hinter der Theke eine kleine, schlanke Französin, und die schaute so oft zu mir her, daß ich ganz verlegen wurde. Der Elsässer brachte mir einen Aperitif an den Tisch und sagte: »Zum Abschied, mein Junge! Ihr rückt ja jetzt aus.« Woher er das wüßte, wollte ich wissen. Er lächelte nur, hob sein Glas und sagte: »Salü – auf daß es dir gut geht da im Osten!«

Nachher setzte sich die kleine Französin zu mir an den Tisch, spendierte einen Aperitif, und dann kam der Elsässer dazu und sagte: »Sie will mit dir schlafen, hat sie gesagt. Weil du so schöne blaue Augen hast. Und«, er machte eine Pause und sah mich ganz merkwürdig an, »weil sie mal so gern mit einem ins Bett möchte, den man zum Tode verurteilt hat. Ist vielleicht ein bißchen pervers von ihr – aber das hat sie gesagt. Na, wie ist's? Ein Zimmer hab ich noch frei.«

Ich stand auf der Straße, und die Sonne brannte mir in den Augen – und ich hätte heulen mögen.

22. Mai

Hallo, Jäcki!
Ich habe Senge verdient. Natürlich nur ganz liebe Senge. Denn ich bin so ausgelassen, daß ich mich mal wieder richtig kringeln und schibbeln könnte vor Lachen. Ich bin jetzt in eine andere Abteilung versetzt worden als »richtige, selbständige« Buchhalterin. Darum hat man mir einen netten Abschied gemacht. Eine handbemalte Blumenvase, zehn rote Tulpen, eine bemalte Kachel, eingerahmt mit dem Spruch: Du bist doch die Beste!

Und eine Karte dazu: »Vergiß Deine Arbeitskollegen aus Deiner Lehrzeit nicht.« Kannst Dir wohl vorstellen, wie ich mich gefreut habe! Und dann habe ich mich über Dein Gedicht gefreut, das Du für mich geschrieben hast, für mich ganz persönlich. Das trage ich jetzt immer bei mir in meiner Tasche.

Nebenbei: Ich schicke Dir einen Brief mit, der ist zum Totlachen. Den hat mir ein junger Mann aus dem Materiallager im Vorbeigehen zugesteckt. Eine Liebeserklärung an mich. Kannst ihn zerreißen, wenn Du ihn gelesen hast.

Aber nun etwas Ernstes: Ja, Du bist im Recht, wenn Du Dich über mich beklagst, weil ich so lange nicht geschrieben habe. Aber was nun eigentlich los war mit mir, das weiß ich selber nicht. Ich hab keine Erklärung dafür. Ich weiß nur, es war eine verdammt kritische Zeit. Ich war mir selber zuwider, war mir selber lästig und richtig lebensmüde. Denn ich hatte große, große Sehnsucht nach Dir. Aber immer, wenn ich Dir schreiben wollte, hab ich's verschoben auf den nächsten Tag. So ging die Zeit dahin. Eine schreckliche Zeit, seitdem Du von Allenstein fort bist, mit unbekanntem Ziel, ohne Anschrift, ohne jegliche Verbindung. So hab ich denn mit zwei Arbeitskollegen eine Radtour gemacht. Bis nach Straßburg im Elsaß sind wir gekommen. Und ich konnte Dir noch nicht mal einen Kartengruß schicken, weil ich ja Deine Anschrift nicht hatte! ... Bitte, Jäcki, sei nett und vergiß diese Zeit! Und glaub mir: Es war nichts, aber auch gar nichts mit Ronald und Frank, so heißen sie nämlich, die beiden Kollegen.

Liebe Änne!
Ich hab's ja immer gewußt: Zu Hause, da hab ich ein Weib, das hat ja den Teufel im Leib ... Aber tröste Dich, solche »Mucken« habe ich auch schon gehabt, solche »kritischen Zeiten«. Wo man am liebsten tot wäre, wo man sich selbst nicht leiden mag und einem alles zuwider ist auf der Welt. Ich kann Dich gut verstehen. Also – Schwamm drüber. Hauptsache ist, Du behältst Deinen Jäcki lieb, so wie er Dich auch immer lieben wird, und Du bleibst ihm treu.

Ich bin vor zehn Minuten aus Besançon zurückgekommen, ich war dort zum zweitenmal wegen Fußeinlagen. Ich könnte Dir zwanzig Seiten schreiben über das, was ich da alles gesehen und erlebt habe. Aber ich habe keine Zeit dazu. Später, wenn ich wieder bei Dir bin, kann ich Dir alles ausführlich erzählen. Ja, und vierzig Seiten könnte ich Dir schreiben, wenn ich alles erzählen wollte, was ich bisher beim Kommiß mit meinen Füßen ertragen mußte! Aber wozu? Schmerzen muß jeder Mensch für sich allein ertragen. Ganz allein muß er damit fertig werden, und es hat gar keinen Zweck, anderen Leuten den Kopf vollzuhängen mit seinen Problemen.

Am kommenden Mittwoch rücken wir aus. Das steht fest. Und feststeht auch, daß es nach Rußland geht. Ich glaube an keine Latrinenparolen mehr. Da hieß es, wir kämen zurück ins Reich, in die Wahner Heide, und ich hab schon nächtelang (und sogar auch am Tag) nur noch vom Scherfbachtal geträumt – und natürlich von Dir! Aber nun steht es unumstößlich fest: Wir gehen als Stoßdivision nach dem Osten. Wahrhaftig, ich glaube jetzt selbst schon, große Dinge stehen uns bevor, und wir gehen einem ungewissen Schicksal entgegen. Aber bevor das soweit ist, möchte ich nur noch einen einzigen Wunsch erfüllt haben: Ich möchte Dich noch mal sehen!

27. Mai

Nun steht es fest: Wir rücken aus! Gestern gab es Zusatzverpflegung – also muß etwas im Gange sein. Die Kompanie hat Geld zusammengelegt und eine Sau gekauft. Jeder hat eine Mark fünfzig bezahlt, und dafür bekommt er nun einen Happen Fleisch, etwas größer als ein hohler Zahn. Man erzählt sich, daß die Offiziere und Unteroffiziere eine größere Summe gezahlt hätten als wir – darum hätten sie auch die fünffache Portion empfangen dürfen. Wer's glaubt, wird selig.

Nun wird wieder orakelt, wo es hingehen wird. Die einen behaupten steif und fest: in die Wahner Heide. Andere hingegen wissen genau, daß wir nach Lemberg kommen. Ja, jeder weiß etwas anderes – aber in Wirklichkeit haben alle nur Schiß vor dem Wort »Mittelabschnitt« an der Ostfront. Überall könnt ihr uns hinschicken – aber nur ja nicht an den Mittelabschnitt der Ostfront! Und weil jeder seine eigene Parole hat, habe ich auch eine, und die verkünde ich laut auf unserer Stube:

»Dieser Krieg geht doch ums Öl, oder nicht? Also – wer Öl hat, der beherrscht die Technik, und nur wer die Technik beherrscht, der beherrscht die Zukunft – klar? Also, wo findet man dieses Öl? Dieses Öl findet man im Kaukasus, im Iran vor allem. Also – auf zum Kaukasus! Auf zum Iran! Darum werden wir in kürzester Zeit die Türkei im Krieg haben. Ja, Kameraden, alle werden wir schon bald die Türkei zu sehen bekommen! Und den Iran, das sagenhafte Persien! Und da müssen wir durch. Erst durch die Türkei, dann durch den Iran – und dann weiter, bis wir schließlich in Indien sind. Und dort werden wir, die siegreichen deutschen Truppen, mit den siegreichen japanischen Schlitzaugen, unseren Verbündeten, zusammentreffen, werden ihnen die siegreichen Hände reichen – und dann werden wir gemeinsam in In-

Sie orakeln alle, wo es nun hingehen wird. Weißer Sand – das ist tot. Aber Lemberg? Oder gleich an die Front? Nach Norden oder Süden? Oder gar im gefürchteten Mittelabschnitt? Jeder weiß etwas anderes u. das tollste kommt heraus. Aber das tollste habe ich. Ich sagte gestern: dieser Krieg geht um Öl. Denn wer Öl beherrscht, hat die Technik. Und mit der Technik nur wird die Zukunft beherrscht. Also? Wo ist Öl? Im Kaukasus! Im Irak! Also? Wir werden in kürzester Zeit die Türkei im Krieg haben. Und wir werden die Türkei sehen! Und den Irak, das sagenhafte Persien! Und in Indien werden deutsche u. japanische Truppen sich die Hand reichen! Sie lachen mich aus, die Ungläubigen! Aber die Zeit wird es beweisen! Aber die Zeit wird wohl auch zeigen, ob dieser

zusammengewürfelte Haufen für diese großen Dinge geeignet ist. Ich glaube es nicht. Unsere Ausbildung ist viel zu kurz u. zu mangelhaft. Die Mannschaft zum größten Teil mit Fehlern behaftet u. für die Infanterie untauglich.

dien das perfide England restlos vernichten. Na, was sagt ihr dazu?«

Sie sagen gar nichts dazu. Und darum fahre ich fort: »Dann hört einmal ganz genau hin! Als ich beim Regimentsstab war, da mußte ich mal zum Divisionsstab nach Dijon fahren, und dort mußte ich Karten abholen, Generalstabskarten, und die waren natürlich geheim. Und was waren das für Karten? Von der Türkei waren sie, vom Iran und – man höre und staune! – von Indien. Das kann ich dreimal beschwören, und wer das nicht glaubt, der ist dümmer als dumm.«

»Prima«, sagt einer, »dann fahren wir morgen erst mal nach Rußland – und übermorgen nach Indien.« Haha, nun ist meine Parole die tollste! Aber die Zeit wird beweisen, ob ich recht habe oder nicht. Die Zeit wird beweisen, ob dieser zusammengewürfelte Haufen für diese gewaltigen Dinge überhaupt geeignet ist. Ich bezweifle das sehr. Aber – Tatsache ist, daß sich die Offiziere im Regimentsstab in allem Ernst über solche Aussichten und Möglichkeiten unterhalten haben. Wenn ich nun daran denke, daß ich mit meinen verkorksten Füßen bis nach Indien schleichen soll, um dort dem Tommy eins aufs Haupt zu geben – Junge, Junge, ich könnt mich kringeln! (Würde Änne sagen.)

Aber im Ernst: Unsere Ausbildung war viel zu kurz, zu mangelhaft, und die meisten Landser haben irgendwelche Krankheiten und sind eigentlich für die Infanterie völlig untauglich. Und wenn die Herren da oben solche Rosinen im Kopf haben, da kann man nur fragen: Kann Größenwahn eigentlich noch größenwahnsinniger werden?

Gestern erhielt ich endlich, endlich Post von Änne. Ich soll ihr nicht böse sein, daß sie sieben Wochen lang nicht geschrieben hat und daß sie mit zwei Arbeitskollegen eine Radtour nach Straßburg gemacht hat. Böse?

Nein, das bin ich nicht. Aber – ich habe ein schlechtes Gefühl in der Brust, eine Angst. Und ich könnte nicht sagen, warum.

27. Mai

Hallo, Jäcki!
In meinem letzten Brief habe ich etwas Wichtiges vergessen. Aber setz Dich erst einmal hin und halte Dich fest, denn das, was Du jetzt ... Was denkst Du, wer schon bald mein neuer Chef sein wird? Du wirst Dich kringeln: Herr Oberingenieur Patzig! Jawohl, so ist es. Schweinebacke will, daß ich zu ihm in die Arbeitsvorbereitung komme. Er hat mit meinem Chef schon gesprochen, und der ist einverstanden, vorausgesetzt, daß ich zustimmen werde. Eine Woche Bedenkzeit hat Patzig mir gegeben. Ach, Jäcki, was gäbe ich jetzt drum, wenn Du hier sein könntest, um mir einen Rat zu geben! Denn es ist doch eine schwere Entscheidung für mich. So aus der Buchhaltung heraus, eben erst ausgelernt – und dann eine völlig neue, völlig andere Arbeit. Und weißt Du, was ich machen soll? Terminjäger! Arbeitsverfolger oder Arbeitsüberwacher heißt es wohl richtig. Patzig ist anderthalb Stunden mit mir durch das Werk gegangen, durch alle Abteilungen, und hat mir alles erklärt, was ich zu tun habe. Mir hat nachher der Kopf gedröhnt (nicht nur vom Lärm in der Kesselschmiede), weil das tatsächlich eine Aufgabe ist, der ich mich gar nicht gewachsen fühle. Allerdings muß ich sagen, interessant ist sie, jedenfalls mehr als das ewige Zahlengeschreibsel. Und außerdem hat Patzig mir dreißig Mark Gehaltszulage versprochen. Dreißig Mark! Und das nur fürs erste, sagte er. Später, wenn ich mich erst mal richtig eingearbeitet habe, wird er noch was drauflegen.

Oh, Jäcki, was soll ich tun?! In einer Woche ist die Bedenkzeit um, und ich weiß immer noch nicht, was ich tun soll. Bevor Deine Antwort hier sein kann, muß ich mich längst entschieden haben. Ich bin schon bei Hein gewesen, er möchte mir einen Rat geben. Doch er hat mich nur merkwürdig angesehen und gesagt: Du hättest so Deine Erfahrung mit Patzig gemacht. Mehr könne er dazu nicht sagen. Er ist überhaupt in letzter Zeit so komisch geworden, Dein Freund Hein. Jedesmal, wenn er mich mit Billa an der Haltestelle sieht, guckt er in eine andere Richtung, oder er bückt sich und knotet sein Schuhbändel zu. Und er war doch immer so freundlich zu mir! Kannst Du das verstehen?

28. Mai

Am Mittag – wir sind beim Waffenreinigen – kommt unser Unteroffizier auf die Stube und ruft: »Männer, wascht die Schwänze – wir gehen heut in den Puff!« Wir gucken doof aus der Wäsche und denken, er hat einen zuviel zur Brust genommen. Aber er ist völlig nüchtern und sagt: »Das hier ist ein Befehl! Befehl von Hauptmann Jansen: Das ganze Bataillon ist in den Puff zu führen! Die erste Kompanie beginnt am Nachmittag, und anschließend sind wir dran. Alles klar, Männer?«

»Alles klar«, murmelt unser Oberschnäpser Friedrich, der schon zwei Jahre Barras auf dem Buckel hat. »Dann fangt mal gleich an und packt eure Klamotten zusammen. Die ›große Reise‹ geht bald los. Vielleicht schon morgen.«

»Aber das kann doch nicht wahr sein?« sage ich. »Unser Bataillon hat sechshundert Mann – und die alle sollen …?«

»Was du nur hast!?« Friedrich schüttelt vorwurfsvoll seinen Kopf. »Das Bataillon hat sechshundert Mann – und der Puff hat fünfzig Nutten. Na und – kannst du rechnen?«

»Pro Nutte ein Dutzend«, sagt Leyendecker, und ich sehe, wie er sich schüttelt.

Ich sitze am Tisch in der Ecke und muß daran denken, wie ich mal ein paar Wochen beim Ortsbauernführer in der Ernte geholfen habe. Jeden Morgen um fünf wurde der Deckhengst in die Scheune zu einer Stute geführt. Damals für uns Jungs eine aufregende Sache. Aber – daß man so etwas mit Menschen machen kann! Ein Befehl von einem Offizier, der mir bis jetzt von allen der sympathischste war! Aber der Batailloner – so wird das wohl sein – führt ja nur einen Befehl aus, den er »von oben« bekommen hat, vom Regimenter, und der hat ihn wieder bekommen vom Divisioner. Und der will uns, so glaubt er, noch etwas ganz besonders Gutes tun, bevor er loszieht mit uns, seiner Stoßdivision, um dem Iwan endgültig den Garaus zu machen. Ja, und um das, wie befohlen, auch ausführen zu können, muß man vorher, wie befohlen, im Puff gewesen sein.

29. Mai

Leb wohl, Frankreich! Leb wohl, du Land der grünen Auen, der rauschenden Wälder, der saftigen Weiden, der blauen Hügel! Ich werde dich in meinem Herzen behalten – bis an mein Lebensende. Und die Musik werde ich in den Ohren behalten, die leichtbeschwingte Akkordeonmusik, die aus den unzähligen Bars und Bistros erklang: »Eijeijeijei ...« Diese Melodie werde ich nie vergessen können, und wenn ich sie mal irgendwo höre, dann wird sie meine Gedanken zurückführen nach Frankreich.

Leb wohl, Frankreich! Nun singen wir, von unserem Batailloner und Schulmeister persönlich dirigiert: »Nach Ostland geht unser Ritt, hoch wehet das Banner im Winde, die Rosse, sie traben geschwinde, auf, Brüder, die Kräfte gespannt, wir reiten in fremdes Land ...«

Ist das nur acht Jahre her, als ich dieses Lied zum erstenmal gesungen habe? Wir sangen's in Königsberg, in Insterburg, auf der Kurischen Nehrung, an den Masurischen Seen, in Marienburg und Marienwerder: »Nach Ostland geht unser Ritt!« Ein Jahr später druckte das »Einbecker Tageblatt« meinen großen Bericht über unsere Fahrt, und dieser Bericht hieß »Nach Ostland geht unser Ritt!«, und ich war sehr, sehr stolz darauf.

Nun fahren wir nach Ostland. Aber anders als damals. In der Nacht kamen wir durch Aschaffenburg. Hier schrieb ich Änne einen Kartengruß. Wir sind am Rhein entlang stromabwärts gerollt, hatten in Worms einen kurzen Aufenthalt, und zur Zeit durchfahren wir die schönste Landschaft, die wir bisher erleben konnten – das Maintal. Es ist Abend, und hinter uns, wo Frankreich liegt, erscheint der Himmel wie flackerndes Feuer. Zwischen grünen Bergen windet sich das Wasser des Mains. Weiße Dampfer und schwarze Lastkähne ziehen vorüber, und ich stehe an der offenen Tür unseres Güterwaggons und starre hinaus und habe den Kopf voll schwerer Gedanken. Meine eiserne Ration habe ich schon am Nachmittag gegessen. Weil ich Hunger hatte. Die Angst vor dem Spieß ist groß – aber mein Hunger war größer. Wenn er sich beim nächsten Appell die eisernen Rationen vorzeigen läßt – mich juckt das nicht!

Vierter Teil

Ihr werdet zugeben, daß wir nicht mehr um Anerkennung ringen brauchen, sondern daß wir die erste Weltmacht sind. Das deutsche Volk ist zur Weltherrschaft berufen. Selbstverständlich werden wir diese Berufung wahrnehmen. Wir werden die jungen Menschen so erziehen, daß sie auch wirklich in der Lage sind, in allen künftigen Jahren eine Weltmacht repräsentieren zu können. Und ihr werdet eine Zeit erleben, in der das deutsche Volk herrscht und arbeitet, die anderen nur arbeiten.

Baldur von Schirach
am 20. April 1939

Der deutsche Soldat weiß heute, warum der Führer ihn in den Osten befahl, und in der Härte und Unerbittlichkeit seines Krieges bestärkt ihn die stetige Vorstellung, was aus Deutschland geworden wäre, wenn dieses riesige bolschewistische Helotenheer mit seinen Massen an Geschützen, Panzern und Flugzeugen zum Zeitpunkt seiner Wahl über Mitteleuropa hergefallen wäre.

»Völkischer Beobachter«,
7. September 1941

31. Mai

Wehrmachtbericht: Britische Bomber unternahmen in der vergangenen Nacht Terrorangriffe auf die Innenstadt von Köln, wobei große Schäden durch Spreng- und Brandwirkung, vor allem in Wohnvierteln, an mehreren öffentlichen Gebäuden, u. a. auch an drei Kirchen und zwei Krankenhäusern, entstanden. Bei diesem ausschließlich gegen die Zivilbevölkerung gerichteten Angriff erlitt die britische Luftwaffe schwerste Verluste. Nachtjäger schossen 36 der angreifenden Bomber ab.

Acht Uhr abends. Wir standen hinter Hindenburg auf freier Strecke. Wir sind durch das Vogtland gefahren und durch das Sachsenland, und nun sind wir hier in Schlesien und gespannt, in welche Richtung es weitergeht. Gestern und heute: vom frühen Morgen bis zum späten Abend winkende Mädchen und Frauen am Bahndamm. Sie winken, als wären wir die letzten Männer aus Deutschland, die letzten Männer, die sie noch zu sehen bekommen. Wie lange wird es noch dauern, bis es in Deutschland keine Männer mehr gibt?

Es sieht hier aus wie im Kohlenpütt. Oder in Belgien. Riesige Halden, Fördertürme, Fabrikhallen, qualmende Schornsteine, die das Land verpesten. Und auch hier: immer wieder Frauen und Mädchen zu beiden Seiten des Bahndamms. Manche werfen uns Zigaretten in den Waggon, manche auch Zettel mit Adressen. Nun warten sie auf Post von ihrem »unbekannten Soldaten«.

Es ist merkwürdig im Leben: Was heute noch in weiter Ferne liegt, unwirklich und nicht zu erfassen – schon morgen ist es Wirklichkeit. Als wir vor fünf Wochen von Allenstein nach Frankreich fuhren und einer den anderen fragte: »Wann mag's wohl zurückgehen in Richtung Osten?«, da lachten die meisten, und mich lachte man aus, als ich sagte: »Schon bald, Kameraden. In spätestens sechs Wochen.« Und heute? Heute lachen sie nicht mehr. Sie haben's vergessen, was ich gesagt habe. Und sie singen ihre Lieder vom Sterben im Morgenrot, und sie schreien: »Hurra!« und scheinen recht glücklich, nach Ostland zu reiten.

Einmal hält neben uns ein Zug. Er ist aus Richtung Osten gekommen. Eine vornehme, schöne Dame steht am Fenster, uns gerade gegenüber, und jeder gibt sich Mühe, um sich hervorzutun vor dieser Dame.

»In sechs Wochen sind wir zurück!« grölt einer. »Dann ist der Krieg zu Ende!«

Die Dame lächelt – wie mir scheint, etwas mitleidig – und betrachtet uns mit einem mütterlichen Blick.

»Ich werde mich im Geist an Sie erinnern, in sechs Wochen.« Ihre Hand weist auf einen Lazarettzug, der drüben auf einem Nebengleis steht. »Hoffentlich kommen Sie dann nicht so zurück. Alle fünf Minuten kommt so ein Zug aus dem Osten.«

Die Prahler sehen sich an, grinsen verlegen, und unser Zug rattert weiter. Und schon wieder beginnt der Kampf um die Schlafplätze für die kommende Nacht. In der schwülen Hitze des Waggons ist an Schlafen nicht zu denken. Im Halbschlaf träume ich vor mich hin. Träume von Änne und einer Scheune im Scherfbachtal. Und dann träume ich, wie der Unteroffizier uns ins Bordell geführt und wie er mich angefahren hat: »Frey, das ist ein Befehl! Ich warne Sie zum letztenmal! Wenn Sie mir nicht nachher einen Sanierungsschein vorzeigen, der Ihnen bescheinigt, daß Sie vom Sani eine Spritze bekommen haben und somit auch im Puff gewesen sind – Frey, so leid mir's tut, ich muß Sie melden wegen Befehlsverweigerung.«

1. Juni

Heute morgen ist mir eingefallen, daß ich gestern Geburtstag hatte. Vor vier Jahren habe ich begonnen, Tagebuch zu schreiben, und wenn ich mich nicht irre, dann habe ich bis heute dreiundzwanzig Hefte vollgeschrieben. Dreiundzwanzig Hefte mit insgesamt neunhundertzwölf Seiten, auf denen ich versucht habe, »all das festzuhalten, was ich erlebe und was mich so bewegt auf meinem Wege«. Wenn mir damals jemand prophezeit hätte, daß schon in kurzer Zeit »Krieg« im Mittelpunkt meiner Aufzeichnungen steht, den hätte ich für verrückt erklärt.

Ob Änne gestern an mich gedacht hat? Ob sie überhaupt ahnt, wo ich mich zur Zeit befinde? Na, bestimmt werden die Eltern sie daran erinnert haben, damit ich in Kürze endlich wieder ein Lebenszeichen von ihr erhalte.

Nun hat sich die Landschaft wie mit einem Schlage verändert. Keine Städte mehr, keine Dörfer, keine winkenden Mädchen und Frauen. Wir sind in Polen. Und jetzt stehen am Bahndamm Kinder, scharenweise Kinder, und ihr Ruf gellt mir in den Ohren: »Pan, Brot! Bittäh Stickchen Brot, Pan!« Und wir haben selber nichts zu fressen. Wir fahren vorüber, vorbei an Hunderten emporgereckten Kinderarmen – und keiner wirft etwas hinaus. Woher sollen wir's nehmen? Von unseren Offizieren vielleicht? Die haben genug zu fressen. Und leben wie die Made im Speck.

So ist es also in dieser Welt: Belgien schreit: »Brot!« – Frankreich ruft: »Brot!« – Deutschland murrt: »Brot!« Ganz Europa schreit nach Brot. Und im Bericht des OKW heißt es: »Ferner wurden zerstört und wirksam mit Bomben belegt ...«

Die Menschen hier gehen nicht in Kleidern. Sie gehen in Lumpen, und sie laufen barfuß neben unserem Zug. Das Land ist sandig, unbebaut. Auf den mageren Weiden sieht man vereinzelt eine Kuh, schmal und dünn, daß man sich wundert, wieso sie noch auf ihren Beinen stehen kann und nicht längst umgefallen ist. Und bei jeder Kuh steht einer dabei und paßt auf sie auf. Und die Kinder, die Kinder! Sie stehen und stehen in Scharen und schreien im Chor: »Paan! Bittäh – Stickchen Brot! Broot! Broot!«

Die kleinen Dörfer, an denen wir vorbeifahren, sind ganz aus Holz gebaut, mit Stroh bedeckt, das schon halbverfault ist, und die meisten Hütten stehen so schrecklich schief, als würden sie im nächsten Augenblick umfallen. Ich habe mich hingelegt neben Loerper, und er murmelt vor sich hin: »Ja, da gibt es nicht mehr viel zu sehen, worüber man sich freuen könnte.«

2. Juni

Brest-Litowsk. Wir sind in Rußland. Am Mittag werden an jeden Mann fünfundvierzig scharfe Gewehrpatronen ausgegeben. Die Tornister werden aus den Waggons auf Gefechtswagen verladen. Leutnant Kemmerling hat mich abgestellt als Beifahrer zum Bataillons-Gefechtstroß. Weil ich doch immer noch so schlecht zu Fuß bin, hat er gesagt. Und weil es in le Valdahon mit dem Regimentsstab nicht geklappt hat. Schade, meinte er, aber leider nicht zu ändern ...

Dann ist Waffenreinigen. Dabei hält der Leutnant eine Instruktionsstunde. Erst gestern hätten hier in der Nähe Partisanen eine Brücke in die Luft gejagt, und am Tage zuvor hätten sie einen vorbeifahrenden Zug aus dem Hinterhalt beschossen. Also – höchste Alarmstufe! Stichwort: Front ...

Es ist unglaublich, aber wahr: Noch vor wenigen Tagen durch das sonnenüberströmte Besançon spaziert, Aperitif geschlürft, Musik gehört, und jetzt sind wir am Feind – mit scharfer Munition im Karabiner. Hundertmal in der Wochenschau gesehen, hundertmal von der »Goebbelsschnauze« ins Ohr getrommelt bekommen, aus Berichten von »alten« Landsern mitgehört – doch wie weit, wie weit entfernt war das alles! Immer im Hinterkopf der Gedanke dabei: Na ja, so weit wird's ja nicht kommen, daß auch ich das eines Tages ... Der Krieg ist bis dahin schon sicher zu Ende. Und jetzt? Jetzt ist das alles doch Wirklichkeit, und du glaubst, du bist nicht ganz richtig im Kopf, und gleich wirst du aufwachen, und die Mutter wird rufen: »Aufstehen, Jung! Hörst du denn nicht? Der Wecker hat doch geklingelt!« Aber nichts hat geklingelt, nur der Oberleutnant ist da, der Kompaniechef, und der sagt: »Keine Sorge, Männer! Der Russe hat nichts mehr, was er uns entgegensetzen könnte. Die meisten kommen mit Dreschflegeln an, weil sie keine Gewehre mehr haben.«

3. Juni

Ich komme nach Hause, irre durch die Stadt, suche Änne, suche Änne. Da schiebt mir Hannes mein Gewehr in den Arm, und ich hocke mich an die Tür unseres Waggons und drücke mir den Stahlhelm auf den Kopf. Höchste Alarmstufe! Partisanengefahr.

Ein herrlicher Tag bricht an. Wir stehen wieder auf einem Nebengleis und warten. In den letzten drei Tagen sind wir kaum von der Stelle gekommen. Kein Wunder bei diesem gigantischen Transport, der von Westen nach Osten rollt. Wir liegen kurz hinter Minsk, und es heißt, vor uns sollen Partisanen die Strecke in die Luft gesprengt haben, darum geht's nicht mehr weiter.

Auf dem Bahngelände treffe ich einen Kölner, der eben von zu Hause kommt, und was der mir erzählt, klingt so schrecklich, daß ich es einfach nicht glauben kann: Am vergangenen Samstag haben englische Flieger die Stadt bombardiert wie noch nie. Fast tausend Bomber sollen es gewesen sein, und vierzig hat unsere Flak heruntergeholt. Wie er sagt, stand die ganze Innenstadt in Flammen.

Köln, unser schönes, uraltes Köln, meine Heimatstadt! Nur noch ein Trümmerhaufen? Und die Eltern? Wie mag's ihnen ergehen? Und Änne!? Noch vor ein paar Tagen sagte unser Leutnant im Unterricht: »Die Tommys haben die Schnauze voll. Sind schon vierzehn Tage nicht mehr eingeflogen.«

»Ist nur Ruhe vor dem Sturm, Herr Leutnant«, sagte ich. »Sie werden zu einem unerwarteten, entsetzlichen Schlag ausholen und ...«

»Sie sind ein schrecklicher Pessimist, Frey«, sagte der Leutnant, »und wenn ich nicht wüßte, was für ein guter Soldat Sie sind – ich möchte fast glauben, Sie treiben Wehrkraftzersetzung.«

Ich bekam einen Schreck, und Hannes sagte: »Halt dein Maul mehr im Zaum!« Aber vor unserem Leutnant habe ich keine Angst – wie vor den anderen Vorgesetzten. Er war bis jetzt immer gut zu uns. Und darum nehme ich mir den Mut, ihm zu berichten, was der Urlauber aus Köln mir erzählt hat. Er sieht mich nachdenklich an und sagt nur leise: »Frey, ich geb Ihnen den Rat, behalten Sie's für sich. Verstanden?«

Wenn der Landser aus Köln nicht geschwindelt hat (und warum sollte er das?), dann werde ich meine Heimatstadt wohl nie mehr wiedersehen – selbst dann nicht, wenn ich heil und gesund aus der Scheiße hier herauskommen sollte.

4. Juni

Die Nacht war wieder ohne Schlaf. Meine Brust war wie zugeschnürt, und ich sah vor meinen Augen die brennende Stadt. Die ganze Innenstadt, hat der Landser gesagt. Die Innenstadt – dazu gehört auch unser Severinsviertel. Ich sehe meine Eltern, die Leute in unserem Haus, in unserer Straße, und ich sehe Änne und viele, viele bekannte Gesichter. Und ich möchte laut schreien:

»Macht Schluß mit dem Wahnsinn! Macht Schluß mit dem Morden! Schluß mit dem Bombenwerfen, dem Hunger, den Schmerzen! Erspart den Menschen die Angst und den Schrecken!«

Gestern ließen wir Baranowize hinter uns. Von diesem Ort hat mir Vater erzählt, als ich noch klein war. Denselben Weg ist er gefahren, damals im ersten Weltkrieg – und nun fahre ich ihn im zweiten Weltkrieg. Heute passieren wir die Beresina. Sie ist völlig verschlammt und an vielen Stellen über die Ufer getreten. Nun stehen wir seit Mittag wieder in der Nähe eines Dorfes auf freier Strecke und können uns in Ruhe die Gegend betrachten. Sie sieht nicht anders aus als die Gegend in Polen. Weit dehnen sich die Äcker bis hin zum Horizont. Manchmal liegt ein Stück Kiefernwald dazwischen, ein paar Holzhütten, bei denen ein paar Menschen irgendeine Arbeit verrichten. Und rechts und links auf den Äckern liegen ausgebrannte Panzer, und zwischen Feldstellungen und Schützenlöchern stecken Holzkreuze in der Erde, mit einem deutschen Stahlhelm obendrauf, und zu beiden Seiten des Bahndammes liegen Mauerreste und verkohlte Güterwaggons.

Morgen, in Gomel, sagte der Leutnant, werden wir endgültige Gewißheit bekommen: Entweder geht es dann weiter in Richtung Smolensk zur gefürchteten Mittelfront – oder wir biegen ab nach Süden. Ich weiß nicht, was da für ein Unterschied ist, aber es scheint so, daß allein schon das Wort »Mittelabschnitt« bei den meisten, vor allem den »Alten«, die schon im vergangenen Jahr hier haben kämpfen müssen, eine ganz schöne Gänsehaut erzeugt. Aber wieso denn? frage ich mich. Wenn die nur noch mit Dreschflegeln angerückt kommen ...

Gegen Abend sind wir von Bauern umringt, die aus den umliegenden Hütten stammen. Sie wollen Eier gegen Seife und Tabak tauschen. Nun besitze ich nur noch ein einziges Stück Seife – aber ich liege, obwohl mich die Mücken entsetzlich plagen, an einem Tümpel und halte ein herrliches Abendmahl, das aus zehn Eiern besteht.

5. Juni

»Jetzt kommen die lustigen Tage, Schätzel, ade! Und daß ich es dir gleich sage, es tut ja gar nicht weh. Denn im Sommer, da blüht der rote, rote Mohn, und ein lustiges Blut kommt überall davon. Schätzel, ade, ade, Schätzel, ade …«

Unser Bataillloner, Hauptmann Jansen, kann nicht verleugnen, daß er Schulmeister ist. Er ist sichtlich zufrieden, wenn er uns ein neues Lied beibringen kann, und man hat fast den Eindruck, er fühlt sich zurückversetzt an sein Gymnasium. Immer wieder ruft er uns zu, daß ein Mensch, der nicht singt, gar kein richtiger Mensch ist. Bin ich froh und glücklich, ein richtiger Mensch zu sein! Nur wäre es mir lieber, ich würde meine Lieder im Scherfbachtal singen, in kurzen Lederhosen, mit meiner Gitarre über der Schulter und nicht mit einem Karabiner unter dem Arm.

Vom 3. Zug unserer Kompanie ist in Gomel einer ins Lazarett gekommen – irrsinnig. Doch sollte sich ergeben, daß der Mann simuliert, sagt unser Leutnant, dann gnade ihm Gott! Er wird zur Strafkompanie kommen, und das ist so gut wie sein Todesurteil. Mir ist nicht ganz wohl bei der Sache, und ich habe das Gefühl, daß solche Sachen nur als Gerüchte in die Welt gesetzt werden – von den Vorgesetzten –, damit wir Schiß haben und nicht auf den Gedanken kommen, irgend etwas zu simulieren. Vielleicht komme ich auch mal in die Strafkompanie. Weil ich simuliere, was meine Füße betrifft. Jeder Stabsarzt sagt – zwar nur indirekt –, daß ich ein Simulant bin. Obwohl jeder Idiot doch auf den ersten

Blick erkennen kann, wie es um meine Füße bestellt ist. Da braucht man nicht mal studiert zu haben und Arzt zu sein. Aber so ist das nun mal beim Kommiß: Wenn der Stabsarzt die Feststellung trifft, du bist ein Simulant – nun, dann bist du eben ein Simulant, und damit basta!

Nun sind wir schon weit nach Rußland hineingefahren. Himmel, ist das ein armseliges Land! Zerlumpte, schmutzige Menschen, elende, baufällige Holzbaracken – und alles Land ringsum ist endlos weit und reicht bis zum Horizont. Männer sind überhaupt nicht zu sehen, nur Frauen, die auf dem Felde arbeiten, und diese Arbeit ist so primitiv, daß man glaubt, um hundert Jahre zurückversetzt zu sein. Ich sehe Weiber, die den Mist mit bloßen Händen auf den Acker streuen, und da muß ich zu Loerper-Hannes sagen, der neben mir sitzt: »Vor zehn Jahren, als ich mal Jungpionier war, da hab ich von diesem Land geträumt. Hier würden die Arbeiter selber regieren, hat mir mein Vater gesagt. Hier würde es keine Arbeitslosen geben, keine Ausbeuter und darum auch keine Armut. Aber – wenn ich das nun hier sehe ...«

»Was siehst du denn?« sagt Hannes. »Siehst du vielleicht, daß hier vor einem Jahr der Krieg war? Und was für ein Krieg! Wir haben angegriffen und alles vernichtet – oder mindestens vieles –, und die Russen haben sich zurückgezogen und alles, was ihnen in die Hände fiel, haben sie mitgenommen, damit es nicht uns in die Hände fällt. Und dann: Wer hat diesen Krieg hierhergebracht und warum? Denk doch mal nach, Junge!«

»Du hast mir gesagt, Hannes, ich soll nicht soviel denken. Ich soll das Denken den Pferden überlassen, weil die größere Köppe haben, und jetzt ...«

»Döskopp!« sagt Hannes. »Denken sollst du – aber richtig! Verstehst du?«

Ich glaube, ich habe Hannes verstanden. Ich verstehe mich immer besser mit ihm, obwohl er viel älter ist als ich. Damals, in Allenstein, als wir zusammen zum Arzt gegangen sind, da sind wir uns zum ersten Male ein Stück nähergekommen, obwohl wir uns beide am Anfang mißtraut haben. Ich weiß, daß er nicht nur beim Arbeitersport war, sondern auch im KJV. Und er weiß, daß ich bei den Roten Jungpionieren war und mein Vater in der KPD. Und heute sind wir stramme Soldaten des Führers, und wir machen der 2. Kompanie des Infanterie-Regiments 770 in der 377. Infanterie-Division alle Ehre und werden dem Iwan die letzten Dreschflegel abnehmen …

Wie es heißt, sollen wir nur noch zweihundert Kilometer von der Front entfernt sein. Die Eisenbahntrümmer, die verbogenen Stahlskelette, die ausgebrannten Panzer werden immer häufiger. Gesprengte Brücken, zerstörte Dörfer, Granat- und Bombenlöcher, Schützenstellungen, zerhauene Panzer – ein schreckliches Bild der Verwüstung! Wenn man sich vorstellt, was sich hier vor einem Jahr abgespielt hat …

Einer will wissen, daß Deutschland mit der Türkei einen Vertrag abgeschlossen hat, und die Türkei wird für hundert Millionen Waffen von uns erhalten. Der Teufel mag wissen, wie die Leute zu ihren Nachrichten kommen – wo es doch gar keinen »Donnerbalken« gibt, auf dem man »Latrinenparolen« erfahren kann.

7. Juni

Kursk. Wir werden ausgeladen. Und merkwürdig: Trotz der Enge, die uns in den Waggons gequält hat – jetzt möchten wir noch drin bleiben! So hat man sich an dieses Leben gewöhnt – schlafen, essen, rauchen, träumen, schauen und ein bißchen Wache schieben, weil es Partisanen gibt.

Der Himmel ist grau, ringsum alles dreckig, verschlammt, zerstört. Ein niederdrückendes Bild. Ich muß mich beim Gefechtswagen vom 2. Zug melden, als Wagenbegleiter. Der Fahrer ist – o Gott, steh mir bei! – Stanislau Wuttke, der schon mein »Freund« in Allenstein war. Im Eiltempo wird alles aus den Waggons geworfen und auf den Gefechtswagen verpackt. Gegen elf Uhr sind wir fertig zum Abmarsch. Und zum ersten Mal marschiert unsere 2. Kompanie auf russischem Boden. Keiner spricht ein Wort. Keiner kommt auf die Idee, ein Lied anzustimmen. Zu niederschmetternd ist die unumstößliche Tatsache: Jetzt sind wir dort, wo wir zuallerletzt hinwollten – im Mittelabschnitt der Ostfront.

In zwei Nächten, so heißt es, sollen wir siebzig Kilometer schaffen, dann haben wir unseren Bereitstellungsraum erreicht. Bereitstellungsraum, wie sich das anhört! Ein Raum, in dem man sich bereitstellt – und wozu? Unser Nebenregiment 769, so heißt es, soll sich bereits im Kampf befinden. Der Kopf, das Hirn will es nicht fassen: im Kampf befinden. Aber der Körper spürt: Du bist jetzt an der Front, du bist in Rußland im Mittelabschnitt.

Ein Weg, verschlammt, die Wagen versinken bis an die Achsen. Regen, eisiger Ostwind, wie im Oktober. Der Regen rinnt an den Zeltplanen herunter, die wir uns umgehängt haben. Er rinnt in die Stiefel, und der Wind pfeift dir bis auf die Knochen. Stundenlang, endlos, trostlos.

Einmal jault ein Hund auf, springt wie tollwütig umher und dreht sich wie ein Kreisel. Unser Kompaniehund ist überfahren worden – oder besser: der Hund vom Spieß. Ein böses Omen? Vor Tagen noch habe ich diesen Hund gehaßt (obwohl ich Tiere sehr liebe), aber das hatte seinen Grund: Vor versammelter Mannschaft fütterte der Spieß seinen Hund mit Wurst und Weißbrot – während wir nichts anderes hatten als Kunsthonig. Nein, gehaßt habe ich den Spieß – den Hund nur ein wenig beneidet.

Irgendwo geht's vom Schlammweg ab (sie nennen das »Rollbahn«), nach rechts ins Gebüsch, und die Wagen bleiben im tiefen Morast stecken. Wir müssen absteigen und mit Knüppeln auf die Pferde losdreschen. Dann bauen wir im strömenden Regen unsere Zelte auf, hokken zitternd beisammen, schweigend, dösend, und ich habe plötzlich den Gedanken im Kopf: Als du im Landjahrlager gelernt hast, wie man aus einzelnen Zeltplanen ein richtiges Zelt bauen kann und du Spaß daran gehabt hast, weil du mit deiner Kameradschaft der Beste gewesen bist und du als Kameradschaftsführer dafür ein Lob bekommen hast – wenn dir damals einer prophezeit hätte, daß du dies mal gebrauchen würdest in Rußland ...?

8. Juni

Es hat stundenlang gedauert, bis wir die Fahrzeuge auf der »Rollbahn« hatten. Ich stand bei den Pferden, naß bis auf die Haut, klappernd vor Kälte, müde und hungrig, und nachher hieß es dann plötzlich: »Alle Beifahrer absteigen! Die Pferde müssen geschont werden!«

Die Pferde müssen geschont werden – und ich latsche hinter dem Wagen bis an die Knöchel im Schlamm, und Wuttke sitzt oben auf dem Bock und schwingt seine Peitsche.

Um zwei Uhr dämmert es, um drei Uhr kommt die Sonne, und die Kompanie marschiert und marschiert. Keiner darf zurückbleiben, keiner darf schlappmachen – der Spieß umkreist die Kompanie wie ein wachsamer Hund. Manchmal ist er hinter mir, und ich spüre ihn im Nacken. Aber er brüllt nicht mehr, wie in der Kaserne, er ist schweigsam geworden, und wenn mal ein paar Minuten Rast gemacht wird, dann schmeißt er sich hin in den Matsch, genauso wie ich und alle anderen. Genauso wie der Oberleutnant, der Leutnant, der Feldwebel und wahrscheinlich auch der Hauptmann, der unser Bataillonschef ist.

Es ist so neblig, daß man nicht weiß, ob Mittag, Morgen oder Abend ist. Die ersten Pferde brechen zusammen. Die Fahrer schreien sich heiser. Und ich marschiere und marschiere. Mir stehen vor Schmerz die Tränen in den Augen – aber auch vor ohnmächtiger Wut und Erbitterung. O du mein Gott und dein heiliger, scheißverdammter Krieg! Ich sehe noch jetzt vor meinen Augen die Frauen und Kinder auf dem Bahnhof in Kursk, wo wir ausgeladen wurden. Sie waren in Lumpen gehüllt, und man konnte sehen, daß eine der Frauen schwanger war, und sie hielt ein kleines Kind auf dem Arm und rief: »Pan, Brot!« Sie wies auf das Kind und hielt ein Stückchen verschimmeltes Brot empor. Da sprang der Spieß auf sie zu, stieß sie mit dem Fuß von der Rampe und schrie: »Alte Toppsau, scher dich zum Teufel!«

Die Frau lag am Boden und wand sich im Morast, und das Kind unter ihrem zuckenden Leib schrie so gräßlich, daß ich mir die Ohren zuhalten mußte. Ja, es gibt Bilder im Leben, die man niemals vergißt, niemals vergessen kann.

Endlos zieht sich dieser Tag dahin. Am Abend erreichen wir ein paar Wassertümpel, und in einer schmalen Rachel beziehen wir Quartier, die Gefechtswagen der 1. und 2. Kompanie. Die Kompanien kommen erst viel später an, und wir erfahren, daß drei Pferde zusammengebrochen und verreckt sind. Also können wir in dieser Nacht nicht weiter.

9. Juni

Ich habe mich in den letzten Tagen manchmal gefragt: Warum marschieren wir eigentlich nur in der Nacht? Am Tag wär's doch leichter. Nun war in der vergangenen Nacht über uns das Gebrumm von Flugzeugmotoren, und dann hat es fürchterlich gekracht in der Nähe. Die Erde bebte, aber wir haben weitergeschlafen, wie die Toten. Nur im Unterbewußtsein habe ich gedacht: Der Tod muß doch gut sein, barmherzig ... Ob es feige ist, ihn sich herbeizuwünschen?

Die Morgenkälte hat uns geweckt. Heute ist Ruhetag. Alle sind fertig, restlos: die Pferde, die Mannschaft, die Unteroffiziere – und sogar der Oberleutnant. Waschen, alles saubermachen, Waffen reinigen – so vergeht der Tag. Als sich die Gelegenheit ergibt, frage ich Leutnant Kemmerling, ob es nicht möglich sei, daß ich wieder zurückdürfte zu meiner Gruppe. Er macht ein erstauntes Gesicht. Wieso denn? Er hätte mich extra zum Gefechtstroß abkommandiert, weil ich mit meinen Füßen so große Beschwerden hätte, ich solle doch froh sein, daß er für mich etwas hätte tun können.

Nein, ich bin gar nicht froh. Gewiß, der Leutnant hat's gut gemeint mit mir, und dafür bin ich ihm dankbar, aber – wenn ich neben dem Wagen herlaufen muß, genauso marschieren muß wie alle anderen in der Kompanie, dann will ich doch lieber bei meinen Kameraden sein, in meiner Gruppe, will mit ihnen kämpfen und kein Drückeberger sein!

Der Leutnant schüttelt entschieden den Kopf. Kommt gar nicht in Frage! Also bleibe ich beim Gefechtstroß, und die Kameraden betrachten mich von der Seite, als wäre ich wirklich ein Drückeberger. Ach, wie gerne würde ich mit ihnen tauschen, wenn ich nur gesunde Füße hätte!

Was ich dem Leutnant aber nicht gesagt habe: Mir fehlen nicht nur die bekannten Gesichter meiner Kameraden – mir fehlt vor allem Hannes Loerper. Noch vor ein paar Tagen hat er mir gesagt, daß er, wenn er bei der ersten Gelegenheit »die Mücke machen wird«, sich wünschte, ein Zweiter wäre dabei. Zu zweit wäre es ganz bestimmt leichter.

10. Juni

Nun wird uns der Abend zum Morgen und der Morgen zum Abend, und die Nacht wird zum Tag, und ich muß fast täglich daran denken, wie wir mit unserem Landjahrlager durch Ostpreußen gezogen sind und wie wir in die Welt hinausschmetterten: »Nach Ostland geht unser Ritt!«

Jetzt befinden wir uns in fremdem Land – aber wer von uns Jungs hätte sich das damals so vorgestellt?

Die Wege sind nicht mehr so verschlammt, und in der vergangenen Nacht ging der Marsch fast ohne Hindernisse vor sich. Doch mir ist etwas passiert, was mich beinahe ins Jenseits befördert hätte. Auf einer schmalen Holzbrücke scheuten unsere Pferde. Sie drückten die Deichsel nach links – und der Wagen stand mit zwei Rädern auf dem Längsbalken. Unter uns eine acht bis zehn Meter tiefe Schlucht. Ich habe mich nicht sonderlich aufgeregt, nicht mal einen Schreck bekommen. Erst später, als wir ein Stück weitergefahren waren, wurde mir ganz übel bei dem Gedanken an die Brücke …

In der Nacht kreisten Flieger über uns. Sie warfen Leuchtkugeln, und alles blieb wie versteinert stehen und rührte sich nicht – genauso, wie wir's in der Ausbildung in Allenstein gelernt haben. Unsere leichte Flak ballerte hinauf, und die Russen jagten MG-Garben herunter, und dann meinte Wuttke, der sonst nie etwas sagt: »Ganz schöne Dreschflegel haben die noch!«

In einem Dorf trafen wir Ungarn, unsere Verbündeten. Sie hockten auf dem Boden und sangen traurige, schwermütige Lieder. Auch russische Lieder und Balalaikamusik drang an unser Ohr.

Und wir zogen weiter. Sand, Sand, Heide, Moor,

Sumpf, Sand. Um zwei Uhr in der Frühe stand wieder die Sonne am Horizont, und wir bezogen Biwak in der Nähe eines Teiches unter dichten Bäumen. In dem Teich quakten Tausende Frösche, und das Gezwitscher der Vögel war so laut, daß wir eine ganze Weile nicht einschlafen konnten.

Unsere Wagen und Zelte haben wir mit Zweigen gut getarnt, so daß man auch auf kürzeste Entfernung nicht bemerkt, daß hier eine ganze Kompanie Unterschlupf gefunden hat. Unsere »Nachtruhe« dauert von früh um fünf bis mittags um zwölf. Gleich nach dem Essen ist Appell. Jeder muß seine eiserne Ration vorzeigen. Zwanzig haben sie nicht mehr.

11. Juni

Die Nacht war still und schwarz, kein Flieger störte unseren Marsch. Beim Abenddämmern zogen wir los, und beim ersten fahlen Schein im Nordosten schlugen wir unsere Zelte auf. Nun liegen wir unter hohen Kiefern und Eschen, und es ist so schön hier wie zu Hause. Hunderte Krähen flattern umher. Irgendwo in der Nähe flötet eine Nachtigall, und in der Ferne ruft ein Kuckuck. Wenn ich die Augen schließe, kann ich mir einbilden, ich säße mit Änne im Volksgarten auf einer Bank ...

Am Nachmittag spielt sich über uns ein dramatischer Luftkampf ab, und ich empfinde ein wenig Schadenfreude, wie meine »lieben Kameraden vom Troß« mitsamt unserem Spieß vor Schiß in die Erde kriechen. Die müßten in Köln gewohnt haben! Bis jetzt kannten sie den Krieg nur vom Hörensagen und aus Wochenschauen. Aber jetzt?

12. Juni

Wir haben uns tief im Wald verkrochen. Das ganze Regiment ist beisammen und wird hier in Bereitstellung gehen. Unsere 2. Kompanie hat ihre Stellung schon bezogen. Ich war bei meiner Gruppe, aber sie lagen am Boden wie tot und schnarchten. Wir haben nur vier Stunden Ruhe, dann werden wir geweckt zum Appell. Es heißt, in der kommenden Nacht dürfen wir uns richtig ausschlafen, denn es geht ja nicht mehr weiter. Die Front muß ganz in der Nähe sein, es kracht und donnert wie bei einem Gewitter.

Ich habe Hunger. Ich würde jetzt, wenn ich noch eine »Eiserne« hätte, keine Sekunde zögern ... Denn wir haben zwei Tage keinen Nachschub an Verpflegung gehabt. Die Pferde machen nicht mehr mit.

Nun bin ich seit Tagen mit diesem Wuttke zusammen – aber wir haben kaum ein Wort miteinander gewechselt. Der Kerl ist stur wie ein Panzer, ein waschechter Ostpreuße, Knecht auf einem Gutshof. Und da er aus diesem Grund mit Pferden umgehen kann, hat man ihn zum Troß gesteckt. Er ist der verantwortliche Fahrer unseres Wagens (das Bataillon hat zwölf Gefechtswagen mit vierundzwanzig Pferden, zwölf Fahrern und zwölf Beifahrern), und nun bildet er sich ein, ich wäre sein Knecht, weil ich von Pferden keine Ahnung habe. So ist das im Leben: Jeder Knecht braucht einen Knecht unter sich, an dem er sich rächen kann für das, was man ihm angetan hat. Wuttke ist sein Leben lang unterdrückt und getreten worden, und jetzt endlich hat er die Gelegenheit, einen anderen zu treten und zu unterdrücken! Er sitzt oben auf dem Kutschbock, er schwingt seine Peitsche, schreit hü und hott – und ich latsche neben oder hinter dem Wagen, tief unter seinem ach so hohen Kutschbock.

12. Juni

Liebe Änne!
Ich liege hier irgendwo im Walde vor einem Zelt, und meine Kameraden singen »Jetzt kommen die lustigen Tage«. Dieses Lied ist aus dem achtzehnten Jahrhundert, und wir leben im zwanzigsten Jahrhundert und liegen in Rußland und warten darauf, daß man uns bald »einsetzen« wird. Vergiß Deinen Jäcki nicht und bleib ihm treu, denn er hat es verdient! Manchmal denke ich, ich erlebe das alles nur im Traum. Aber wenn ich meine Füße spüre, dann weiß ich, daß ich hellwach bin und alles Wirklichkeit ist.

Da sind wir nun aus dem sonnigen Frankreich in Richtung Osten gefahren, zehn Tage und Nächte, ununterbrochen, und nun sind wir hier in diesem Rußland. Vieles habe ich erlebt. Merkwürdiges, Seltsames, Unvergeßliches, Schönes und unsagbar Häßliches, und nun habe ich am eigenen Leibe gespürt, was wir gemeinsam so oft im Kino in der Wochenschau gesehen haben: Vormarsch in Rußland. Regen, Regen, immer nur Regen und Kälte und verschlammte Straßen, die eigentlich gar keine Straßen sind, sondern verschlammte Wege, auf denen man bis an die Knie versinkt. Doch heute scheint endlich die Sonne, und wir haben uns im Walde verkrochen und führen ein wahres Zigeunerleben voller Romantik in Gottes freier Natur …

Drüben, nur wenige Kilometer von hier, grollt die Front. Wann wird sie uns rufen? Morgen? Übermorgen? Wer möchte es wissen?

Hier geht das Gerücht, unser Köln sei am 30. Mai schrecklich bombardiert worden. Stimmt das, oder ist das nur wieder eine Latrinenparole? Bitte, schreib mir darüber! Wären wir mit dem Krieg hier in Rußland schon fertig, dann könnten wir endlich dem elenden Tommy an die Gurgel, und der Krieg wäre uns dann nur noch »ein innerer Vorbeimarsch« (Achtung, herhören: schwarzweiß, schwarzweiß!).

Wenn Du diesen Brief erhalten hast, dann gehe gleich zu meinen Eltern und erzähle ihnen alles, was für sie wichtig ist. Und noch eine Bitte: Schick mir doch so bald wie möglich eine Mundharmonika! Am liebsten wäre mir eine Piccolo in C-Dur. Kann aber auch F-Dur sein. Und schick mir in Deinem nächsten Brief wieder ein Notizheft, das ich als Tagebuch gebrauchen kann. Es muß genauso groß sein wie die anderen, die Du schon von mir zurückbekommen hast. Und Mutter könnte mir mal wieder ein paar Zigaretten schicken.

Vier Monate bin ich nun fort von Dir – wie lange wird es noch sein? Das steht in den Sternen, und wenn ich nachts auf Wache zum Großen Bären hinaufschaue, dann muß ich denken: Ob Änne jetzt auch da hinaufschaut und so in Gedanken bei mir ist? Also – vergiß Deinen Jäcki nicht und bleib ihm treu – zumindest solange er noch lebt!

13. Juni

Ich bin so müde, daß ich im Stehen schlafen könnte. Seit wir in le Valdahon ausgerückt sind, haben wir keinen richtigen Schlaf mehr gehabt, nur immer ein paar Stunden, immer unregelmäßig, mal mittags, mal abends und mal in der Nacht. Und immer nur stundenweise. Das muß sich doch mal auswirken!

Am Vormittag war Instruktionsstunde. Der Leutnant sagte, unsere Truppen lägen dem Russen im Stellungskampf gegenüber und wir hätten die Stellung so lange zu halten, bis genügend Nachschub herangeführt sei und dann endlich der langersehnte Befehl zur großen Sommeroffensive komme. Ersehnter Befehl? Wer mag diesen Befehl wohl ersehnen? Aber etwas ist mir aufgefallen: Er sagt nichts mehr von Heugabeln und Dreschflegeln. Er spricht von der Schwere, die ein Stellungskampf mit sich bringt.

16. Juni

Wehrmachtbericht: Im Raum ostwärts Charkow wurden die Reste des geschlagenen Feindes vernichtet oder gefangengenommen. Im Raum ostwärts Kursk wiesen deutsche und ungarische Truppen wiederholte Angriffe des Feindes ab.

Grauer Tag. Strömender Regen. Der Sturm pfeift um unser Zelt. Wolschanka, das Dorf, in dem wir liegen, versinkt im Morast. Grau sind heute auch meine Gedanken. Ein Russenjunge spielt auf seiner Balalaika eintönige, schwermütige Melodien – und ich halte ein Telegramm in der Hand und weiß nun, daß meine Eltern zwar noch leben, aber nichts mehr besitzen außer dem Mantel und Hemd, in dem sie in den Keller gegangen sind.

Ich war mit dem Telegramm bei Oberleutnant Bruse. Bombenurlaub? Jetzt, kurz vor dem großen Angriff? Was ich mir denn denke? Nein, unmöglich, Mann! Ganz unmöglich! Und was ich denn da will in diesem Köln? Wo doch alles längst vorbei ist! So ist meine letzte Hoffnung, doch noch von diesem Haufen wegzukommen, endgültig vorbei. Aber jammern werde ich nicht. Untergehen werde ich mitsamt diesem Haufen, dieser stolzen 377. Kunsthonig-Division.

Wie rasch man sich doch an alles gewöhnen kann! Man gewöhnt sich daran, ein Hemd vier Wochen auf dem Leib zu tragen – und man gewöhnt sich daran, tagtäglich darauf zu warten, daß man, wie ein zum Tode Verurteilter, zur Hinrichtung geführt wird.

18. Juni

Liebe Änne!
Tagelang habe ich hin und her überlegt, ob ich diesen Brief schreiben soll oder nicht. Aber ich glaube, es muß wohl sein, und Du darfst nicht erschrecken. Also, Du hast meine ganzen Sachen in Verwahr, Tagebücher, Manuskripte usw. Das alles hat für mich einen großen Wert. Ich weiß, daß dies alles bei Dir gut aufgehoben ist – aber jetzt, nach dem schrecklichen Angriff auf Köln, möchte ich Dich bitten: Nimm alles, was Du von mir hast, und schick es an eine Adresse, die Du von meinem Freund Hein bekommst. Dort ist es sicherer als in Köln. Später werde ich die ganzen Sachen vielleicht mal brauchen, denn es ist ja mein Anfang als Schriftsteller und darum für mich unersetzlich.

Und nun noch etwas: Wenn ich hier fallen sollte, morgen, übermorgen – wer weiß es im voraus? –, und wenn die Nachricht kommen sollte: »Gefallen für Großdeutschland«, dann nimmst Du alles, was Du von mir noch zu Hause hast, alles, was Dich an mich erinnert, und schmeißt es in den Ofen. Nichts sollen andere noch von mir wissen, und Du sollst mich vergessen und Dich nicht grämen, damit aus einem Unglück nicht noch gleich ein zweites wird.

Ich weiß, liebe Änne, es ist nicht einfach, über solche Dinge zu reden, aber jetzt, wo es offensichtlich bald losgeht … Werde ich verwundet, so bekommst Du sowieso eine Nachricht, und gerate ich in Gefangenschaft – da mußt Du eben warten, bis der Krieg zu Ende ist, vielleicht noch etwas länger.

So, meine Liebe, jetzt fühle ich mich erleichtert.

19. Juni

Wir ersaufen fast in unserem Zelt. Es hat die ganze Nacht geregnet. Heute morgen ist wieder Kompaniebelehrung. Ein Befehl jagt den anderen, eine Verfügung und Belehrung folgt der anderen. Ja, diese Tage des Wartens sind eine harte Nervenprobe. Wie beim Zahnarzt: Du sitzt im Wartezimmer und willst eigentlich gar nicht dort rein, aber du mußt. Allerdings – du kannst wieder abhauen, wenn du willst. Aber hier? Aus diesem »Wartezimmer« kann keiner mehr raus! Und immer und immer wieder, fast jeden Tag, wird uns eingebleut: »Seid bereit! Seid bereit! Großes steht uns bevor!«

Es ist schon längst kein Lachen und Singen mehr zu hören. Jeder denkt wohl für sich: Wie lange noch wird mir die Sonne scheinen? Die Vorgesetzten haben ihre Schulterklappen umdrehen müssen, damit sie als Offiziere nicht gleich zu erkennen sind. Doch was nützen alle Ermahnungen und Belehrungen? Es gibt keinen Zusammenhalt bei uns, keine Kameradschaft, keiner kümmert sich um seinen Nebenmann. Immer noch werden wir von den Vorgesetzten angeschissen, als wären wir Rekruten, und immer noch ist es so, daß einer dem anderen nicht über den Weg traut. Und mit solch einer Truppe in einen siegreichen Kampf? Alles nur Krampf! Ich glaube fest, daß die meisten denken: Eigentlich sind wir doch gar keine Fronttruppe, und alle werden wir vor die Hunde gehen. Wenn man nur wüßte, warum und wofür!? Für Deutschland?

Ursprünglich hatte ich mir vorgenommen, nicht jeden Tag in mein Tagebuch zu schreiben, nur dann, wenn mir etwas Besonderes über den Weg läuft. Aber jetzt schreibe ich doch jeden Tag. Denn jeder neue Tag bringt neue Erfahrungen und – neue Erkenntnisse. Oder ist es nicht etwas völlig Neues in meinem Leben, daß ich zum erstenmal knochenharte Stiefel, zwei Paar wollene Socken, eine dicke Unterhose, dicke Tuchhose, Rock und Pullover und einen schweren Wintermantel trage und mir trotzdem vor Kälte die Zähne klappern? Und das im

Sommer! Ist es nicht zum erstenmal in meinem Leben, daß ich solche unvorstellbare Armut, solches Elend, solchen Hunger, solche bejammernswerten Gestalten, solchen Schmutz und solche Zerstörung vor Augen habe? Daß ich in einer Stadt (sie heißt Schtschigry) durch Straßen fahre, in denen man ersaufen kann im Morast? Ja, wenn ich heute nicht aufschreibe, was ich sehe und erlebe – wer wird mir's glauben, später zu Hause? Vielleicht – ich selber nicht.

22. Juni

Morgens um vier fahren wir wieder nach Schtschigry, und erst am späten Abend sind wir zurück. Fünfzehn Kilometer hin und fünfzehn zurück – das sind dreißig Kilometer Fußmarsch! Müde, noch halb schlafend, kriecht man am Morgen aus dem Zelt, hungrig, vom gestrigen Tage noch naß, und am Abend kriecht man in seine Hütte, auf seinen Platz, nur den einen Gedanken im Kopf: Lieber, guter Gott, mach recht bald ein Ende! Das muß man sich vorstellen: Weil ich fußkrank bin, hat mich der Leutnant zum Troß versetzt, und weil ich zum Troß versetzt bin, habe ich heute dreißig Kilometer Fußmarsch hinter mir – und die Kompanie liegt in Ruhestellung im Dorf, ist nicht einen Kilometer marschiert!

Heute, so hieß es, sollte am ersten Jahrestag unseres Krieges gegen Rußland die große Offensive beginnen. Aber wir liegen noch immer in Wolschanka, und man macht uns das Leben so sauer wie möglich. Seit vierzehn Tagen haben wir keine Kartoffel mehr gesehen, geschweige denn gegessen, und ab heute sind die Brotrationen noch kleiner geworden. Der Nachschub, so heißt es, käme nicht nach bei diesem Schlamm. Viele Pferde sind schon verreckt, und die übrigen haben fast alle den Rotz. Sie sind an dieses Klima nicht gewöhnt wie die russischen Panjepferdchen.

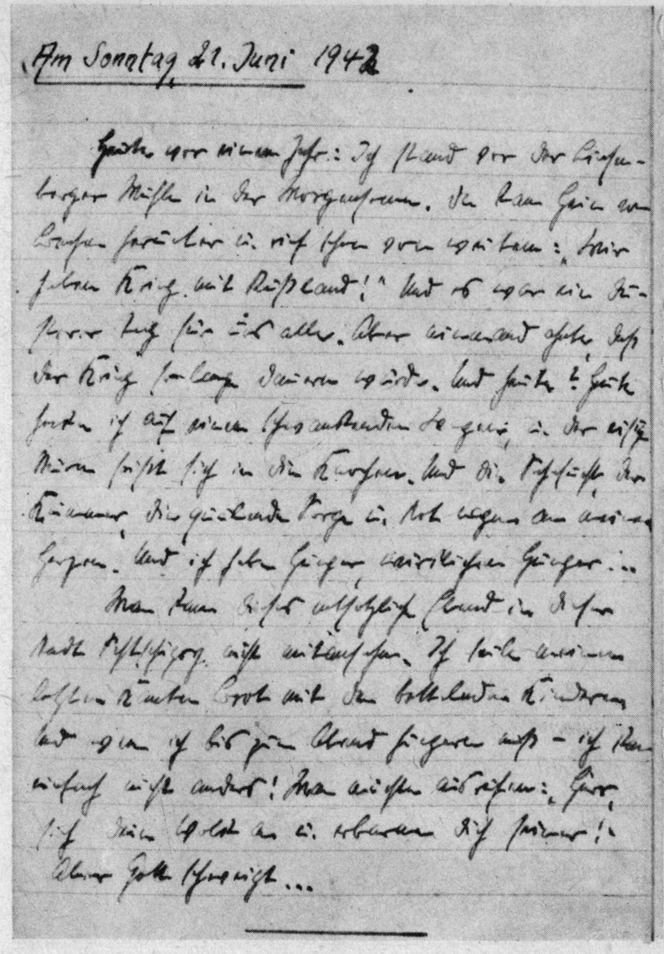
Am Sonntag 21. Juni 1942

Ja, heute vor einem Jahr! Es war Sonntag, und ich stand vor der »Liesenberger Mühle« in der Morgensonne. Da kam Hein von Bechen auf seinem Fahrrad heruntergesaust und schrie schon von weitem: »Wir haben Krieg mit Rußland!« Es wurde, trotz der Sonne, ein düsterer Tag. Es wurde nicht gesungen und nicht musiziert. Wir ahnten Böses – doch wer konnte wissen, daß dieser Krieg mit Rußland so lange dauern und so grausam sein würde?! Und ich konnte damals nicht ahnen, daß ich ein Jahr später durch eine Stadt in Rußland marschieren und heimlich einem halbverhungerten Kind meinen letzten Brotkanten hinwerfen würde, obwohl mir selber der Kohldampf in den Därmen nagt! Wer konnte das wissen? Und wer kann heute vorausahnen, was auf uns noch zukommen wird?!

Alles ist drastisch verschärft worden, für das geringste »Vergehen« hagelt es Strafwachen und Strafexerzieren. Es ist schlimmer als in der Kaserne. Aber das tollste: Das alles geschieht knapp zwei Kilometer hinter der Front, hinter der Hauptkampflinie, fünf Minuten vor dem glorreichen Heldentod!

Und wie schön ist diese Welt! Wenn der Sturm auch mit Urgewalt über alles hinwegorgelt – wie schön sind die Farben der Sonne zwischen den jagenden Wolkenhaufen, wie schön ist das Blau und Grün der Hügel, sind die schwarzweißen Birkenwälder!

Ja, die Erde ist ein Paradies, doch der Mensch macht sie zur Hölle. Wie oft hat Vater das gesagt, als ich noch Kind war – aber erst heute kann ich ihn richtig verstehen.

22. Juni

Liebe Änne!
Ich bin Dir noch eine Antwort schuldig – auf die Frage, ob Du Patzigs Angebot annehmen sollst oder nicht. Vorweg gesagt: Laß die Finger davon! Und warum? Es war ungefähr drei Wochen vor meiner Einberufung, da ließ Schweinebacke mich zu sich kommen, und er machte mir das Angebot, ich solle in unserer Schweißabteilung heimlich für ihn die Zeiten nehmen, an die er nicht herankommt. Nun, ich bin zwar ein einfacher Prolet, aber Vater hat mal gesagt: »Und wenn sie uns das Hemd vom

Leibe nehmen – unsere Ehre, die können sie uns nicht nehmen!«

Siehst Du, liebe Änne, und darum wollte ich mir meine Ehre nicht nehmen lassen. (Übrigens hat Hein mir ziemlich drastisch gesagt: »Wenn du so etwas tun würdest, ich spuckte dir meinen Priem in die Fresse!«) Darum nimm Dir meinen Rat zu Herzen: Laß die Finger davon! Ganz bestimmt wird Schweinebacke eines Tages kommen und irgendeine krumme Sache von Dir wollen. Ich weiß, die Versuchung ist groß – dreißig Mark im Monat mehr in der Lohntüte, das will überlegt sein! Aber nun kommt mein Rat sicher schon zu spät.

23. Juni

Gestern abend mußten wir Beifahrer aus einer Russenhütte Beutemunition holen und auf unsere Fahrzeuge laden. War ein merkwürdiges Gefühl, diese unbekannten russischen Granaten anzufassen. Konnten sie nicht jeden Moment losgehen, uns in Stücke reißen? Der Spieß stand in einiger Entfernung und sah uns zu. Ob er daran gedacht hat, daß wir zerfetzt in die Luft ...? Ich glaube kaum. Was sind wir denn in den Augen der Vorgesetzten? Menschenmaterial, nichts weiter. Pferdematerial – ja, das ist schon was anderes, damit muß man sorgsam umgehen, sonst werden wir Woronesh und Moskau niemals erreichen.

Heute nun bringen wir das Beutezeug ins Muni-Lager des Regiments. Als wir dort ankommen, brüllt uns der diensthabende Oberfeld an, rennt dreißig Meter weit fort und schreit aus dieser Entfernung, ob wir wahnsinnig wären und wer uns den irrsinnigen Befehl gegeben hätte, dieses Teufelszeug ...?

»Unser Oberfeld Krause hat uns den Befehl gegeben, die Dinger hier abzuliefern«, sage ich. »Wo sollen wir sie abladen, Herr Oberfeld?«

»Von mir aus in der Hölle!« schreit der Oberfeldwebel, ganz blau im Gesicht vor Scheißangst. »In meiner ganzen Dienstzeit ist mir so was noch nicht vorgekommen! So ein irrsinniger Leichtsinn ist doch gar nicht möglich!«

Dann will er noch wissen, wie weit wir denn gefahren wären mit diesem Zeug. Nun, so gute zwölf Kilometer, vielleicht auch fünfzehn, lautet meine Antwort. Heilige Maria, das kann doch nicht wahr sein! Das reine Himmelfahrtskommando! Und er bekreuzigt sich, wahrhaftig, er bekreuzigt sich.

Als wir nachher zurückfahren, ohne Granaten hintendrauf, da muß ich erst mal ins Gebüsch. Mir ist plötzlich so übel, daß ich kotzen muß.

Am Abend holt unser Batailloner seinen ganzen Haufen mal wieder zusammen. Er hält eine Ansprache. Es ist fast die gleiche wie in Frankreich. Stoßdivision wären wir nun. In aller Kürze schon würde der Tanz losgehen. Ganz neue Waffen würden eingesetzt werden, Geheimwaffen. Keiner von uns brauche Angst zu haben. Alles ginge gut.

24. Juni

Am Nachmittag spielt sich über uns in großer Höhe ein Luftkampf ab. Russische Bombengeschwader werden von unseren Messerschmitt angegriffen. In wenigen Minuten trudeln drei Russen wie brennende Fackeln zur Erde und zerbersten mit donnerndem Knall. Kurz darauf folgen vier weitere Russen und werden von unseren Jägern zur Erde geschickt. Und da muß ich plötzlich denken: Vor drei Minuten noch saßen dort oben in den Maschinen lebende Menschen – jetzt sind sie zerfetzt und verkohlt. Und zu Hause hoffen ihre Verwandten, ihre Frauen und Kinder, daß sie noch leben.

Jeden Morgen kommen nun die russischen Flieger

und jeden Abend in der Dämmerung. Wir erkennen sie schon an dem klapprigen Geräusch ihre Motoren, und wir ziehen die Köpfe ein und gehen in Deckung. Doch bis jetzt hat uns der Krieg noch verschont. Bis jetzt sind wir nur Zuschauer gewesen, wie im Kino oder Theater. Aber – wie lange noch? Ach, scheißegal, komme, wie es kommen mag, ich habe mich in mein Schicksal gefügt! Warum sollte es mir besser ergehen als allen anderen? Ich bin jetzt Soldat. Aber bin ich das wirklich? Nein, ich bin nur ein Arbeitstier, einer, der hinten beim Troß der kämpfenden Truppe die Klamotten nachbringt. Ja, und einer, der sich immer und immer wieder die Frage stellt: Wozu werden die Menschen geboren? Nur deshalb, damit man sie auf grausame Weise vernichten kann?

Nun wollen sie also mit Geheimwaffen kommen. Wollen mit Preßluftbomben und -granaten den Russen die Lungen zerreißen, damit sie jämmerlich ersticken. So sagt uns der Oberleutnant, und der muß es ja wissen.

25. Juni

Als gestern die Abendsonne auf das sonnendurchglühte Land sank, als im Westen der Himmel in den herrlichsten Farben erglühte, als die Grillen zirpten und die Herzen von einer friedlichen Stimmung erfüllt waren, da mußte es wohl so kommen, daß wir uns zum erstenmal zusammenfanden, ohne Befehl, ohne Müssen, wir, die Kameraden der 2. Kompanie. Wir trafen uns dort, wo Nikolai mit seinen schwermütigen Melodien, die er seiner Balalaika entlockte, auf einer wackligen Bank saß, und wir hockten im Kreis um ihn her. Dann nahm einer der Landser Nikolais Instrument, zupfte in den Saiten, und – o Wunder! – es erklang eine deutsche Melodie, ein Lied aus der Heimat. Wir sangen erst zaghaft, ein wenig verlegen, dann aber lauter und kraftvoller. Danach spielte wieder Nikolai, und ein paar Mädels aus dem

Dorf kamen hinzu, noch schüchtern und abwartend, aber dann sangen sie mit und – begannen zu tanzen. Eine einstimmige, sich immer wiederholende Melodie mit merkwürdig hohen, fast schrillen Stimmen, eine Melodie, die seltsam erregte und zugleich doch beruhigend wirkte.

Da stand plötzlich Oberleutnant Bruse vor uns und schrie: »Ihr wolltet wohl mit euerm Geplärre die Flieger herbeilocken?! Los, marsch, alles in die Quartiere!«

Dieser elende Schulmeister! Statt sich zu freuen, daß sich die Menschen, Deutsche und Russen, einmal zusammenfinden, vor allem aber, daß in seiner Kompanie mal wieder gelacht wird – statt dessen jagt er uns auseinander. Aber – vielleicht hat er einen anderen Grund als die Angst vor den Fliegern? Vielleicht will er nur verhindern, daß wir mit den Russen in Berührung, in menschlichen Kontakt kommen?

Gestern gab es Marketenderware. Zehn Mann erhielten eine Flasche Kognak. Das ist pro Mann ein kräftiger Schluck, mehr nicht. Bei den Unteroffizieren gab es nachher eine tolle Prügelei, aber der Kompaniechef fuhr nicht die Unteroffiziere an, sondern uns, die »Ein-Schluck-Landser«: »Sauerei, sich so zu besaufen!«

Dieser feige Hund! Vor den Unteroffizieren hat er Schiß, da geht er nicht ran. Die braucht er ja beim kommenden Angriff, auf die muß er sich verlassen können, denn sie (und nur sie!) halten den Haufen zusammen.

Da wird nun bei jeder Gelegenheit von der heiligen Kameradschaft geredet, ja, gepredigt, die Kameradschaft, die uns alle verbindet auf Gedeih und Verderb – wie aber sieht es in Wirklichkeit aus? Die Vorgesetzten schikanieren uns bis aufs Blut, und allen voran »die Mutter der Kompanie«, Oberfeldwebel Krause. Vater hat mir mal erzählt, wie es in seiner Kommißzeit Vorgesetzte gab, die, ausgesprochene Sadisten, ihre Untergebenen so lange quälten, bis sie dadurch ihre sexuelle Befriedigung fanden. Ja, ich glaube bestimmt: So einer ist unsere »Mutter der Kompanie«, unser Spieß, Oberfeldwebel Krause.

Wenn wenigstens die einfachen Landser zusammenhalten würden! Doch einer ist des anderen Teufel. Wer schon nur einen Winkel am Ärmel trägt, der läßt sich mit »Herr Gefreiter« anreden, der hält seine Nase schon hoch in den Wolken. Kameradschaft? Nein, brüllen, anschreien, nach unten trampeln und bestrafen – das ist die »heilige Kameradschaft«! Und mit so etwas wollen wir siegen? Scheiße! Dreimal heilige Scheiße!

Heute nachmittag bekam jeder ein drittel Tafel Schokolade. Ein untrügliches Zeichen, sagen die »Alten«, daß es morgen oder spätestens übermorgen losgehen wird. Und tatsächlich – wir müssen noch heute das Gepäck auf die Wagen verladen, und jeder Landser behält nur sein Sturmgepäck bei sich. Nach Einbruch der Dunkelheit rückt die Kompanie ab – und ich kann mich noch nicht mal von den Kameraden meiner Gruppe verabschieden, von Loerper und Leyendecker und dem Loevenich-Josef. Ich bleibe beim Troß im Dorf zurück, in dem es jetzt unheimlich still geworden ist.

26. Juni

Oberleutnant Bruse hat eine Rede gehalten, die werde ich im Leben wohl niemals vergessen:

»Männer, ihr braucht keine Angst zu haben! Wir müssen in dieser letzten, großen Offensive, die vor uns liegt, nur eine einzige Aufgabe erfüllen: Wir müssen marschieren, marschieren, marschieren! Der Russe ist erledigt, restlos fertig. Den Rest werden ihm nun unsere Geheimwaffen geben! Unsere Preßluftwerfer, die im Umkreis von dreihundert Metern alles vernichten. So werden sie ausgelöscht, vom Erdboden vertilgt. Also,

Männer, ihr braucht nur vorwärts zu stürmen, braucht weiter nichts zu tun, als die toten Russen zu zählen. Vorwärts nach Woronesh und weiter nach Moskau! Nachher werden wir alle wieder zusammenkommen, so, wie wir hier auseinandergehen. Und sollte es doch den einen oder anderen treffen, nun, er spürt nichts davon. Also, Männer, Soldaten – Hals- und Bauchschuß! Alles für Deutschland! Alles für unseren geliebten Führer!«

Nachher sagte mir Pohlmann, daß er auf seinem Wagen Holzkreuze hat. Fix und fertig, aus russischer Birke.

»Und die Namen?« fragte ich. »Sind die Namen auch schon drauf?«

»Blödmann! Hast doch gehört, was der Oberleutnant gesagt hat.«

»Der kann mir erzählen, im Himmel ist Jahrmarkt. Überleg doch: Wozu die Kreuze, wenn wir nachher alle wieder zusammenkommen?«

»Mensch, hast doch gehört, was der Alte …«

»Eben«, antworte ich, »eben deshalb, weil er's gesagt hat.« Aber das hat Pohlmann wohl nicht verstanden. Doch mehr konnte ich nicht sagen. Vielleicht – habe ich schon zuviel geplappert? Denn: Kann ich ihm trauen? Nein, trauen kann man keinem. Dem Oberleutnant nicht – weil er lügen muß, den Kameraden nicht – weil sie alles glauben, glauben wollen, um sich daran zu klammern, wie an einen Strohhalm.

Heute liegen wir nun in der Sonne, weit entfernt vom Blickfeld unserer »Kompanie-Mutter«. Es ist schwül wie vor einem Gewitter. Am Mittag knallt es dann los – zwei Gewitter auf einmal. Stundenlang klatscht der Regen auf unser Zeltdach und verwandelt die Erde in einen Modder, in dem die Stiefel steckenbleiben und kein Fahrzeug mehr vorwärts kommt.

Am Abend sind wir wieder vor Nikolais Hütte, und die zierliche Raja singt und tanzt zum Geklimper seiner

Balalaika. Raja ... Hat sie nicht Ähnlichkeit mit Änne? Das gleiche zarte braune Gesicht mit den Augen eines unschuldigen Kindes. Ach, sie gleichen sich alle, die Mädchen! Die Mädchen in Deutschland, in Frankreich, in Polen, in Rußland. In ihren Augen ist Liebe, ist Freude, Freude am Leben. Ich tanze mit Raja. Da fragt sie plötzlich: »Wo andere Kameraden? Gestern noch viele Kameraden? Wo heute?«

»Kameraden fort«, sage ich, und plötzlich bin ich mir bewußt, daß unsere Kompanie nun irgendwo in Bereitstellung liegt, bereit zur großen Sommeroffensive auf Woronesh und Moskau, und ich bin hier zurückgeblieben beim Gefechtstroß.

»Wohin Kameraden?« will Raja wissen.

»Weiß nicht«, sage ich, obwohl ich doch ganz genau weiß, wo sie sind.

Aber Raja läßt nicht locker. Sie zeigt mit der Hand nach Westen. »Kameraden dort? Zurück – nach Haus?« Und die Hand weist nach Osten. »Oder – Kameraden dort?«

Als ich nicke, stößt sie einen erschrockenen Ruf aus. »Oh, nix gutt, nix gutt!«

Ja, denke ich, das ist wirklich nicht gut – aber warum will sie alles so ganz genau wissen? Und – warum ist sie so erschrocken? Und warum habe ich für eine Sekunde in ihren Augen etwas Frohlockendes, Triumphierendes gesehen? Ein banges Gefühl beschleicht mich, und ich denke: Vielleicht hat der Oberleutnant doch seinen Grund gehabt, als er uns den Kontakt mit der Bevölkerung des Dorfes verbot?

Und plötzlich, wie vom Erdboden verschluckt, ist Raja zwischen den Hütten verschwunden, und ich liege nachher noch lange wach in meinem Zelt und grüble: Was wird der morgige Tag uns wohl bringen?

Fünfter Teil

In der Zeit vom 22. Juni 1941 bis 21. Juni 1942 sind an der Ostfront 27612 Offiziere, Unteroffiziere und Mannschaften der Gesamtwehrmacht in treuer Pflichterfüllung den Heldentod gestorben. Die Zahl der Vermißten beträgt in der gleichen Zeit 65730. Bei der Härte des Kampfes muß damit gerechnet werden, daß auch von ihnen ein wesentlicher Teil nicht zurückkehrt. In den letzten beiden Monaten seit dem Wiederbeginn großer Angriffshandlungen fielen 20321 Offiziere, Unteroffiziere und Mannschaften. Die Zahl der Vermißten beträgt 6077.

Die Schwere der Opfer zeigt die Größe der Gefahr, die über Europa schwebte. Alle, die für Deutschland fielen, sind Garanten unseres Sieges, der die Zukunft Deutschlands und damit die Freiheit Europas sichert.

Wehrmachtbericht
vom 2. Juli 1942

27. Juni

Unsere Offensive ist um vierundzwanzig Stunden verschoben worden. Der gestrige Gewitterregen hat den Boden so aufgeweicht, daß die Artillerie nicht herankommen konnte. Sogar die Panzer haben Schwierigkeiten bei diesem Schlamm.

Ein Melder kommt die Dorfstraße entlang und ruft: »Befehl – alles fertigmachen zum Abmarsch! Sofort alles fertigmachen!«

Dann ist plötzlich unser Troßführer da, Leutnant Böhler (wir nennen ihn alle nur »Hitlerjunge Quex«), und er läßt uns antreten und verliest einen Tagesbefehl:

»Tagesbefehl an die vierte Panzerarmee! Morgen früh um drei Uhr greifen wir an! Die große Stunde ist gekommen! Dreihundert Stukas werden unsere Offensive unterstützen! Sie werden Bomben werfen, ganz neuartige Waffen, die im Umkreis von dreihundert Metern alles Leben vernichten! Noch nie hat ein Feind solch einer Waffe gegenübergestanden! Und noch nie hat ein Feind unserem Vormarsch standhalten können! Parole: Vorwärts, Kameraden – zum Don!«

28. Juni

Als wir geweckt werden, steht ein schmaler roter Streifen im Osten überm Horizont. Der gesamte Bataillons-Gefechtstroß sammelt sich, und dann ziehen wir los, die aufgeweichte »Rollbahn« entlang, Richtung Osten. In Nikitskoje brummen die ersten Bomber über uns wie Hornissen. Ihre stählernen Leiber glitzern in der Sonne, und dann, dicht hinter Nikitskoje, kippen sie plötzlich über die Tragfläche ab und stürzen mit schauerlichem Geheul zur Erde. Stukas! Wir spüren die donnernden Einschläge – und ich denke mit klopfendem Herzen: Jetzt – jetzt hat es begonnen!

Ja, die Schlacht hat begonnen, die alles entscheidende

Sommeroffensive des Jahres 1942! Und ich – ich bin ein winziges Rädchen darin, in der gewaltigen 4. Panzerdivision, die ihren ersten Schlag geführt hat gegen den Feind. Unser Bataillon, so heißt es, hat den Auftrag, das Sonnenblumenfeld östlich von Nikitskoje zu erstürmen, die dort eroberten Stellungen zu besetzen und zu halten. So lautet der Befehl, hat uns Quex erklärt – und nun frage ich mich: Was soll das – die Stellungen halten? Wieso rechnet man mit einem Gegenangriff? Hat der Oberleutnant, hat der Tagesbefehl nicht klar und deutlich gesagt, durch unsere Preßluftbomben und -granaten wird alles verrecken? Hieß es nicht, wir hätten nichts anderes zu tun, als zu marschieren und die toten Russen zu zählen? Wieso also jetzt der Befehl, die eroberten Stellungen zu halten?

Kaum in Nikitskoje angekommen, müssen wir die Tornister entladen, und dann geht's zurück nach Wolschanka, um den restlichen Kram zu holen. Gestern – ich hörte es zufällig, weil ich in der Nähe stand – sagte der Leutnant zum Spieß: »Lange wird's ja nicht dauern, dann brauchen wir nicht mehr so viel Gepäck hinter der Truppe herzuschleppen.“ Zu gerne hätte ich gefragt, was er damit wohl sagen wolle.

Nun zieht in einer endlosen Kolonne Infanterie an uns vorüber. Alle Richtung Osten. Dort ist der Himmel von riesigen Rauchwolken verhangen. Auch Ari, Muni- und Nachschubwagen rollen vorbei, alles nach vorn an die Front. Und da – ich traue meinen Augen nicht! – rollen die ersten Sankas heran – aus dem Osten. Die ersten Verwundeten – sie kommen zurück von der Front! Irgendein Landser ruft uns zu, daß unsere Leute die Linie der Russen zwar durchbrochen haben, aber nur unter heftigster Gegenwehr. Also muß es mit unserer Wunderwaffe doch nicht hingehauen haben? Wie kann ein Russe hartnäckigen Widerstand leisten, wenn ihm eine

Preßluftbombe die Lungen zerfetzt hat? War die ganze Sache nur Bluff? Wollte der Oberleutnant uns nur Mut machen mit seiner »markigen« Rede?

Aber nun ist keine Zeit mehr zum Denken. Es ist auch keine Zeit mehr zum Essen. Ich muß laden, laden, laden. Aufladen, hinfahren, abladen – zurückfahren, aufladen, hinfahren, abladen ... Der Krieg hat auch für mich begonnen!

Wir schwitzen in der Hitze, als wären wir aus dem Wasser gekommen, und wir laden und fahren und schuften wie die Kulis. Nur wenige Kilometer vor uns kämpft die Kompanie, kämpfen die Kameraden. Die Nachrichten von dort überschlagen sich. Es heißt, der Bataillonskommandeur ist gefallen, auch sein Adjutant. Und von unserer Kompanie sind gefallen: Rogalski durch Kopfschuß, Tyret durch Kopfschuß – fast alle MG-Schützen durch Kopfschuß. Mit einem einzigen Schlag wurden sie erledigt – durch russische Scharfschützen! Unsere Hauptschlagkraft außer Gefecht gesetzt.

Tyret, der lustige Bursche aus Eupen, mit dem ich noch vorgestern gelacht und gesungen habe, mit dem ich mich gut verstand – er ist nun tot. Ich sitze da und kann nichts essen. Ich sehe die Kameraden vor mir, mit denen ich schon in Allenstein zusammen war, und es ist nicht zu fassen, daß sie jetzt nicht mehr leben. Ein Explosivgeschoß, so heißt es, riß ihnen den Schädel entzwei. Im gleichen Moment, als sie sich aus ihrer Bereitstellung erhoben, da wurden sie von Scharfschützen »außer Gefecht gesetzt«, aus weiter Entfernung, und sie hatten noch gar keinen Russen zu Gesicht bekommen.

»Und trifft es doch den einen oder anderen, nun, er spürt nichts davon! Hals- und Bauchschuß, Kameraden!« Von Kopfschuß hat dieses Arschloch nichts gesagt. Ich sitze neben Wuttke auf dem Bock – und plötzlich steigt es siedendheiß in mir hoch, und ich möchte schreien und immer nur schreien: Herrgott, wozu! Herrgott, wozu? Wozu dieses sinnlose Sterben? Oder – ist es nicht sinnlos? Was haben wir hier in diesem Land zu suchen? Was wollen wir hier? Was haben uns die Russen denn Böses getan?

29. Juni

In der Nacht kein Schlaf, nur Wache im strömenden Regen. Und dunkle, quälende Gedanken. Aber jetzt, am Vormittag, zieht unser Gefechtstroß weiter gen Osten.

»Vorwärts, zum Don!« heißt die Parole, und wir holpern durch das endlose Sonnenblumenfeld östlich von Nikitskoje, und unablässig, kaum spürbar, geht es bergauf. Eine gute Stellung hatten sich die Russen hier ausgesucht! Weit zu überschauen – vor allem aber für gutgetarnte Scharfschützen. Hier, in diesem Sonnenblumenfeld, sind die ersten gefallen – und dort, da sind schon die Schützengräben der Russen! Jetzt kann ich verstehen, warum unsere 2. Kompanie, die hier als erste angreifen mußte, so schwere Verluste hatte. Hier oben lagen die Scharfschützen, hier lagen die russischen Granatwerfer, und sie beherrschten die zwei, drei Kilometer lange, allmählich ansteigende Höhe. Von hier war das Land weithin zu überblicken – eine ausgezeichnete Verteidigungsstellung!

Mit einem einzigen Feuerschlag hatte unsere Kompanie fünf Tote und zweiundzwanzig Verwundete. Dann haben die Russen sich abgesetzt, zurückgezogen in das unübersichtliche Sonnenblumenfeld. Und unsere Leute stießen ins Leere. Hinhaltender Widerstand nennt man das, wir haben das geübt in Allenstein und auch in le Valdahon.

Wir laufen neben unserem Wagen, Wuttke und ich, und wir schwingen die Peitsche und schreien uns heiser: »Heijo, heijo! Olala, olala!« Die Gäule sind in Schweiß gebadet, und sie dampfen, und kein französischer Bauer, dem sie einmal gehörten, hat sie wohl jemals so grausam geschlagen. Vorwärts, Kameraden! Vorwärts, zum Don!

Da liegen die ersten Toten – tote Russen! Wir halten an, gehen hinüber. Sie liegen in ihren Laufgräben, fast alle auf dem Bauch, das Gesicht in die Erde gedrückt, die Hände im Boden verkrallt. Einer hat sich die Hose bis zu den Knien heruntergezogen. Ich drehe ihn um – und fahre entsetzt zurück. Die Gedärme sind ihm aus dem Leib gequollen, rot und bläulich, und Klumpen von Fliegen kleben darauf. Ich renne zum Wagen zurück und muß mich erbrechen.

Bei Petrowka geht es von der »Rollbahn« ab, und dann fahren wir sechsspännig querfeldein bis auf eine Höhe. In kniehohem Gras stehen Tausende bunte, leuchtende Blumen, und der Abendhimmel erstrahlt in wunderbaren Farben. Es ist schwül, wie in einem Treibhaus. Weit und breit kein Mensch, kein Tier, keine Hütte – nur die weite, unendlich weite blühende Landschaft. Nie sah ich etwas Schöneres, nicht im Bergischen Land, nicht in der Eifel, nicht in der Lüneburger Heide oder sonstwo in Deutschland. Herrgott, wie schön ist dieses Rußland, in seiner Einfachheit ergreifend schön!

Die Nacht überfällt uns, und mit ihr kommen die russischen Bomber.

29. Juni

Hallo, Jäcki!
Endlich, endlich Nachricht von Dir! Deine Eltern und ich, wir waren in großer Sorge. Jede Woche mußte ich mit einem negativen Ergebnis, ohne irgendeine Nachricht von Dir zu ihnen gehen. Und dort mußte ich erfahren, daß auch sie keine Nachricht von Dir haben. Jetzt kann ich Deine Mutter wenigstens in einer Hinsicht beruhigen, jetzt weiß sie, daß Du lebst, wenn sie auch

nicht begeistert ist, daß ihr einziger Sohn in diesem schrecklichen Krieg Rußland gegen den Bolschewismus kämpfen muß.

Ach, Jäcki, mich berührt schon fast gar nichts mehr. Ich bin völlig apathisch geworden. Bei einigermaßen schönem Wetter gehe ich in meiner Freizeit ins Schwimmbad, stiere Löcher in die Luft und komme mir höchst überflüssig vor auf dieser Welt.

Du schreibst, ich soll Dir etwas berichten von der Nacht zum 31. Mai, der Nacht, in der Du vor zweiundzwanzig Jahren geboren wurdest. Ach, Jäcki, wie soll ich das anfangen? Ich kann Dir nur sagen: Du wirst Köln nicht mehr wiedererkennen! Wenn Du auf Bombenurlaub nach Hause gekommen wärst – Du hättest geglaubt, in einer Steinwüste zu sein. Nur der Dom hat mich noch daran erinnert, daß ich in unserer Heimatstadt, in unserem schönen, alten Köln, war – denn er ist unversehrt geblieben. Aber sonst – unvorstellbar! Nichts steht mehr in unserer Stadt, was von Bedeutung ist. Alle größeren Geschäfte, alle Warenhäuser und Lokale, Kirchen, Gebäude, Museen – alles ist hin. Wenn Du durch die Schutthaufen gehst, dann kannst Du hier und dort noch die Vorderwand von einem ehemals schönen Gebäude sehen – mit einem Zettel beklebt: »Historisches Baudenkmal, keine Abbrüche vornehmen.« Als ob da noch etwas zu retten wäre!

Alles übrige, so nehme ich an, werden Dir Deine Eltern wohl nach dem Angriff geschrieben haben. Über tausend englische Bomber haben ihre Bomben über der Altstadt abgeladen, einfach so ausgeschüttet! Im vergangenen Jahr haben sie noch einzelne Ziele angegriffen (und auch genau getroffen, denk nur an das Proviantamt in eurem Stadtviertel!), aber jetzt machen sie sich diese Mühe nicht mehr – sie kippen nur aus.

In bezug auf Mundharmonika und Tagebücher (neue

Hefte) werde ich mich in der Stadt umschauen und Dir so rasch wie möglich die gewünschten Sachen schicken. Und noch etwas: Was mein Erlernen des Klampfenspielens betrifft, da werde ich Dir nichts verraten. Das soll die große Überraschung sein, wenn Du wieder bei mir in der Heimat bist.
PS Ich habe mich nun doch nach langem Hangen und Bangen entschieden: Ich arbeite bei Schweinebacke als Terminverfolger. Es ist mir wirklich nicht leichtgefallen, diese Entscheidung. Aber mach Dir keine Sorge, Du hast mich gewarnt, was unter Umständen auf mich zukommen könnte, nun kann ich mich darauf einstellen.

30. Juni

Ich bin mir manchmal selber ein Rätsel. Wenn mir nicht die Füße brennen würden wie Feuer, wenn nicht die ewigen stechenden Schmerzen wären – ich würde im Augenblick mit meinem Leben fast zufrieden sein. Ist das nicht entsetzlich? Wir haben zwei Tage keinen Bissen gegessen, zwei Nächte kein Auge zugetan, haben geschuftet, und wir haben dem Tod ins Antlitz geschaut. Und da bin ich trotz all dieser Dinge beinahe zufrieden mit meinem Schicksal? Wieso nur? Nur deshalb, weil ich dieses wunderbare, in seiner unvergleichlichen Schönheit einmalige Land erleben darf? Nur weil ich mir einbilde, ich befände mich auf einer friedlichen Wanderfahrt durch ein riesiges, wunderbares, unbekanntes Land? Es ist nicht zu fassen! Wer wird mich begreifen können, wenn ich's ihm später erzähle?

In der Nacht schlafe ich unter meinem Wagen im Freien. Da peitschen plötzlich Schüsse ganz in der Nähe. Das müssen Gewehrschüsse sein, geht es mir durch den Kopf. Dann schreit durch die Stille eine sehr hohe Stimme: »Partisanen! Kameraden, Parti-sa-nen!«

Ich liege unter dem Wagen, mein Gewehr schußbereit

neben mir – aber in der Dunkelheit ist nichts zu erkennen. Dann ertönen Rufe, Schreie, Befehle, und ich springe auf und renne darauf zu, und dann sehe ich noch, wie ein paar Landser, Feldwebel Hanke ist dabei, einen russischen Offizier aus nächster Nähe erschießen.

Dann ist plötzlich der Leutnant da und schreit: »Die anderen sind uns entkommen!«

»Aber der hier, Herr Leutnant«, sagt Feldwebel Hanke und stößt mit dem Fuß gegen den Mann am Boden, »der entkommt uns nicht mehr. Das war mal ein Kommissar – ein echter Bolschewik.«

»Gut gemacht«, sagt Quex und klopft Hanke auf die Schulter. Nachher kommt Wuttke zu mir unter den Wagen. Er ist sehr aufgeregt und brabbelt unverständliches Zeug vor sich hin. Dann sagt er plötzlich ganz laut: »Er stand da mit erhobenen Armen, wehrlos, also hat er sich ergeben ... Und dann – dann hat ihm der Hanke in den Kopf geschossen.«

1. Juli

Wehrmachtbericht: Im südlichen und mittleren Teil der Ostfront sind deutsche und verbündete Truppen zum Angriff angetreten.

Post von den Eltern: Sie kampieren in Ehrenfeld in einer Schule. Sie haben neue Sachen bekommen, sie werden von der Gulaschkanone versorgt – und nun warten sie täglich auf ihren Abtransport. Es heißt, sie kämen nach Schlesien. Nichts ist geblieben von dem, was sie hatten. Auch meine Sachen sind verbrannt, die Zeitungsausschnitte, überhaupt alles, was ich besaß. Auch meine Klampfe.

Es gibt Dinge im Leben, die begreift man erst ganz allmählich. Und so wird mir nur langsam bewußt: Unser Haus, in dem ich geboren wurde, die Menschen, die in unserem Haus mit mir gelebt haben (neun Familien mit vierzehn Kindern!) – das alles ist weg, unwiderruflich. Und genauso unsere Straße, das ganze Sankt-Severin-Viertel, ja vielleicht sogar die ganze große, schöne Stadt.

Viel kann ich jetzt nachdenken, denn ich habe sehr viel Zeit. Heute sitze ich hoch zu Roß und reite über Land, und ich fühle mich frei. Zum erstenmal auf dem Rücken eines Pferdes sitzend, kann ich ein wenig erahnen, was das heißt: Das Glück der Erde liegt auf dem Rücken der Pferde ...

Unter meinen Füßen hat sich wieder dickes Horn gebildet. Es gibt keine Blasen mehr, aber die Schmerzen sind tief drinnen unter der Hornhaut, und so bin ich heute glücklich, daß ich mal ein paar Kilometer weit reiten darf und nicht immer die Angst haben muß, zurückzubleiben und den Partisanen in die Hände zu fallen. Leutnant Kemmerling hat dem Spieß befohlen, für mich ein Pferd »abzustellen« – bis auf weiteres natürlich.

Dann prasselt aus heiterem Himmel ein Gewitterschauer herunter. Wir hocken im dichten Gestrüpp, müde, klitschnaß und Hunger im Bauch. Und da – urplötzlich aus diesem Unwetter heraus donnern Ratas heran, fegen über uns hinweg, feuern aus allen Rohren, und die Geschosse zwitschern uns um die Ohren.

Nachher wundern wir uns, daß es keine Verluste gegeben hat.

Gestern hat das Nachbarregiment bei solch einem Angriff fast hundert Pferde verloren – so sagt man. Also wäre der halbe Troß eines ganzen Regiments zum Teufel, der halbe Nachschub für die kämpfende Truppe verloren! Und das bei einem einzigen Angriff von wenigen Sekunden! Unser Regiment hatte bis jetzt noch großes Glück. Nur den Troß unserer 13. Kompanie – den hat es erwischt: fünf Tote, siebzehn Verwundete, neun Pferde.

Und morgen? Was wird morgen mit uns sein?

Am Abend erreichen wir ein Dorf an einer Bahnstrecke. Russenweiber laufen zusammen, bestaunen uns, als kämen wir vom Mars. Sie haben wohl noch nie einen Deutschen gesehen, denn im vergangenen Jahr kam hier der Vormarsch ins Stocken. Unsere Einheiten zogen sich zurück bis nach Schtschigry, damit der Nachschub besser und näher herangeführt werden konnte an die kämpfende Truppe.

Gestern wurde unser Bataillon von einem Haufen Russenweiber beschossen. Sie haben sich verteidigt – ihr Dorf! – bis zum letzten Atemzug. War es nur die Angst vor den Deutschen? Oder – war da noch etwas anderes im Spiel? Haben sie gekämpft, weil ihre Propaganda sie aufgestachelt hat oder – haben sie im vergangenen Jahr schon so viel Böses erleiden müssen, daß sie sich diesmal verteidigt haben, so lange, bis man sie alle umgelegt hat? Aber vielleicht gibt es noch einen anderen Grund ... Darüber muß ich schon seit Tagen nachdenken: Warum kämpfen sie mit einer Verbissenheit, die geradezu unheimlich ist? Was wäre zum Beispiel mit mir, wenn im Vorgebirge, in der Eifel, im Bergischen Land, also rund um meine Heimatstadt Köln, ein ganzes Heer von Engländern, Franzosen, Russen oder wer weiß auch immer – wenn die also anmarschiert kämen, um Köln zu erobern, meine Heimat, die ich von Kind auf liebe, und die wollten sie mir wegnehmen, und dann wollten sie mich und alle Leute, die dort wohnen und leben, ausziehen bis aufs Hemd, um sie dann zu sich nach Hause in die Sklaverei zu schicken? Was wäre dann? Würde ich nicht kämpfen bis zum letzten Atemzug? Würde ich mir meine Heimat so mir nichts, dir nichts wegnehmen lassen? Ich würde kämpfen! Und ich wüßte, wofür ich kämpfte! Alle Entbehrungen, alle Strapazen – ja sogar der Tod, das hätte jetzt einen Sinn!

Aber welchen Sinn hat es, daß ich hier in Rußland kämpfe? Für wen und für was kämpfe ich hier? Vielleicht dafür, daß dieser Hitlerjunge Quex mich wie einen räudigen Hund behandeln kann? Ich hatte mit Wuttke im Dorf Quartier gemacht, in einem schönen, großen und sauberen Haus – aber kaum hatten wir uns ausgestreckt, da kommt dieses Arschloch und befiehlt: »Quartier sofort räumen!«

Nun liege ich draußen unter meinem Wagen, und Herr Leutnant Böhler belieben, in dem Haus zu ruhen, aus dem er Wuttke und mich hinausgejagt hat.

1. Juli

Hallo, Jäcki!
Ich sitze hier in der Maschinenhalle, oben in der Meisterbude, von wo ich die ganze Halle überblicken kann – und hier ist jetzt an der Seite von Obermeister Grünewald mein Arbeitsplatz. Kannst Du Dir's vorstellen? Also, hier sitze ich und bin jetzt für Schweinebacke Terminjäger! Mein Vorgänger, ein Kriegsversehrter aus dem ersten Weltkrieg, der ist eingelocht worden. Und was glaubst Du, warum? Wegen Sabotage. So heißt es jedenfalls. Und was glaubst Du, was der (oder besser gesagt: wie der) sabotiert hat? Ein einziges winziges Schräubchen zum Deckel des Gerätes, für das er als Terminjäger verantwortlich war! Weil dieses Schräubchen gefehlt hat (er ist mit der Nachbestellung nicht früh genug beim Einkauf gewesen), darum konnten die Deckel zum Gerät nicht eingefügt werden – und die Herren von der Abnahmekommission aus Kiel konnten zwei Wochen lang nichts aus dem Werk schaffen. Fast hundert Geräte standen nutzlos auf dem Hof herum. Kannst Du Dir so etwas vorstellen?

Obermeister Grünewald sagt, das mit der Sabotage, das sei alles Blödsinn, der Mann hätte einfach die Übersicht verloren und vergessen, das Schräubchen im Einkauf zu bestellen. Darum, so hat er zu mir gesagt, soll ich mich vorsehen, damit sie mich nicht auch eines Tages hier abholen kommen, die Leute von der Gestapo.

Oh, Jäcki, worauf habe ich mich da eingelassen! Wo ich doch überhaupt keine Ahnung habe von dieser Arbeit. Mein Vorgänger war wenigstens Maschinenschlosser – aber ich? An diese Arbeit müßte ein studierter Techniker ran, wenigstens ein Facharbeiter, der diesen Betrieb schon jahrelang kennt. Aber da fast alle Männer eingezogen sind, bleiben nur wir Weiber übrig. Wir sind jetzt zu dritt für drei Geräte verantwortlich. Ich mache EML. Kannst Du Dich erinnern? Das wird vor den Häfen als Sperre ausgelegt, für U-Boote und so, damit die nicht reinkönnen.

Ach, Jäcki, ich werd's eben versuchen. Drück mir die Daumen. Aber im Ernst: Es ist eine Arbeit, die ich jetzt mache, bei der wird man reif für die Klapsmühle. Überall, bei jedem Meister, bei jedem Vorarbeiter, stoße ich auf eisige Ablehnung, auf unsichtbaren Widerstand. Keiner will sich von einem Terminjäger »verfolgen« lassen. Überall muß ich mich durchsetzen. Dem einen muß ich schmeicheln, dem anderen drohen und den dritten »aufs Kreuz legen«, wenn ich ihm beweisen kann, wie er schwindelt.

So, und jetzt noch etwas Lustig-Ernstes: Stell Dir vor, da kommt doch gestern meine ehemalige BDM-Führerin und fordert mich auf, weil ich doch jetzt achtzehn geworden bin, soll ich mitmachen bei »Glaube und Schönheit«, und wenn ich das nicht will, bei der NS-Frauenschaft! Also – »Glaube und Schönheit«, das ginge ja noch, aber Frauenschaft … Jäcki, ich könnt mich kringeln bei so einem Blödsinn!

2. Juli

Wehrmachtbericht: Die Angriffsoperationen im südlichen und mittleren Abschnitt der Ostfront brachten bedeutende Angriffser-

folge. Starke Verbände der Luftwaffe griffen in rollenden Einsätzen in die Erdkämpfe ein. Bei Luftangriffen auf Woronesh wurden mehrere kriegswichtige Werke vernichtend getroffen.

Ich habe gar nicht gehört, daß in der Nacht Bomben gefallen sind, ganz in der Nähe. Ein Dutzend Pferde sind zerfetzt, mitsamt dem Schuppen, in dem sie untergebracht waren. Und ich habe geschlafen wie ein Toter. Genauso wird's mich eines Nachts erwischen, und am Morgen werde ich tot sein und habe es gar nicht bemerkt.

Wie schön dieses Rußland ist! Kniehoch stehen die Gräser, alles übersät von Blumen. Weit, weit kann der Blick wandern über das hüglige Land. Hoch über den Kornfeldern trillern die Lerchen, irgendwo kräht ein Hahn, der merkwürdigerweise noch nicht in ein Kochgeschirr gewandert ist. Stundenlang bewegt sich so unser Treck, ohne auf ein Dorf, eine menschliche Behausung zu treffen. Dann, gegen Mittag, bricht wieder die Hölle über uns herein. Ratas jagen wie Schwalben dicht über der Erde auf uns zu, spucken aus allen Rohren Tod und Verderben. Viermal in einer einzigen Stunde liege ich unter meinem Wagen, stecke die Nase in den Dreck, zittere vor Angst – und nachher wärme ich mich wieder in der Sonne.

Am Spätnachmittag erreichen wir unsere Feldküche – doch sie schaukelt vor unserer Nase davon. Erst muß die kämpfende Truppe versorgt werden, so heißt es – und auch dann kommen wir, die Leute vom Troß, noch lange nicht dran. So erreichen wir ein Flüßchen mit knurrendem Magen. Die Brücke haben die Russen in die Luft gesprengt. Erst heute morgen haben unsere Truppen den Übergang gewagt. Nun wird Wagen um Wagen unter unsäglichen Strapazen an das jenseitige Ufer gebracht. Ich bin gerade mit meinem Wagen die Böschung hoch, will ein wenig verschnaufen, da schreit es von allen Seiten: »Tiefflieger! Tiefflieger von hinten! Alles in volle Deckung!«

Hunderte Fahrzeuge, bespannte und motorisierte, stauen sich rings um die Furt. Die einen sind schon drüben, die anderen warten noch hüben – und da mitten hinein haut der Iwan mit geballter Faust. Die Menschen schreien, rennen umher wie die Irren, die Pferde wiehern entsetzlich, bäumen sich auf, reißen sich los – und mitten in diesem Chaos krepieren mit krachendem Getöse die Granaten und Bomben. Ich liege unter meinem Wagen und denke, mein letztes Stündlein hat geschlagen. Aber – o Wunder! – auch diesmal bleibt der Troß unserer 2. Kompanie verschont. In dieser höchsten Not tauchen unsere Messerschmitt auf – und im Nu sind ein paar Russen vom Himmel geputzt. Nicht auszudenken, wenn die nicht gekommen wären!

Nach einer knappen Stunde müssen wir schon wieder einen Wasserlauf überqueren. Dann, auf der anderen Seite, stoßen wir auf unsere Kompanie. Sie haben dieses Dorf am Vormittag erstürmt und liegen nun hier in Ruhestellung. Das 3. Bataillon hat uns überrollt und setzt die Verfolgung der Russen pausenlos fort.

Viele Hände muß ich schütteln, und endlich, in einem Strohschober, treffe ich auf meine drei Freunde Hannes, Willi und Josef. Sie leben! Wahrhaftig, nach all diesen Angriffen der letzten Tage – sie leben! Aber sie sind merkwürdig still geworden. Sie reden kaum ein Wort. Nur Hannes sagt kurz: »Ich hatte schon Angst, als ich sah, wie die Ratas euch eingedeckt haben.« Und er schlägt mir auf die Schulter und gibt mir eine Zigarette. Und der Eifelbauer Josef, der aussieht wie ein tapsiger Bär, lacht unbekümmert wie immer. »Alles halb so wild. Hauptsache, der Iwan läuft. Bis jetzt haben wir nur seinen Arsch gesehen.«

»Jungens«, sage ich, »und was ist, wenn der Iwan sich absichtlich zurückzieht? Uns nur hereinlockt? Bis jetzt habt ihr nur Infanterie vor euch gehabt – keine schweren Waffen, Ari und Panzer und so. Noch nicht mal Flieger haben euch zu schaffen gemacht. Die kurven weiter hinten herum, rotzen uns den Wanst voll Blei, dem Nachschub und Gefechtstroß. Aber was ist, wenn ...?«

Da sagt Josef: »Hör zu, Jakob, wenn du nicht so ein prima Kumpel wärst – in den Arsch treten würd ich dich jetzt! Mußt du denn immer alles vermiesen? Mußt du anderen das letzte bißchen Hoffnung nehmen? Ich glaube, dein Alter, der hat dich ganz schön versaut.«

»Aber – Josef«, sage ich, »ich will euch doch gar nichts vermiesen. Ich will nur, daß ihr euch selber nichts vormacht und euch nicht selber betrügt.«

»Aber siehst du denn nicht, daß der Iwan fix und alle ist?« sagt Josef. »Hast du denn keine Augen im Kopf?«

»Doch, Josef, hab ich. Aber ich hab auch ein Gehirn, das denken kann. Hast du den ersten Angriff vergessen? Euern Angriff im Sonnenblumenfeld bei Wolschanka? Ein paar Scharfschützen waren in der russischen Stellung – sonst nichts. Und keine Wunderwaffen, nichts von alledem, was der Alte uns versprochen hat. Und trotz dieser paar Männekens in der russischen Stellung – dann diese Verluste bei uns! Was wird nun, wenn wir eines Tages – das kann schon morgen oder übermorgen sein – auf wirklichen Widerstand stoßen? Auf eine russische Bereitstellung, die dann zum Angriff übergeht? Haben wir das nicht alles gelernt – hinhaltender Widerstand, so lange, bis ...?«

Da packt Josef meinen Arm und schreit mir ins Gesicht: »Wenn du jetzt deine Schnauze nicht hältst – ich bring dich zur Meldung! Ich bring dich zur Meldung wegen Wehrkraftzersetzung! Und jetzt hau ab, zieh Leine, ich will dich bei uns nicht mehr sehen!«

Ich kutschiere meinen Wagen seitwärts in die Büsche und haue mich hin. Mir ist so elend zumute, daß ich heulen möchte. Mein Alter, mein Vater – mich ganz schön versaut ... Und was hat er damals gesagt? »Wer Hitler wählt – wählt Krieg!« Hat er nicht recht gehabt?

Nachher schlendere ich durch das Dorf. Mit offenen Augen und Ohren. Da liegt auf einem Wagen Unteroffizier Pätzold. Ein wimmernder, schreiender, blutiger Körper, von oben bis unten in Verbandsmull gewickelt. Ein Mensch – ohne Gesicht, ohne Arme. Neben mir sagt einer: »Er ist selber schuld. Er hat eine russische Handgranate aufgehoben. Unbekanntes Kaliber. Vielleicht war's auch 'ne Mine – wer kann das schon wissen? Jetzt ist der Befehl gekommen: Keiner darf mehr etwas aufheben oder anfassen, weil er sonst, wie der da, in die Luft fliegen kann.«

Unteroffizier Pätzold, Jahrgang zwanzig wie ich, seit zwei Jahren bei diesem Haufen – und jetzt ohne Arme, ohne Augen, ohne Nase und Mund. Und neben mir sagt einer: »Das arme Schwein! Was hat der davon, daß er noch lebt?«

3. Juli

Wir sind mit dem Troß wieder allein. Es hieß, die Kompanie würde einige Tage hier in Ruhestellung liegen – aber dann ist plötzlich in der Nacht der Befehl zum Abrücken gekommen, und sie liegen wieder vorn im Gefecht, und ich bin nicht dazugekommen, mit Hannes auf ein paar Worte in Ruhe alleine zu sein. Er hat sich bei meiner Auseinandersetzung mit Eifel-Jupp so merkwürdig gezeigt. Was soll ich davon halten?

Wuttke hat irgendwo ein Huhn organisiert. Er hat das Tierchen schon gerupft und will eben ein Feuerchen machen – da kommt Leutnant Böhler und befiehlt: »Alles fertigmachen zum Abmarsch!« Ich hocke neben Wuttke auf dem Bock (obwohl das ja eigentlich verboten ist), und wir schweigen uns aus wie immer und starren vor uns hin auf die »Rollbahn«. Dann schleicht unser Treck durch die Büsche, fast geräuschlos, und manchmal kommen Felder auf uns zu, goldgelbe Kornfelder, ab und zu ein paar Bäume und Hütten.

In einem Obstgarten verkriechen wir uns, tarnen uns gegen Fliegersicht. Regen rieselt durch die Blätter, die Feuchtigkeit dringt durch die Schlafdecken, die Kleidung, und ich liege unter dem Wagen, und vor Kohldampf ist mir ganz schlecht. Von irgendwoher dringt Musik an mein Ohr. Daß es so etwas wirklich noch gibt? Musik aus Frankreich, aus Besançon, Dijon – Eijeijeijei ... Oder träume ich nur?

Ich müßte Änne mal wieder ein paar Zeilen schreiben. Aber vielleicht kann ich den Brief (und mein vollgeschriebenes Tagebuch) einem Verwundeten mitgeben – dann hat sie alles viel früher.

4. Juli

Bläulicher Dunst schwebt zwischen den Bäumen, als uns ein Ruf aus dem Schlaf reißt: »Alarm! Alarm! Marschbereitschaft! Der Russe ist mit Panzern durchgebrochen!«

Wir rennen durcheinander wie ein aufgescheuchter Ameisenhaufen. Leutnant Böhler, dessen Führung wir uns doch anvertrauen sollten, ist völlig kopflos. Und merkwürdig – in solchen Situationen staune ich immer wieder über mich selbst. Wenn ich vorher auch noch solche Angst habe – im Augenblick der höchsten Gefahr bin ich vollkommen ruhig, und ich weiß genau, was ich tun muß. Ich mache meinen Wagen fertig zum Abmarsch, ziehe die Plane fest über die Tornister und das andere Gepäck, ich helfe Wuttke beim Anschirren der Pferde – obwohl das ja gar nicht meine Aufgabe ist und Wuttke mir ja auch nicht beim Auf- und Abladen hilft.

Nein, für die Pferde ist Wuttke verantwortlich – für ihr Futter, ihre Unterbringung und natürlich auch dafür, daß er sie mit der Leine vom Bock richtig führt. Und für das Auf- und Abladen bin ich, der Kuli, verantwortlich. Das ist einzig und allein meine Aufgabe.

Panzer und Sturmgeschütze überholen uns, gehen zu beiden Seiten der »Rollbahn« in Stellung, knallen über unsere Köpfe hinweg auf die Höhe, mitten hinein ins Dorf, das unser Tagesziel ist. Dann wummern in unserer Nähe die ersten russischen Granaten in die Erde. Die Pferde werden scheu, und auch wir werden in diesem Hexenkessel unruhig. Die ersten Pferde werden von Granatsplittern getroffen und wälzen sich wiehernd am Boden und schreien so gräßlich, daß es kaum anzuhören ist. Ich muß mich erinnern, daß mich das Schreien der Pferde, die von Granaten zerfetzt wurden, in dem Buch »Im Westen nichts Neues«, als ich's mit dreizehn Jahren gelesen habe, am stärksten berührt und aufgewühlt hat. Und nun erlebe ich das alles selber!

Immer mehr Fahrzeuge kommen von vorne zurück, bespannte und motorisierte, und die Fahrer schütteln bei unserem Anblick die Köpfe und rufen uns zu: »Mensch, Leute, ihr seid wohl wahnsinnig?! Ihr seht doch, was los ist da vorn! Ihr seid mit euerm Troß doch schon mitten in der Hauptkampflinie! Gleich hat euch der Iwan am Arsch! Haut ab, solange ihr noch könnt!«

»Wir haben Befehl!« rufe ich zurück. »Dieses Dorf da – das ist unser Tagesziel! Und Befehl ist Befehl – das wirst du wohl wissen!«

Aber – wo mag unser Leutnant wohl stecken, unser Hitlerjunge Quex? Der hat uns den Befehl gegeben, auf das Dorf vorzurücken – und jetzt? Keine Spur von ihm. Da wendet vorne das erste Fahrzeug. Kehrt – marsch! Und das ist unser erster Rückzug in dieser Offensive – und das alles, weil der Russe zum erstenmal ein paar

Panzer ins Gefecht gebracht hat! Oh, stolze Stoßdivision, ich grüße dich!

Ich mußte an gestern denken, an das Gespräch mit meinen Kameraden. Vorwärts, nach Woronesh und weiter nach Moskau. Oh, Josef, gebe Gott, es möge wahr sein! Damit du deinen Glauben behältst, das letzte, was dir noch geblieben ist!

In völliger Dunkelheit erreichen wir wieder das Dorf, in dem wir am Mittag noch gelegen haben. Portionen werden verteilt, und jeder hockt sich in irgendeine Ecke und schlingt das Fressen hinein. Kauen, kauen, kauen – ach, ist das eine Wollust!

Nachher liege ich wieder allein unter meinem Wagen. Wuttke schläft, wie immer, in irgendeiner Hütte mit den anderen Fahrern. Aber ich fühle mich hier draußen – obwohl ein fürchterliches Gewitter über mir tobt – trotzdem viel wohler als in der stickigen Luft einer Russenhütte.

5. Juli

Wehrmachtbericht: Nach dem Durchbruch durch die sowjetischen Stellungen zwischen Charkow und Kursk haben die Spitzen der deutschen und verbündeten Truppen in breiter Front den Don erreicht. Verzweifelte Gegenangriffe sowjetischer Panzerverbände wurden unter schwersten Verlusten abgeschlagen.

Ich werde jäh aus dem Schlaf gerissen und kann gerade noch sehen, wie über mir der Wagen davonrolllt. Habe ich vergessen, die Bremsen anzuziehen? Die Pferde mußten angeschirrt bleiben für den Fall, daß die Russen die Front durchstoßen und wir mit dem Troß uns zurückziehen müßten – und nun sehe ich meinen Wagen davonfahren, und ein schrecklicher Gedanke durchzuckt mich: Der Iwan! Jetzt kommt er! Gleich ist er da!

Ich renne dem Wagen hinterher, will die Pferde zum

Stehen bringen – da peitscht hinter mir ein Schuß, und pfeifend zischt ein Geschoß an mir vorbei. Ich werfe mein Gewehr weg und hebe die Arme. Ich rufe, so laut ich nur kann, was Vater mir mit auf den Weg gegeben hat, drei Worte Russisch – da kommt schon eine Gestalt auf mich zugesprungen, und ich denke: Aus! Aus der Krieg! Gefangenschaft! Aber da ruft die Gestalt mit Wuttkes Stimme: »Mensch, Jakob – du?« Vor Aufregung ist Wuttke heiser, er stottert: »Und ich dachte – wir dachten, der Iwan – Mensch, Jakob, mach keine Meldung, weil ich eingepennt bin! Hatte Wache – bin eingepennt – mach keine Meldung!«

Ich hebe mein Gewehr auf und sage: »Ein Glück, Wuttke, daß du schon immer ein mieser Schütze gewesen bist. Hättest mich leicht in den Arsch treffen können. Wäre ein schöner Heimatschuß geworden.«

Ich bringe den Wagen zurück an die alte Stelle, sichere die Räder diesmal mit Holzklötzen, und dann lehne ich mich gegen einen Baum und zünde mir eine Zigarette an.

5. Juli

Liebe Änne!
In Kürze nur ein paar Zeilen. Ich glaube, der Brief, den ich Dir am 18. Juni geschrieben habe, den hätte ich wohl besser nicht abgeschickt. Hoffentlich hast Du ihn gar nicht bekommen, oder er trifft erst mit Verspätung ein. Ich wollte Dir den Kopf nicht schwer machen. Das alles war ja nur gedacht »für den Fall der Fälle«. Nimm also die Hälfte davon und davon noch mal die Hälfte, und stell Dir vor, daß ich dies alles in einer unguten Stimmung geschrieben und darum nicht so gemeint habe.

Diesen »Fall der Fälle«, den wird es für mich nicht geben, das weiß ich genau. Denn – unsere »große Übung« hat zwar begonnen, aber bisher ist mir gar nichts pas-

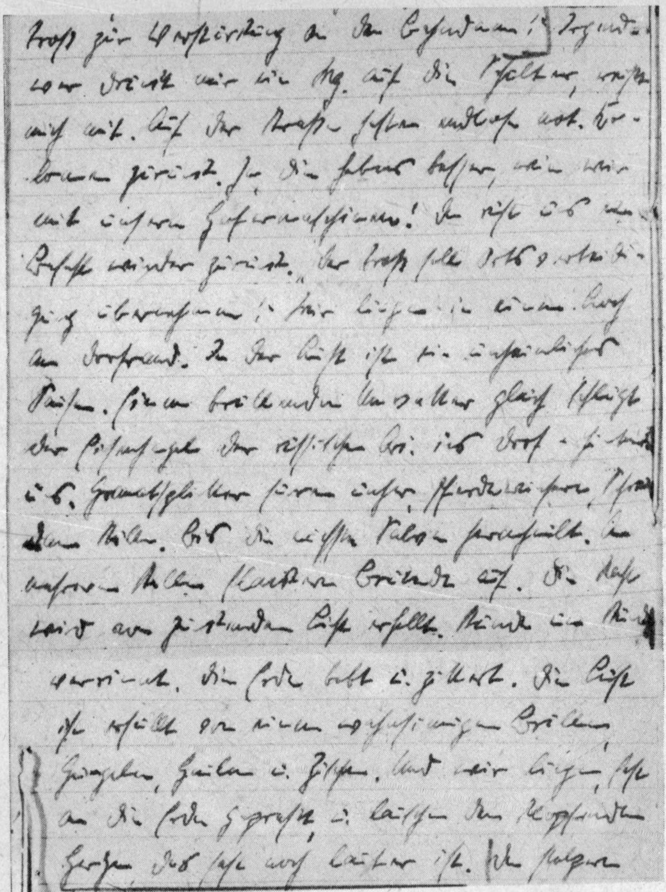

siert. Ich ziehe jetzt mit meinem Troßwagen hinter unserer kämpfenden Kompanie her, immer gen Osten, aber immer mit genügendem Abstand, und während die Kameraden da vorn in der Hauptkampflinie die toten Russen zählen und den noch lebendigen mächtig Zunder geben, hocke ich neben meinem Kameraden Wuttke »hoch auf dem gelben Wagen« und sing mir ein lustiges

Lied. Ja, lustig die Rosse traben ... Du kennst ja das Lied, und wie oft haben wir's gesungen in unserer Mühle im Scherfbachtal!

Wirklich, Änne, wenn nicht hin und wieder so eine klapprige Kiste am Himmel auftauchen würde (die Russenflugzeuge sind nur aus Sperrholz zusammengekloppt, und sie klappern wie eine uralte Nähmaschine), dann könnte man meinen, wir befänden uns auf einer »zünftigen« Wanderfahrt. Denn dieses Rußland – das ist ein wunderschönes Land, man müßte es nur im Frieden erleben.

Wir fahren also immer hinter unserer kämpfenden Truppe, und manchmal haben wir Mühe, sie nicht aus den Augen zu verlieren – so schnell stürmen sie vorwärts, immer gen Osten, immer gen Osten! Jedesmal, wenn wir uns wieder treffen (weil ich sie mit meinem Wagen eingeholt habe), dann gibt's ein großes Hallo! Und wir nehmen einen kräftigen Schluck zur Brust. (Daß wir genügend zum Saufen bekommen, dafür sorgt unser Spieß, »die Mutter der Kompanie«, der ein ganz prima Kerl ist!) Dann zockeln Wuttke und ich wieder gemütlich zurück, um für Nachschub zu sorgen, und so vergeht der eine Tag wie der andere.

Also – liebe Änne, Sorgen um mich brauchst Du Dir nicht zu machen. Das einzige Problem, das wir zur Zeit haben – ja, das ist eben die Zeit. Da ist nämlich die Frage, ob wir in drei Wochen das Ziel auch erreichen werden, das wir uns gestellt haben, um dann so schnell wie möglich wieder nach Hause zu kommen. Denn – mag es auch noch so schön sein hier in diesem Rußland, zu Hause, da ist es doch schöner. Deutschland ist eben Deutschland, und nichts in der Welt geht darüber!

Ich werde nun versuchen, diesen Brief einem Verwundeten mitzugeben, damit er schneller bei Dir ist, als wenn er mit der üblichen Feldpost geht. (Na ja, ein paar

Verwundete mit leichten Verletzungen, die hat's natürlich gegeben, ganz vorn in der Hauptkampflinie, aber da bin ich ja nicht.) Zu meinen Tagebuchaufzeichnungen habe ich jetzt sehr viel Zeit, und die schicke ich Dir etwas später, damit sie nicht verlorengehen und Du in Ruhe lesen kannst, was ich hier erlebe und wie es mir ergeht bei der gigantischen Offensive unserer glorreichen Stoßdivision. Für heute grüße und küsse ich Dich in Gedanken und bin und bleibe – Dein immer Dich liebender Jäcki!

6. Juli

Wehrmachtbericht: Starke feindliche Kräftegruppen, die westlich des Don eingeschlossen sind, stehen vor ihrer Vernichtung. Erneute, von Panzern unterstützte Entlastungsangriffe der Sowjets brachen zusammen.

Am Vormittag beschließt »der große Rat«, bestehend aus Leutnant Böhler, Oberfeld Krause, Feldwebel Hanke und Unteroffizier Pape, daß wir uns ab sofort in puncto Verpflegung selber helfen müssen, wenn wir nicht verhungern wollen. Es ist tatsächlich so: Unsere Feldküche ist nur für die kämpfende Truppe da! Sogar der Furierwagen kümmert sich um uns einen Dreck, so daß wir noch nicht mal die uns zustehende Kaltverpflegung bekommen. Obwohl wir täglich schuften wie die Kulis und jede Nacht Wache schieben – wir sind eben »nur Troß« und zählen in ihrer Berechnung noch nicht mal auf einem Fetzen Papier.

Unsere Selbsthilfe beginnt gleich hier in diesem Dorf. Wir kriechen in allen Kellern und Löchern umher, in jeder auch noch so armseligen Hütte und organisieren mit Ach und Krach einen Sack Kartoffeln, vier magere Hühner – und das ist auch schon alles. Aber nachher ist es dann so, wie's schon immer war: Das, was die Landser mühselig zusammengeholt haben, die Kartoffeln, die Hühner, die sind schwupp-hast-du-nicht-gesehen! mitsamt dem Herrn Leutnant und den anderen Herren in ihrem Quartier verschwunden! Und wir? Wir dürfen draußen »eine zwar dünne, aber kräftige Brühe« schlürfen. Hölle und Pest diesen Halunken! Mit der »Magenstärkung« rücken wir dann am Nachmittag wieder vor, bis zu jenem Dorf, vor dem wir gestern umkehren mußten, Weiß der Teufel, wo die Front verläuft – es bummert und ballert ringsumher, und keiner weiß so recht, wo vorn und hinten ist. So stelle ich mir eine Einkesselung vor – aber, und das ist die bange Frage: Wer hat wen im Kessel? Haben wir die Russen oder die Russen uns im Sack?

Das Dorf ist schrecklich verwüstet, nur noch ein brennender, rauchender Schutthaufen. Und zwischen den Hütten und auf der Straße – zerschossene Panzer. Russenpanzer T34! Daneben ein paar zerfetzte Gäule, ein paar tote Russen, und einer von ihnen schreit und schreit, weil er immer noch lebt.

Wir stellen die Wagen unter gegen Fliegersicht, lassen die Pferde aber im Geschirr – für alle Fälle. Es heißt, knapp einen Kilometer vor uns tobt ein erbitterter Kampf. Es soll um eine Bahnlinie gehen. Und da gibt Hitlerjunge Quex schon den Befehl: »Eingraben! Jeder in ein Panzerdeckungsloch! Keiner verzieht sich in irgendeine Hütte! Höchste Alarmbereitschaft!« Wir sind noch nicht fertig, da kommt schon der nächste Befehl: »Alles fertigmachen zum Abmarsch! Der Russe kommt mit Panzern!«

Heilloses Durcheinander. Es ist inzwischen schon so dunkel geworden, daß man den Weg kaum noch erkennen kann und sich auf die Pferde verlassen muß. Oft bleiben wir stecken, kommen nur weiter, wenn wir mit aller Kraft nachschieben, und da schreit plötzlich eine

Stimme: »Der gesamte Troß zur Verstärkung an den Bahndamm!«

Irgendwer drückt mir ein MG auf die Schulter und befiehlt: »Los, auf geht's – Richtung Bahndamm!« Auf der »Rollbahn« kommen uns motorisierte Kolonnen entgegen. Die haben es besser als wir mit unseren vierbeinigen Hafermaschinen! Sic sitzen geschützt, wenn es regnet, können abhauen, in volle Deckung gehen, ohne darauf achten zu müssen, daß die Pferde nicht durchgehen können.

Da ist Quex schon wieder mit einem neuen Befehl: »Alles zurück! Der gesamte Troß übernimmt die Ortsverteidigung!«

In fieberhafter Eile buddeln wir uns am Dorfrand ein – und dann ist plötzlich ein unheimliches Sausen in der Luft, und gleich einem krachenden Unwetter haut die erste russische Ari-Salve hinter uns in das Dorf. Granatsplitter schwirren uns um die Ohren. Schreie, entsetzliche Schreie. Stille – und dann kommt schon die zweite Salve. Die Erde erzittert, Brände flackern auf – und nun geht die Hölle los! Die Luft ist erfüllt von einem Brüllen, Orgeln, Heulen, Krachen, Zischen – und wir liegen in unseren Löchern, fest an die Erde gepreßt, und ich habe nur den einen Gedanken im Kopf: Wann kommen die Panzer? Wann kommt die Infanterie und macht dich nieder – oder hört darauf, was du ihnen zurufen wirst?

Da stolpern Gestalten durch das Dunkel, kommen auf uns zu und schreien: »Nicht schießen, Kameraden! Wir sind von der ersten Kompanie! Der Iwan ist hinter uns! Dicht auf den Fersen! Gleich wird er hier sein!« Einer springt zu mir in mein Erdloch, keuchend und röchelnd, und ich erfahre von ihm, daß die 1. Kompanie vollkommen aufgerieben ist. Die Russen haben sie in einen Hinterhalt gelockt, von den Nachbarkompanien abgeschnitten – und dann hat es Zunder gegeben wie noch nie.

Der Kamerad fleht mich an: »Mensch, haut ab mit eurem Troß! Haut ab, bevor es zu spät ist!«

Aber ich haue nicht ab. Ich habe Befehl, hier am Ortsausgang in Stellung zu gehen. Wir hocken in unseren Löchern und warten. Warten auf den nächsten Befehl – zum Rückzug. Aber dann kommt der Befehl: »Troß zur Verstärkung zum Bahndamm! Alles mir folgen!«

Ich liege am Bahndamm hinter meinem MG, und ich schieße, schieße, schieße – obwohl ich nichts sehen kann in der stockdunklen Nacht. Ich kann nur sehen, wie bei jedem Feuerstoß ein glühender Streifen in die Finsternis spritzt. Dann ist der Gurt leer, und ein neuer hinein und schießen, schießen, schießen ... Bis plötzlich ein Fuß in meinen Rücken tritt und eine Stimme über mir brüllt: »Mensch, Mann, wohl wahnsinnig geworden?! Habe längst befohlen – Feuer einstellen! Iwan ist weg!«

Mit der Morgendämmerung kommt unsere Ablösung – eine Kompanie vom Nachbarbataillon. Wir schleppen uns zurück ins Dorf, fallen irgendwohin, und mein letzter Gedanke vor dem Einschlafen ist: Was wäre wohl passiert, wenn wir, »die Heinis vom Troß«, wir, »der letzte Dreck«, wie unser Spieß sich immer auszudrücken pflegt – wenn wir am Bahndamm nicht eingegriffen und den Angriff abgeschlagen hätten?

7. Juli

Wehrmachtbericht: Im Zuge der neuen deutschen Offensive ist Woronesh, die große bolschewistische Industriestadt östlich des Don, gefallen und der Strom selbst überschritten worden. Die im Raume von Kursk–Charkow eingesetzten deutschen Armeen und Luftstreitkräfte haben damit bewiesen, daß ihre Stoßkraft durch den harten Winterfeldzug nicht im geringsten geschwächt worden ist.

Daß man nach so einer Nacht noch lebt, ist schwer zu begreifen. War gestern nicht alles zu Ende? Hat der Iwan nicht immer und immer wieder versucht, das Dorf und den Bahndamm zurückzuholen? Gab es nicht schreckliche Kämpfe, Mann gegen Mann? Und immer und immer wieder kamen sie heran mit ihrem unheimlichen »Hurreh!« und rannten sich zu Tode im Feuer unserer Flak und Pak und – in unserem MG-Feuer.

Nun haben sie sich zurückgezogen, liegen auf einer Anhöhe, wohl drei Kilometer entfernt, und warten. Warten auf unseren nächsten Angriff. Aber – der wird wohl so bald nicht erfolgen. Zu groß sind unsere Verluste, zu groß ist noch immer das heillose Durcheinander.

Gegen Mittag fahren wir mit unserem Troß weiter bis hinter das Dorf. Wir ziehen in ein Kornfeld, tarnen die Wagen – und der Leutnant befiehlt: »Essenholer los – Feldküche suchen!«

Nach einer Stunde kommen die Essenholer zurück – mit leeren Kochgeschirren und langen Gesichtern. Ja, die Feldküche hätten sie gefunden, aber dann hat der Küchenbulle nur höhnisch gelacht: »Essen wollt ihr? Für den Troß? Haut ab, sag ich euch! Essen gibt's nur für die kämpfende Truppe! Aber nicht für die Drückeberger da hinten!«

Wut kann schlimmer in den Eingeweiden fressen als Hunger. Dieses vollgefressene, dreckige Schwein! Wir, »die Drückeberger da hinten«, wir haben in der vergangenen Nacht verhindert, daß dieser Küchenbulle einen kalten Arsch bekommen hat! Und wo hat er gesteckt, als wir gekämpft haben? Wenn wirklich nur die kämpfende Truppe verpflegt werden soll, mit welchem Recht frißt er sich voll? Und überhaupt, wer gibt diesem Subjekt das Recht, uns so zu behandeln, uns so zu verhöhnen, als wären wir keine Menschen?

»Reg dich nicht auf«, sagt Wuttke, der mit zu den Essenholern gehörte, »der Küchenbulle hat nur getan, was der Kompaniechef befohlen hat. Er hat den Befehl gegeben: Alle Verpflegung nur für die kämpfende Truppe! Der Troß soll sehen, wo er was herbekommt!«

»Und was ist mit der heiligen Volksgemeinschaft?« will ich wissen. »Was ist mit der Losung: Einer für alle – alle für einen!? Gilt das nun wirklich, oder glauben die selbst nicht daran?«

Die Hitze im Kornfeld ist unerträglich. Ich liege in einer Ackerfurche, ziehe die Beine an den Leib, um den Hunger nicht in den Eingeweiden zu spüren – und über uns ist die Luft vom Jubilieren der Lerchen erfüllt. O du wunderbare, herrliche – o du irrsinnige Welt! Man möchte wirklich den Tag verfluchen, an dem man das Licht dieser Welt erblickt hat.

»Übrigens«, sagt Wuttke plötzlich neben mir, »ich wundere mich, daß du noch nichts gesagt hast.«

»Was sollte ich denn sagen?«

»Daß es hier stinkt. Fürchterlich stinkt.«

»Und wieso – wieso stinkt was?«

»Ich hab in der Nacht – in der Nacht hab ich in die Hosen geschissen.«

»So«, sage ich, »dann mußt du mal wieder heimlich was Fettes gefressen haben? Vielleicht ein gebratenes Hähnchen?«

»Wird wohl so sein«, murmelt Wuttke. »Und du – du hast nicht in die Hosen ...«

»Nein«, sage ich, »gestern nicht. Aber tröste dich, vielleicht wird das noch kommen.« Wir grinsen uns an, und ich sage: »Wuttke, da auf dem Wagen, in meinem Tornister, da ist noch 'ne saubere Unterhose drin. Kannst sie dir nehmen.«

Nachher, als Wuttke in sauberen Unterhosen neben mir liegt, schiebt er mir eine Zigarette in den Mund und sagt: »Ich heiße mit Vornamen Stanislau. Und du?«

»Jakob. Aber das mußt du doch wissen! Wo wir schon so lange zusammen sind.«

8. Juli

Wehrmachtbericht: Der Durchbruch der deutschen und verbündeten Truppen aus dem Raum zwischen Charkow und Kursk wurde nach Süden stark erweitert.

Gleich im ersten Haus des langgestreckten Dorfes haben wir uns einquartiert. Wir hatten eine ruhige Nacht. Sogar die Flieger blieben aus. Heute haben wir nun Ruhe. Doch am Mittag muß ich zum Spieß, und der gibt mir eine Meldung für unseren Kompaniechef. Also mache ich mich auf die Socken.

Als ich bei der Feldküche vorbeikomme, kann ich nicht anders – ich gehe hin und bitte den Küchenbullen um einen Teller Suppe. Der grinst nur höhnisch, frißt vor meinen Augen ein gebratenes Hähnchen, und der Saft läuft ihm über das Kinn. Ich habe Magenschmerzen vor Hunger und bettle: »Der Kessel ist doch voll bis zum Rand. Was macht da schon ein halbes Kochgeschirr aus? Ein halbes – wirklich, ein halbes genügt schon!«

Er wischt mit der Hand über sein Fettmaul, grinst und schreit plötzlich los: »Mensch, pack dich! Zieh Leine – oder ich werde dir eins mit der Kelle verpassen!«

Ich stehe fassungslos da, und am liebsten möchte ich dem Halunken an die Kehle. Aber ich schleiche mich davon. Und nun liege ich neben der »Rollbahn« im Gras und schreibe mir all meinen ohnmächtigen Zorn, meinen Haß von der Seele.

O ihr lieben Menschen in der Heimat! Ihr sitzt jetzt vielleicht in irgendeinem Kino, knabbert an einem Keks, lutscht an einem Bonbon und seht euch die Wochenschau an. Seht euch an, wie die glorreiche Deutsche Wehrmacht in einer glorreichen Sommeroffensive vorwärts gen Osten stürmt. Und ihr könnt euch nicht vorstellen, habt keine Ahnung, daß es so etwas gibt in der glorreichen Armee eures glorreichen Vaterlandes, in dem es tagtäglich heißt: Einer für alle – alle für einen!

Ja, das hat man uns eingeblasen, und wir haben's geglaubt, als wir Pimpfe waren, und manch einer glaubt es noch heute, daß es so etwas gibt: die heilige Kameradschaft! Die verschworene Gemeinschaft!

Da hat einer den Dienstgrad »Obergefreiter« bekommen in dieser glorreichen Wehrmacht, und damit hat er Macht bekommen, nicht allzuviel Macht, aber immerhin die Macht eines Küchenbullen, und darum kann er entscheiden und bestimmen, wem er was zu fressen gibt und wem nicht.

Das hat nichts damit zu tun, daß hier einer die ruhmreiche Wehrmacht schlechtmacht und sie in den Dreck ziehen will! Das hat nichts mit einer politischen Einstellung zu tun (Frey, dein Alter hat dich ganz schön versaut!), nein, das hat ganz einfach nur damit zu tun, daß sich hier eine Wirklichkeit offenbart, die der blanke Hohn auf die »Unverbrüchlichkeit der deutschen Volksgemeinschaft« ist.

Eine Stunde später bin ich in der HKL, im vordersten Graben. Ich gebe dem Oberleutnant meine Meldung ab. Er befiehlt, mir ein Kochgeschirr zu geben, weil das übriggeblieben ist von einem, der es nicht mehr braucht. Dann steht Loerper-Hannes neben mir und sagt: »Na, bist du satt geworden?«

»Na ja, es war ja schon kalt – aber trotzdem ...«

Hannes hebt eine Zeltplane auf – und ich fahre entsetzt zurück. Unter der Plane liegt ein Toter, und dieser Tote ist – Josef Loevenich! Josef, der tapsige Bär, der einfältige Eifelbauer, der immer ein Lächeln im Gesicht hatte. Und, so scheint mir, er lächelt auch jetzt.

»Vor einer halben Stunde hat's ihn erwischt«, sagt

Hannes. »Granatsplitter in die Halsschlagader. Wir haben alles versucht, aber er ist langsam verblutet.«

»Ja«, sagt Leyendecker-Willi und knirscht mit den Zähnen, »verblutet – wie eine gestochene Sau.«

Josef, du wolltest mich in den Arsch treten, weil ich dir deine Illusionen genommen habe, den Strohhalm, an den du dich geklammert hast! Und jetzt kriegst du ein Kreuz aus russischer Birke. Der Pohlmann hat's hinter dir hergefahren, aber du hast nicht geglaubt, daß es für dich auf seinem Wagen gelegen hat.

Mein Weg führt mich an vielen Kreuzen vorbei. Namen stehen darauf, die ich kenne – von Menschen, die ich gekannt habe. Und sie alle sind »gefallen für Großdeutschland«, sind gefallen, verreckt und abgeschlachtet wie das Vieh. Ich setze mich ins Gras und rauche eine Zigarette, und der Wind bringt vom Osten einen widerlich-süßen Geruch. Ich habe das Gefühl, auf einem unendlich großen Friedhof zu sitzen.

9. Juli

Neben mir im Gebüsch gurren die Tauben. In der Ferne ruft ein Kuckuck. Auf der Dorfstraße kommt ein Kradmelder heran, knattert vorbei mit einer riesigen Staubwolke. Peterle, der neben mir liegt, jagt mit kläffendem Gebell hinter ihm her, kommt mit hechelndem Atem zurück, wirft sich neben mich ins Gras. Komm her, Peterle, du kleines, struppiges Hundevieh, komm, drück deine Schnauze gegen mein Knie und laß dich streicheln! Du bist nur ein kleines Hundevieh, aber weil du unser Kompaniehund bist, hast du es besser als ich. Von allen wirst du verwöhnt. Jeden Tag darfst du dich satt fressen, darfst schlafen, solange du willst – aber was viel wichtiger ist: Du brauchst nicht zu denken …

Plötzlich ist ein Schatten über mir – und da steht Hannes mit einem Fahrrad und lacht mich an. Er müßte nach Schtschigry, sagt er, weil er schreckliche Zahnschmerzen hätte, und er wolle zum Spieß, seinen Marschbefehl holen. Wir hocken eine Weile beisammen, rauchen und schweigen. Dann sagt Hannes leise, während er sich nach allen Seiten vorsichtig umdreht: »Hier hast du die Adresse meiner Frau. Schreib ihr nur einen einzigen Satz: ›Hannes hat die Mücke gemacht.‹ Dann weiß sie Bescheid. Wirst du das tun für mich?«

»Klar, kann ich – aber …?«

»Da gibt es kein Aber mehr. Die Sache ist entschieden. Obwohl«, er lacht, doch sein Gesicht ist sehr ernst, »obwohl es mir lieber wäre, wir könnten zusammen – du und ich … Zu zweit wäre es leichter. Na, denn, Kumpel, mach's gut!«

Ja, denke ich nachher, als Hannes auf seinem Fahrrad die Dorfstraße entlangfährt, zu zweit wäre es leichter. Denn es ist nicht so einfach, wie ich mir's vorgestellt hatte. Wenn sie angestürmt kommen mit ihrem »Hurreh«, wenn sie jeden niedermachen, der Widerstand leistet – wo nimmst du dann noch den Mut her, ihnen entgegenzulaufen?

9. Juli

Hallo, Jäcki!
Obwohl ich mich riesig auf Post von Dir freue und täglich mit Sehnsucht auf einen Brief von Dir warte, muß ich jetzt mit Dir schimpfen. Kurz heraus: Von diesem Thema »Tod und Sterben« möchte ich nichts mehr hören von Dir! Ich möchte so etwas überhaupt nicht in Betracht ziehen! Denn, sieh mal, Jäcki, was soll ich denn ohne Dich auf dieser Welt?! Ich habe mich so an Dich gewöhnt, daß ich mir ein Leben ohne Dich gar nicht mehr vorstellen kann. Alles, was ich mir so für später ausmale, alles, was ich mir erträume – Du bist immer dabei! Also – Dir darf nichts passieren, hast Du gehört!?

Ich hatte Dir versprochen, nach Heften für Dein Tagebuch zu suchen und nach einer Mundharmonika. Leider war bis jetzt nichts zu machen. Es gibt höchstens noch zwei, drei Mundharmonikageschäfte – und die warten auf Ware. Auch mit den Tagebuchheften ist es nicht leicht. Aber ich bleibe auf Jagd. Du, ich höre jetzt auf. Wenn ich noch lange hier sitze, überkommt mich wieder das heulende Elend. Im übrigen geht es mir einigermaßen gut. Aber samstags und sonntags komme ich kaum noch raus, denn es regnet fast immer. (Und so was nennt sich nun Sommer!) Unser »Besuch«, der Tommy, kommt nicht mehr. Ich glaube, die haben Köln nach diesem entsetzlichen Angriff abgeschrieben und lassen uns jetzt für eine Weile in Ruhe.

Übrigens – mach Dich darauf gefaßt, daß Du in Kürze einen ausführlichen Brief bekommst über meine neue Tätigkeit als Terminjäger. Ich kann zwar nicht so schön schreiben wie Du, aber ich will es versuchen. Damit Du nämlich erfährst, wie wir hier an der »Heimatfront« genauso kämpfen wie ihr da draußen im Osten.

12. Juli

Wehrmachtbericht: Wie durch Sondermeldung bekanntgegeben, haben deutsche und verbündete Truppen, hervorragend unterstützt durch die Luftwaffe, im Verlaufe der Angriffsoperationen westlich des Don vom 28. Juni bis 9. Juli den Feind vernichtend geschlagen. Nach der Einnahme von Woronesh am 7. Juli wurde südlich davon der Don in einer Breite von 350 km erreicht und mehrere Brückenköpfe über den Fluß gewonnen. Zwischen dieser Front am Don und den früher bedrohten, jetzt 300 km rückwärts gelegenen Städten Charkow und Kursk befindet sich kein nennenswerter Feind mehr.

Nun liegen wir schon drei Tage hier an einem Flüßchen im Gebüsch. Haben fast vergessen, daß wir uns im Krieg befinden. Für mich ist die Welt weit fort. Sie liegt weit hinter dem grünen Blätterwald, und nur die Sonne kommt zu uns, der Mond, der Wind, der Ruf des Kukkucks, das Gezwitscher der Vögel, das Gequake der Frösche und das Summen der Insekten.

Ich gehe ein Stück flußabwärts und bade in einem klaren Wasser. Liege im Sand, lasse mich von der Sonne trocknen. Ich wandere am Fluß entlang, den Bogen und Krümmungen folgend, vorbei an einem Dorf, wo lachende Russenweiber ihre Wäsche sauberklopfen und mich dabei neugierig-mißtrauisch betrachten. Ich lege mich ins Gras – und plötzlich ist in mir die volle Gewißheit: Eine Bombe hat mich getroffen! Eine Bombe, die nicht vom Himmel fiel, nicht aus einem russischen Flugzeug. Sie ist aus der Heimat gekommen! Volltreffer aus heiterem Himmel. O Hein, Hein, warum hast du mir das angetan?!

Ich trage den Brief in meiner Brusttasche, und ich habe ihn so oft schon gelesen, daß ich ihn auswendig hersagen könnte. Und doch will ich's nicht glauben! Ich werde Hein noch heute antworten, und er muß mir schreiben, nur zwei Sätze muß er schreiben: Junge, vergiß es. Ist alles nicht wahr, ich habe mich schrecklich geirrt.

Und trotzdem weiß ich: Hein hat sich nicht geirrt. Hein ist nicht so leichtfertig, mir etwas zu schreiben, was er nur so aus der Luft gegriffen hat. Aber – wie soll ich damit fertig werden?

12. Juli

Hallo, Jäcki!
Es scheint wirklich so zu sein, daß jedes Ding zwei Seiten hat. Nun habe ich eine neue Arbeit, die mir allmählich Spaß macht, aber andererseits muß ich jetzt auch an den Sonntagen arbeiten. (Übrigens: Ich brauche nicht

zum Arbeisdienst, weil ich u.k. gestellt bin in einem Rüstungsbetrieb!)

Nach langer Zeit wollte ich mal wieder die Mühle besuchen, darum habe ich bei Schweinebacke erreicht, daß er mir für einen Sonntag freigegeben hat. Aber dann war alles eine große Enttäuschung. Nur fremde Gesichter in der Mühle! Meist ganz junge Kerle. Die nennen sich »Edelweißpiraten«, und diese Burschen sind so laut und wollen überall auffallen. Es heißt, daß in letzter Zeit schon ein paarmal die Gestapo in der Mühle war, weil der Ortsbauernführer von Bechen überfallen wurde, und die Spuren würden eindeutig in die Mühle führen. Würde mich gar nicht wundern, wenn die Mühle bald als Wanderheim geschlossen wird.

Man soll eben keinen Ort mehr besuchen, an dem man mal glücklich gewesen ist. Auf Schritt und Tritt hast Du mir gefehlt. Dein Gedicht »Lied vom Scherfbachtal« hängt noch immer im Tagesraum, und das ist das einzige, was mich hier noch an Dich erinnert.

Und das ist nun mein jetziges Leben: Morgens um sechs sitze ich in der Straßenbahn (oder stehe auch meistens), und am Abend um acht ist es wieder dasselbe. Was dazwischen liegt, gleicht einem Tollhaus. Am Abend bin ich so fertig, daß ich wie tot ins Bett falle, oft zu müde, um etwas zu essen. Elf Stunden lang sause ich durch den Betrieb. Durch das Getöse der Kesselschmiede, bin in der Maschinenhalle, in der Dreherei, dann unten im Magazin, in der Abnahme – und immer und überall heißt es: Fräulein Schmidt, Fräulein Schmidt! Wo ist dies, wo ist das? Warum haben Sie das noch nicht, warum haben Sie dies noch nicht? Jeder will was von mir. Aber jeder will nur, daß er auf seinen Akkordlohn kommt, daß er immer so viel Material neben seinem Arbeitsplatz hat, um ohne Stockung arbeiten zu können. Und ich – ich allein bin verantwortlich, daß täglich die vorgeschriebene Stückzahl der Geräte von der Marine-Kommission aus Kiel hier abgenommen werden kann.

Wenn man bedenkt, daß diese gräßlichen Dinger eines Tages in die Luft fliegen (Quatsch! Im Wasser zerknallen!) werden und wo so unheimlich viel Arbeit (hochwertige Facharbeit!) drin steckt – das kalte Grausen könnte man kriegen. Aber ist ja alles für den Endsieg. So kämpfst Du, lieber Jäcki, jetzt an der Ostfront, und ich kämpfe an der Heimatfront, und jeder steht auf seinem Posten. So muß es wohl sein.

Wenn ich neben Billa im Kino sitze und die Wochenschau sehe und die Bilder von der großen Offensive auf Woronesh, dann zittere ich manchmal am ganzen Leib, weil ich immer glaube, im nächsten Augenblick müßte ich Dich sehen. Ach, Jäcki, wenn ich Billa nicht hätte! Sie kümmert sich jeden Tag um mich. Sie ist wie eine große Schwester, wie eine Mutter zu mir.

Soviel für heute, Jäcki. Und wenn ich mal ganz viel Zeit habe, dann schreibe ich Dir etwas ausführlicher über meine Arbeit als Terminjäger.

13. Juli

Leutnant Böhler hat das Eiserne Kreuz bekommen! Das EK 2. Klasse! Der Regimenter höchst persönlich hat's ihm an die Brust geheftet. Es ist nicht zu fassen: Unser Troßheini, unser Hitlerjunge Quex ist ausgezeichnet worden, weil er den Nachtangriff der Russen auf den Bahndamm und ihren Durchbruch verhindert hat.

Nun soll ich mit Pohlmann ein Huhn besorgen. Befehl vom Leutnant. Ist das nun zum Lachen oder Weinen? Auf der einen Seite wird uns der Befehl vorgelesen, daß jedes eigenmächtige Requirieren streng bestraft wird – und auf der anderen Seite gibt uns der Leutnant den Befehl, »etwas zum Essen zu besorgen, ein Huhn, das man rupfen kann«.

Pohlmann-Paul und ich latschen also los. Wir waten durch den Fluß, weil wir hoffen, auf der anderen Seite ein Dorf zu finden, das von den Landsern noch nicht völlig »abgegrast« ist. Wir laufen kilometerweit – doch ohne Erfolg. Schon wollen wir umkehren, da kriegen wir doch noch ein Huhn. Aber – auf welche Weise. Ich habe vor einer Hütte einen großen Feldstein entdeckt, darum ziehe ich mein Messer, das schon stumpf geworden ist, aus meiner Hosentasche, um es auf diesem Stein zu schleifen. Pohlmann steht dabei und schaut mir zu. Da weist er plötzlich auf die Hütte. Dort steht eine Frau, umringt von einer Kinderschar, und ich sehe, wie die Frau mich argwöhnisch beobachtet. Und ich sehe auch, daß sich auf ihrem Gesicht eine schreckliche Angst ausdrückt. Dann hebt sie flehend die Hände und ruft: »Pan! Pan!«, und die Kinder umklammern ihre Schürze und stimmen ein klägliches Geheule an. Ich wundere mich über ihr komisches Gehabe, doch unverdrossen schärfe ich mein Messer. Denn wie kann man wissen, wann man hier in dieser steinarmen Gegend mal wieder so einem hübschen Brocken begegnen wird? Ich mache der Frau durch ein Zeichen verständlich, sie möchte mir ein Gefäß mit Wasser bringen, damit ich besser schleifen kann. Da bekreuzigt sie sich und rennt weinend und schreiend in ihre Hütte …

»Wohl 'ne Irre?« meint Paul, doch im selben Augenblick reißt er vor Erstaunen die Augen weit auf. Denn – die Frau kommt auf uns zugerannt, kniet sich vor uns hin, jammert und weint – und dann legt sie uns ein Huhn vor die Füße! Ich weiß vor Staunen nicht, was ich sagen soll.

»Pan! Pan!« ruft die Frau mit flehender Stimme und bedeutet mir durch Handzeichen, daß ich das Huhn doch nehmen möchte. Und nachdem sie sich mehrmals verbeugt und bekreuzigt hat, geht sie zu ihren Kindern zurück und stellt sich in ihre Mitte wie eine beschützende Glucke.

Die Frau tut mir leid, und ich denke: Nein, das Huhn nehme ich nicht, vielleicht ist es ihr letztes, und bestimmt werden die Kinder Hunger haben. Also schleife ich weiter an meinem Messer, prüfe die Schneide und kann nicht begreifen, warum die Frau in einem fort jammert und klagt.

»Halt endlich die Schnauze!« schreit Pohlmann sie an. Doch ihr Gejammere nimmt kein Ende. Wie ich nun mit dem Finger prüfend über die Schneide fahre, um mich von ihrer Schärfe zu überzeugen, da schwillt das Jammern zu einem irrsinnigen Schreien an, und die Frau breitet schützend die Arme über ihre Kinder. Nun wird mir die Sache allmählich unheimlich, und ich sage zu Pohlmann: »Komm, Paul, hauen wir ab. Die Alte scheint wirklich meschugge zu sein.« Das Huhn lassen wir liegen.

Doch nach wenigen Schritten ist einer der Jungen an unserer Seite, drückt mir das Huhn in die Hand und rennt zurück zu seiner Mutter. Halb ärgerlich, halb belustigt machen wir uns auf den Rückweg. Schließlich sagt Pohlmann: »Auf jeden Fall sollten wir unseren Dolmetscher mal hinschicken. Mich interessiert's, was mit der Alten los ist.«

Am Abend erfahren wir dann vom Dolmetscher, »was mit der Alten los war.«

»Die Frau hat mir gesagt«, berichtet er, »der eine von den beiden Soldaten, der hätte ein Messer gehabt, und da hätte sie gedacht, damit will er ihre Kinder umbringen. Darum hat sie ihm das letzte, was sie besaß, ihr allerletztes Huhn, geschenkt, damit er ihre Kinder verschonen sollte.«

Ich möchte mich in die Erde verkriechen, so sehr schäme ich mich. Ausgerechnet mich – mich für einen Kindermörder zu halten!

Wehrmachtbericht: In Verfolgung des Feindes stießen schnelle Truppen tief in die Bewegungen der Sowjets hinein und zerschlugen auf dem Rückweg befindliche Kolonnen aller Waffen. Nordöstlich Woroneshs schlossen Panzerverbände eine feindliche Kräftegruppe in raschem Vorstoß ein. Im mittleren Frontabschnitt wurden mehrere örtliche Angriffe des Feindes abgewiesen und Bereitstellungen der Sowjets zerschlagen.

Am Vormittag zieht ein schweres Gewitter herauf. Ich liege drei Stunden lang unter meinem Trapperzelt im klatschenden Regen und denke darüber nach, wie irrsinnig diese Welt ist. Eine Frau hält mich für den Mörder ihrer Kinder, und dabei kann ich keiner Fliege etwas zuleide tun.

Nach dem Gewitter ist es noch schwüler als vorher. Man kann kaum atmen, und bei der geringsten Anstrengung bricht der Schweiß aus allen Poren. Nach dem Mittagessen muß ich mich erbrechen. Wir haben fast alle Durchfall. Seit Tagen nur fettes Hammelfleisch. Keine Kartoffel ...

Ich halte das Dösen und nutzlose Herumliegen nicht mehr aus. Warum geht es nicht weiter? Warum liegen wir hier herum, und keiner sagt uns, was wird? Wenn das so weitergeht, dann werden wir den Don und Woronesh wohl niemals erreichen!

Ich entferne mich von unserem Gefechtstroß, ohne daß es jemand bemerkt, wate durch den Fluß und stromere auf der gegenüberliegenden Seite durch das Dorf, in dem ich gestern von der Frau auf so seltsame Weise ein Huhn bekam. Aber das Dorf ist von der Bevölkerung geräumt worden. Ich trete in die Hütte, vor der gestern die Frau mit ihren Kindern stand, und setze mich an den Tisch unter das Muttergottesbild. In jeder Hütte hängt so ein Bild. Daneben noch andere Heilige. Und dann finde ich auch hier, wie in vielen anderen Hütten, Bücher in deutscher Sprache. Schulbücher in deutscher Sprache für russische Kinder – und das in einem Dorf!

Da fällt mir plötzlich ein, daß ich mein Gewehr nicht mitgenommen habe. Wenn jetzt Partisanen kämen? Aber merkwürdig: Ich habe bei diesem Gedanken überhaupt keine Angst.

15. Juli

Wehrmachtbericht: Im Osten dringen die deutschen und verbündeten Truppen auf der gesamten Angriffsfront rasch vorwärts. Die Nachhuten des Feindes wurden geworfen, teilweise zersprengt und vernichtet.

Noch nie in meinem Leben war ich so schlapp und apathisch. Jede Nacht hat man zweimal zwei Stunden Wache, und am Tag liegt man da und kann nicht schlafen, weil die Hitze und die Fliegen es nicht zulassen. So ist man vor Hunger und Übermüdung zu träge, irgend etwas zu unternehmen. Das Klima macht uns sehr zu schaffen. Entweder ist es zum Umfallen heiß, oder es gießt in Bächen vom Himmel, und alles versinkt im Schlamm und Morast. Und wenn dann gleich darauf die Sonne die Nässe verdunsten läßt und die Luft ein einziger schwüler Brodem ist wie in einem Treibhaus – wer soll das aushalten können?!

Aber es gibt noch andere Dinge, die sind viel schlimmer. Als unser Treck sich am Nachmittag endlich wieder in Bewegung setzt und ich mein Pferd besteigen will, das ich auf Befehl von Leutnant Kemmerling bekommen habe, da kommt der Spieß und läßt mich absteigen. Mein Einwand, daß der Leutnant doch befohlen habe ... »Schnauze, Mann! Hier befehle ich, verstanden?! Leutnant Kemmerling befiehlt als Zugführer den ersten Zug – den Troß befehle ich! Ich und Leutnant Böhler!«

Da darf ich nun wieder neben dem Fahrzeug herhumpeln, weil die Pferde geschont werden müssen – und hinter mir, immer dicht auf meinen Fersen, reitet Hitlerjunge Quex. Hoch zu Roß! Ja, es gibt Dinge auf Erden, die sind schlimmer als Hunger und Hitze und Schlamm und Morast.

Jetzt, am Abend, liege ich mit zehn Mann völlig erschöpft in einem großen Haus in einem schönen, unzerstörten Dorf. Der Oberleutnant hat verlauten lassen: Hier im Dorf gibt es schon eine Kommandantur, die darüber wacht, daß jeder Landser, der beim Requirieren irgendwelcher Sachen erwischt wird, sofort vors Kriegsgericht kommt. Und er hat verlauten lassen: Jeder Troß wird von seiner eigenen Kompanie so gut versorgt – auch von der Feldküche –, daß niemand es nötig hat, sich irgend etwas zu organisieren.

Es heißt, die Front sei zum Stehen gekommen, darum müßten wir uns hier in diesem Dorf für einige Zeit häuslich einrichten. Man möchte sich an den Kopf fassen und fragen: Was denn? Was denn? So schnell schon – zum Stehen gekommen? Warum wohl? Vielleicht sind die Unsrigen nicht so schnell mitgekommen beim Zählen der toten Russen? Darum brauchen sie jetzt eine Pause? Aber Leutnant Böhler läßt uns wissen: Die Front sei deshalb zum Stehen gekommen, damit der Kessel, in dem sich größere Kräfte der Russen befinden, langsam, aber sicher zugeschnürt werden könne. Und im übrigen solle ich nicht immer solch blöde Fragen stellen! Das sei höhere Strategie, davon hätte ich nun wirklich keine Ahnung. Überhaupt – meine saublöden Fragen, die würden mich mal eines nicht zu fernen Tages irgendwohin bringen, wo es mir gar nicht gefallen werde.

»Ein Mensch, der nicht fragt, Herr Leutnant«, habe ich geantwortet, »ist das denn ein Mensch? Oder ist das – vielleicht ein Ochse?«

»Mensch, Frey!« schrie der Leutnant mich an. »Wenn Sie sich bei dem Nachtangriff auf den Bahndamm nicht so tapfer geschlagen hätten, wirklich ausgezeichnet tapfer geschlagen, wie kaum ein zweiter – bei Gott, ich würde Sie jetzt zur Meldung bringen!«

Ich wollte noch sagen, gewiß tapfer geschlagen, aber nur, weil ich mich verteidigen mußte. Ja, und er, der Herr Leutnant, hätte dann das Eiserne Kreuz bekommen. Aber ich schwieg und dachte: Man soll nichts auf die Spitze treiben.

17. Juli

Wehrmachtbericht vom 16. Juli: Gegen den Brückenkopf Woronesh setzte der Feind seine starken Panzerangriffe fort. Im Zusammenwirken mit der Luftwaffe wurden sämtliche Angriffe in harten Kämpfen blutig abgeschlagen.

Wehrmachtbericht vom 17. Juli: Gegen den Brückenkopf Woronesh griff der Feind wieder vergeblich unter hohen Verlusten an.

Ich habe einen merkwürdigen Brief bekommen. Von einem Absender, den ich gar nicht kenne, von einer Adresse aus Düsseldorf. Beim Postempfang wollte ich ihn dem Spieß schon zurückgeben, aber dann habe ich mich doch in eine Ecke verkrochen, um in Ruhe lesen zu können. Es war keine geschriebene Zeile darin, nur ein gedrucktes Blatt mit einem einzigen Satz: »Was immer im späteren Leben die Verhältnisse aus dem einzelnen machen, die Eindrücke seiner Jugend wirken im guten wie im schlimmen Sinne auf ihn, und oft bestimmen sie sein Handeln.« Das Wort »Handeln« war dick mit Bleistift unterstrichen.

Nun sitze ich da und kann mir keinen Reim darauf machen. Wenn ich's richtig weiß, so ist dieser Satz ein Zitat, ausgesprochen von einem bekannten und berühmten Mann, der August Bebel hieß. Von Vater weiß ich, wer Bebel war. Aber – was soll ich jetzt mit diesem Zitat? Wer hat mir's geschickt und warum?

Mitten in mein Grübeln ertönt die Stimme von »Mütterchen Krause«: »Kompanietroß – fertig machen zur Ausbildung!«

Kurz darauf stehen wir auf dem Dorfplatz in der glühenden Sonne, und der Spieß scheucht uns umher, wie Rekruten auf dem Kasernenhof. Die Russenweiber hokken in der Nähe im Gras, lachen und schwatzen und schauen interessiert diesem Schauspiel zu. Ja, der Soldat muß auf jeden Fall beschäftigt werden, sonst kommt er auf dumme Gedanken! Und einer dieser dummen Gedanken könnte vielleicht aus einem einzigen Wörtchen bestehen: »Handeln …« Loerper zum Beispiel – der hat mir gesagt, er wird jetzt handeln. Nein, er hat nur gesagt, daß er »die Mücke machen wird«.

Morgen muß ich nach vorn in die Stellung der Kompanie, den Kameraden ihre Tornister bringen zum Wäschewechseln. Ob ich Hannes noch treffe?

18. Juli

Wehrmachtbericht: Erneute feindliche Angriffe gegen den Brükkenkopf Woronesh wurden abgeschlagen.

Wir haben Befehl, so nah wie möglich an die Stellung unserer Kompanie heranzufahren, damit die Kameraden nicht so weit zurücklaufen müssen. Auf einer Anhöhe, inmitten eines schützenden Buchenwäldchens, stoßen wir auf unsere Feldküche, die alles vorbereitet, um in der Dunkelheit die Essenholer zu empfangen.

Nun wirst du endlich, endlich einen Teller Suppe erwischen! denke ich und lasse mich in der Nähe der Feldküche nieder, um abzuwarten, ob für mich was abfällt. Doch kaum habe ich mich hingesetzt, da taucht der Spieß mit seinem Fahrrad auf und läßt alle Fahrer und Beifahrer antreten. Auch die Mannschaftsreserve muß antreten, die von Feldwebel »Ticktack« geführt wird.

»Euch werde ich helfen!« schreit der Spieß. »Heraus mit der Sprache – wer von euch hat in der vergangenen Nacht dem Furier die Marmelade geklaut? Und wo sind die Brote geblieben? Los, vortreten das Schwein!«

Keiner gibt Antwort. Ich stehe etwas abseits und denke: Was geht mich das an? Ich gehöre nicht zum Reservezug. Ich gehöre zum Troß.

»Los, umschnallen!« befiehlt der Spieß. »Stahlhelm, Gewehr, Gasmaske, Spaten holen! Sofort wieder antreten! Euch mach ich zur Schnecke! Euch werde ich's zeigen!«

Und dann zeigt er es uns. Alles, was ich bisher an Leuteschinderei, an sadistischer Quälerei erlebt habe beim Barras – all das war nur ein Spielchen gegen das, was jetzt kommt. In der glühenden Hitze jagt uns der Spieß den Hügel hinauf und hinunter, immer hinauf und hinunter – bis die ersten im Grase liegen und wimmern und röcheln. Und dann – die Gasmaske auf! Und im Laufschritt – marsch, marsch! Und hinlegen! Sprung auf – marsch, marsch! Und hinlegen! Und Tiefflieger von links! Und Panzer von hinten! Und Sprung auf – marsch, marsch!

Nachher liege ich neben Wuttke in einer Mulde, und er reicht mir seine Feldflasche und sagt: »Mich hat er nicht mitmachen lassen, ich mußte bei meinen Pferden bleiben.«

»Wäre es mir wohl besser ergangen, wenn du mitgemacht hättest?«

»Eigentlich nicht. Aber trotzdem – es ist 'ne große Sauerei, einen Menschen für etwas zu bestrafen, was er gar nicht getan hat. Wenn die vom Reservezug Marmelade geklaut haben und Brot, dann soll man nicht die Beifahrer dafür bestrafen.«

»Laß mal, Stanislau«, sage ich, »der wird seine Strafe noch bekommen. Eines Tages, wenn der Iwan ...«

»Wenn man nur wüßte«, meint Wuttke und sieht mich merkwürdig an. »Ob der Iwan wirklich keine Gefangenen macht?«

»Und wenn man das wüßte, was dann?«

Wuttke gibt keine Antwort, aber ich weiß genau, was er jetzt denkt: Kann es uns drüben beim Iwan schlimmer ergehen als hier? Sind wir nicht schon Gefangene? Gefangene unserer eigenen Vorgesetzten?

Ja, man braucht uns, die Landser, um für diese Herren diesen Krieg zu gewinnen. Aber gleichzeitig behandelt man uns wie Zwangsarbeiter, wie Verbrecher.

Als wir den Rückweg antreten, sagt Wuttke plötzlich: »Komm, setz dich auf den Bock. Ich kann auch mal ein Stückchen laufen.«

19. Juli

Heute mußten wir dem Spieß einen Bunker bauen. Wir haben geschuftet wie die Ochsen. Es scheint also doch, daß wir hier eine Weile liegenbleiben. Manchmal schießen russische Granatwerfer bis hier ins Dorf hinein. Dann stülpt sich der Spieß seinen Stahlhelm auf und verschwindet schreckensbleich im nächsten Splittergraben. Oh, dieser feige Hund!

Da ist mir Feldwebel Ticktack doch lieber. Der bleibt seelenruhig sitzen, qualmt seine Zigarette und trällert ein Lied. Merkwürdig – immer wenn ich Ticktack vor mir sehe, werde ich an Buddha in Allenstein erinnert. Buddha hatte Narrenfreiheit, weil er ein Feigling war, und Ticktack macht, was er will, weil er ein Held ist ...

Im vergangenen Winter, vor Moskau, hat er als Unteroffizier das Ritterkreuz bekommen, gleichzeitig wurde er zum Feldwebel befördert. Tolle Geschichten gibt es darüber. Die einen erzählen, Ticktack hätte die Kompanie antreten lassen, um mit ihnen direkt in den Kreml zu marschieren. (Wenn er kommandiert, dann schreit er nicht: »Stillgestann«, sondern, damit es noch zackiger geht: »Ticktack!« Daher sein Spitzname.) Aber dann hätte der Iwan angegriffen, und Ticktack, besoffen, wie er war, hat aus drei Maschinengewehren geschossen und den Angriff der Russen abgeschlagen. Wie dem auch sei, Tatsache ist, Ticktack ist ein Held. Darum ist ihm der Reservezug zugeteilt worden, und jede Fliege oder Mücke, die sich ihm nähert, fällt tot zu Boden, weil sie seinen Alkoholdunst nicht vertragen kann.

Heute ist ein besonders schöner Abend. Ich liege vor meinem Trapperzelt und träume. Träume davon, eines Tages wieder frei zu sein, frei wie der Vogel hoch am Himmel – da steht der Leutnant plötzlich vor mir, setzt sich neben mich und sagt: »Frey, was kritzeln Sie da immer in dieses Heft?«

Ich gab ihm zur Antwort, das wäre mein Fahrtenbuch. Ja, ich hätte schon immer ein Fahrtenbuch geführt, schon damals, als ich im Landjahrlager war und wir eine Fahrt durch Ostpreußen gemacht haben, und nachher hätte alles im »Kölner Stadtanzeiger« gestanden.

»Alle Achtung«, sagte der Leutnant. »So kann man sich täuschen im Menschen. Warum haben Sie mir nicht gesagt, daß Sie ein zackiger Hitlerjunge waren?«

»Herr Leutnant haben mich nie danach gefragt«, gab ich zur Antwort.

19. Juli

Liebe Änne!
In mir ist eine große, stille Freude – endlich wieder Post von Dir! Vergessen ist all mein Kummer, weil Du so lange nicht geschrieben hast. Wenn Du nun wieder im

Kino sitzt und die Wochenschau siehst, dann kannst Du Dir vorstellen, wie es mir geht in diesem riesengroßen Rußland.

Oh, Rußland ist weit, so unendlich weit. Und es ist wohl ein weiter Weg, der noch vor uns liegt. Aber Rußland ist auch schön, unsagbar schön. Manchmal hasse ich dieses Rußland – und dann liebe ich es wieder. Ich hasse es mit seinem Schlamm und Morast, mit seiner unsagbaren Armut, seinem Elend, das durch diesen Krieg entstanden ist. Und dann liebe ich dieses Land, weil es so unermeßlich weit und schön ist. Die meisten sehen nichts von dieser Schönheit. Sie sahen auch zu Hause nichts von der Schönheit ihrer Heimat.

Ich wünsche Dir, bleib weiterhin gesund und hoffe mit mir, daß alles bald vorüber ist. Grüß Schweinebacke, Deinen neuen Chef, und sag ihm bitte: Ich würde mich sehr freuen, wenn ich ihm eines Tages hier begegnen würde ... Ach, nein, sag ihm das lieber nicht. War nur ein Spaß. Wie ich Schweinebacke kenne, hat er für solche Späße kein Verständnis.

Und daß Du es weißt: Auch wenn ich von anderen Leuten Post bekommen sollte, wo Schlechtes drin steht über Dich – ich werde es nicht glauben!

20. Juli

Wehrmachtbericht: Der Feind griff auch gestern mit starken Kräften den Brückenkopf Woronesh an. Alle Versuche zur Rückeroberung der Stadt wurden in harten Kämpfen, zum Teil im Gegenstoß, von der Luftwaffe erfolgreich unterstützt, abgeschlagen, und hierbei wurden von 60 angreifenden Panzern 36 vernichtet.

Wuttke und ich liegen allein in einer schmalen Rachel, dicht hinter den Stellungen unserer Kompanie. Der Himmel ist so herrlich blau heute, und man fühlt sich frei, sobald man dem Menschenschinder Krause aus den Augen ist.

Du tust keinen Schritt, du läßt keinen Furz, ohne daß er's weiß, und alles, was du tust oder nicht tun darfst, geschieht auf seinen Befehl. Sogar das Scheißen wird befohlen, und das fängt beim Unteroffizier an.

Darum kann ja auch Loerper nicht so, wie er will. Vor jedem Angriff, so sagte er mir, hat er sich felsenfest vorgenommen, nun »endlich die Mücke zu machen«. Aber da ist dieser Hempel, sein Gruppenführer, ein stilles, unscheinbares Kerlchen, ein wirklich »menschlicher« Unteroffizier – und der läßt ihn nicht eine Minute aus den Augen.

Und wie einfach hatte ich mir das mal vorgestellt, damals, als ich zwölf Jahre alt war und zuhören mußte, wie Vater der Mutter von seinen Kriegserlebnissen erzählte! Wenn ich mal Soldat werden müßte, hatte ich zum Vater gesagt, dann würde ich einfach liegenbleiben und mich gefangennehmen lassen, dann wäre der Krieg für mich zu Ende. So einfach wäre das – dachte ich ...

Wir liegen im Schatten einer Birke, Wuttke und ich, und warten mit unserem Wagen, bis die Kameraden von unserem 2. Zug nacheinander auftauchen und sich ihre Tornister geben lassen. Jeder zieht seine sauberen Sachen heraus, kleidet sich um, und dann können wir die Tornister wieder auf dem Wagen verstauen.

Etwas abseits von uns liegen achtzehn Tornister im Gras. Die braucht keiner mehr. Es sind die Tornister von Gefallenen und Verwundeten. Achtzehn Mann von sechzig – eines einzigen Zuges unserer 2. Kompanie! Und der Weg bis zum Don ist noch weit.

Gegen Abend wird es dann ungemütlich. Der Iwan deckt uns mit Granatwerfern ein, und manche hauen genau in unsere Rachel. Ein Splitter reißt mir ein Loch in die Hose, und Wuttke hat Angst um die Gäule. Er beruhigt sich erst wieder, als wir auf der »Rollbahn« zurückzockeln, zurück in unser schützendes Birkenwäldchen, weit genug entfernt von den russischen Granatwerfern.

22. Juli

Wehrmachtbericht vom 21. Juli: Nördlich Woroneshs wurden feindliche Angriffe abgewiesen.

Wehrmachtbericht: vom 22. Juli: Nördlich und nordwestlich Woroneshs wurden Angriffe des Feindes in schwerem Kampf abgewehrt und hierbei 25 Panzer abgeschossen.

Es ist Abend. Ich hocke in »meinem« Blockhaus in Nowosselkoje. Vier kahle Wände, zwei glaslose Fenster, in einer Ecke ein Haufen Stroh – und Hunderte Fliegen, Tausende Mücken und außerdem Ratten. Ist das kein wunderschönes Idyll?

Ich bin mit Wuttke die ganze Nacht umhergeirrt, in rabenschwarzer Finsternis. Wir hatten Befehl, eine Meldung zum 3. Bataillon zu bringen, aber niemand konnte uns sagen, wo es liegt. Ein Platzregen überraschte uns, und bevor wir das nächste Haus erreicht hatten, waren wir naß bis auf die Haut. Wir legten uns in der Hütte auf den Boden und warteten, bis die Morgendämmerung durchs Fenster kroch. Dann machten wir uns wieder auf den Weg, um das 3. Bataillon zu suchen. Die Wege waren aufgeweicht, und der Schlamm klebte so zäh an den Stiefeln, daß jeder Schritt zur Anstrengung wurde. Aber alles Fluchen und Schimpfen half nicht viel – der Auftrag mußte ausgeführt werden.

Erst gegen Mittag kamen wir zurück, wollten uns etwas hinlegen, um den verlorenen Schlaf nachzuholen – da steckte Paule Pohlmann seinen Kopf durch die Tür und rief: »Der Spieß ist da und will euch haben! Los, beeilt euch!« Und dann senkte er seine Stimme zum Flüstern: »Ich war in der Nacht mit meinem Wagen vorn, und jetzt hab ich Feldwebel Ticktack mitgebracht. Der Spieß will, daß wir ihn hier begraben. Hier, gleich neben der Mühle.«

Der Spieß stand neben dem Toten und betrachtete ihn mit einem Blick, den ich nie vergessen werde. Feldwebel Ticktack war sein Freund. Sie sind schon gemeinsam durch Polen marschiert und dann nach Paris – und dann bis vor Moskau. Und nun lag er da, sein Freund und Ritterkreuzträger, und ein Granatsplitter hatte sein Gesicht entsetzlich zerfetzt. Giftgrüne Fliegen umschwirrten ihn schon, und ich mußte bei seinem Anblick denken: Wenn ihr in der Heimat wüßtet, wie so ein Heldentod aussieht! Wenn ihr sehen könntet, wie einer, der mit dem Ritterkreuz am Halse für Führer, Volk und Vaterland verreckt ist, wie der verscharrt wird.

Wir schaufelten das Loch, warfen den Feldwebel hinein, wischten uns den Schweiß von der Stirn und hockten uns nieder, um eine Zigarette zu rauchen, und Wuttke sagte, mit einem Blick auf den Spieß: »Der hier läßt keine Landser mehr Männchen machen, und ein Ritterkreuz schützt nicht vorm Heldentod.«

Wir legten auf den Grabhügel den Stahlhelm von Ticktack, und der Spieß ging davon, so still wie noch nie, mit gebeugtem Kopf, und ich dachte: Ob er jetzt menschlicher wird? Ob er endlich begriffen hat, daß jeder von uns in so einer Grube verscharrt wird – auch er eines Tages?

Wuttke und ich lehnten uns gegen die bemoosten Bretter der Mühle, und Wuttke, der Schweigsame, sinnierte auf einmal: »Da lebt nun irgendwo in Hessen eine junge, hübsche Frau mit einem blondlockigen Mädelchen auf dem Arm, und sie wartet, daß ihr Bernd eines Tages nach Hause kommt – aber der liegt bei einer Mühle in Rußland und ist schon verfault.«

Ich habe noch immer den Leichengeruch in der Nase, diesen widerlichen, süßlichen Geruch – und die bohrende Frage im Kopf: Warum wollten die Russenweiber aus dem Dorf unbedingt den toten Feldwebel betrachten? Warum gaben sie sich erst zufrieden, nachdem ich die Zeltplane fortgezogen hatte und sie sich sein zerfetztes Gesicht ansehen durften? Wer kann dieses Volk begreifen?

22. Juli

Hallo, Jäcki!
Bis jetzt bin ich immer, wenn ich ein schlechtes Gewissen hatte, zur Beichte in die Kirche gegangen. Dort mußte ich dann alles sagen, was ich angestellt hatte. Nachher habe ich mich dann besser gefühlt. Heute komme ich nun zu Dir mit meiner Beichte, mit meinem schlechten Gewissen. Ich hoffe, daß mir nachher besser ist, zumindest so, daß ich Dir dann wieder unbefangen gegenübertreten und Dir in die Augen sehen kann.

Jäcki, ich hab Dich nämlich beschwindelt. Nein, ich hab Dich belogen. Zumindest habe ich Dir nicht die Wahrheit gesagt, nicht die ganze. Warum nicht – ich kann es nicht sagen, denn eigentlich bestand gar kein Grund zum Lügen. Aber ich habe mich so schrecklich einsam gefühlt, und da war sie der einzige Mensch, der mich verstand und der mir geholfen hat – Billa. Mit ihr bin ich nämlich in den Urlaub gefahren, mit ihr und ihrem Bruder. Der Roland ist zwei Jahre jünger als Du und bei uns im Werk noch u. k. gestellt. Mit ihm und Billa habe ich also die Radtour gemacht. So, nun ist alles heraus. Alles, was mir seit Wochen wie ein Kloß im Halse gesteckt hat. Und mir ist wirklich wohler jetzt – wie nach einer Beichte.

Nun zum Schluß noch etwas Sachliches aus unserem Werk. Den Betriebsobmann Meyer haben sie verhaftet und direkt in seinem Büro abgeholt. Außerdem den Leiter des Sicherheitsdienstes und den Leiter vom Personalbüro und noch einige andere Prominente. Und was denkst Du, warum? Sie haben Lebensmittelmarken entwendet (also gestohlen!) und sie für sich verbraucht. Das ist nun unsere Volksgemeinschaft! Wo man auch hinschaut – Betrügereien, Intrigen und andere Schweinereien. Einen Meister aus der Maschinenabteilung haben sie vorige Woche gefeuert. Einer vom Werkschutz hat ihn erwischt, wie er sich mit einer Arbeiterin auf der Toilette »amüsiert« hat. Übrigens – im Werk wird gemunkelt, an der Lebensmittelaffäre wäre auch Schweinebacke beteiligt. Nur so ein Gerücht, aber zutrauen würd' ich's ihm schon.

So, das wär's für heute. Vielleicht sehe ich Dich mal in der Wochenschau.

24. Juli

Wehrmachtbericht vom 23. Juli: Nordwestlich Woroneshs wurden stärkere Angriffe des Feindes in harten Kämpfen abgeschlagen. Hierbei vernichtete eine Infanterie-Division 39 Panzer.

Wehrmachtbericht vom 24. Juli: Nordwestlich Woroneshs wurden starke feindliche Angriffe im Gegenangriff zerschlagen. Kampf- und Sturzkampffliegerverbände griffen in die Erdkämpfe ein und fügten den Sowjets schwere Verluste zu.

Ich liege wieder im Buchenwäldchen bei der Feldküche. Dieses Fleckchen Erde hier ist wunderschön. Wenn das Bumsen der nahen Front nicht wäre, nicht das schauerliche Heulen der Stukageschwader … Hoch über den Buchen kreist ein Sperber in lautlosem Flug. Ohne Flügelschlag segelt er im gleißenden Sonnenlicht, steht vorm Wind über den Kornfeldern, fällt, steigt, segelt, bis er meinen Blicken entschwunden ist.

Ob es da oben einen Herrgott gibt? Ich glaube es nicht. Wie könnte er zulassen, was hier auf der Welt tagtäglich geschieht? Nein, es gibt keinen Herrgott!

Heute, beim Postempfang, habe ich einen Brief von Hein bekommen, nur ein paar Zeilen: Hast Dich sicher gewundert über den Brief aus Düsseldorf? Ließ sich anders nicht machen. Denk daran, laß die Eindrücke Deiner Jugend im guten weiterwirken …

Der gute Hein! Nun ist das »Geheimnis« gelüftet, und ich weiß, was er mir sagen will. Ich denke viel darüber nach in diesen Tagen.

26. Juli

Wehrmachtbericht vom 25. Juli: Nördlich und nordwestlich Woronesbs setzte der Feind mit starken Infanterie- und Panzerkräften seinen Versuch fort, unsere Front zu durchbrechen. Die Schlacht dauert an. Alle Anstrengungen des Feindes scheiterten in harten Kämpfen an dem harten Widerstand der deutschen Truppen unter hohen Verlusten für den Feind.

Wehrmachtbericht vom 26. Juli: Im Raum von Woronesh scheiterten auch gestern alle Angriffe der Sowjets an dem hervorragenden Kampfgeist unserer Truppen.

Gestern abend, ich war schon eingeschlafen, weckte mich ein Melder: »Sollst sofort nach vorn zur Kompanie! Decken und Mäntel hinbringen!«

Natürlich, wenn schon – dann Frey und Wuttke. So trabte ich denn wieder die acht Kilometer hinter meinem Wagen, und in mir nagte die Frage: Wozu das alles? Ist doch alles für die Katz! Jede Anstrengung, jede Entbehrung, jeder Tropfen Schweiß, jeder Tropfen Blut – alles, alles für die Katz!

In Rußland stirbt Deutschland, hat Vater gesagt. Ja, ein ganzes Volk wird elend untergehen und verrecken –

und das alles im Namen Deutschlands! Das ist keine Schwarzseherei, nein, das kann man sich ausrechnen, mit mathematischer Genauigkeit. Drei Wochen nach unserem ersten glorreichen Angriff im Sonnenblumenfeld bei Wolschanka (drei Wochen nur!) – und von einem einzigen Zug habe ich achtzehn Tornister weniger auf meinem Wagen. Von einem einzigen Zug achtzehn Mann verwundet oder gefallen. Fast die Hälfte. Und wir haben, so schätze ich, noch nicht mal die Hälfte unseres Weges zurückgelegt.

Vorwärts – zum Don! Wenn man das überträgt auf unsere Kompanie, auf unser Bataillon, auf unser Regiment, auf die gesamte 377. Infanterie-Division (Stoßdivision!) – was bleibt da noch übrig, wenn wir tatsächlich eines Tages Woronesh erreicht haben?

Wir fanden die Kompanie in einem Kusselgelände, drei Kilometer hinter der HKL im Biwak. Viele Hände mußte ich wieder schütteln, und ich freute mich mit den Kameraden, als sie sagten: »Wir liegen hier mehrere Tage in Ruhe und können uns endlich mal wieder richtig ausschlafen.«

Doch kaum hatte ich meinen Krempel vom Wagen geladen, da ertönte Oberleutnant Bruses versoffene Stimme: »Alarm! Alarm! Kompanie sofort fertigmachen zum Abmarsch!« Das haute ein wie eine Bombe. Aus mit der verdienten Ruhe. Weiter – weiter, vorwärts zum Don – und dann nach Moskau!

Als wir nach durchwachter Nacht mit unserem Wagen zurückfahren, legt der Russe schweres Granatfeuer auf die »Rollbahn«. Wir glauben, unser letztes Stündlein hat geschlagen. In der Luft ist wieder dieser eigenartige süßliche Geruch (oder bilde ich mir das nur ein?).

Todmüde und wie zerschlagen kommen wir in unserem Quartier an, haben nur einen einzigen Wunsch: Hinlegen! Schlafen! Schlafen! Doch da taucht Unteroffizier Hanke auf und brüllt: »Frey, sofort Verpflegung holen! Und Post mitbringen! Dalli, dalli!«

Also schwinge ich mich aufs Fahrrad und gondle los durch den Matsch, zwanzig Kilometer bis zum Dorf, wo es für uns Verpflegung und Post gibt. Doch als ich das Dorf endlich erreicht habe, ist alles schon ausgeflogen. Keiner weiß, wohin. Ohne Verpflegung, ohne Post fahre ich zurück. Und der Hunger frißt in den Därmen!

28. Juli

Wehrmachtbericht vom 27. Juli: Angriffe auf den Brückenkopf Woronesh wurden erneut blutig abgewiesen. In diesen schweren Abwehrkämpfen sind seit dem 11. Juli allein am Abschnitt eines Armeekorps 751 feindliche Panzer vernichtet worden.

Wehrmachtbericht vom 28. Juli: Im Raum von Woronesh haben die Sowjets nach ihren außergewöhnlich hohen Verlusten an Menschen und Material am gestrigen Tag außer in einigen örtlichen Vorstößen nicht mehr angegriffen.

Ich hause ganz allein in einer Hütte, und den ganzen Tag sind ein paar Russenjungen bei mir. Es macht ihnen Spaß, wenn wir uns mit Händen, Füßen und Gebärden unterhalten. Ich weiß, sie verstehen alle etwas Deutsch, haben es ja in der Schule gelernt, aber sie tun so, als verständen sie kein Wort. Sie bringen mir Eier, Milch, Gurken, Möhren und Erdbeeren. Als ich mir den Bauch so richtig vollgeschlagen habe, krieche ich unter meine Decke – und mir geht es herrlich gut.

Am Abend kommt Obergefreiter Friedrich und berichtet, daß unser Furier Peter Schütz, der stiernackige Rotschopf, unter gräßlichen Schmerzen verendet ist. Ich kann das nicht glauben! Dieser fröhliche Kerl mit seinem Berliner Humor – er soll nicht mehr sein?!

29. Juli

Wehrmachtbericht: Bei der Abwehr feindlicher Vorstöße gegen den Brückenkopf Woronesh wurden 29 Panzer abgeschossen und eine größere Anzahl durch Kampffliegerkräfte außer Gefecht gesetzt.

Heute nehmen wir Abschied von Nowosselkoje. Obwohl es hieß, wir würden einige Wochen hier bleiben, um beim Einbringen der Ernte zu helfen und dann eine feste Winterstellung zu bauen (Latrinenparolen!), scheint sich die Front nun doch wieder in Bewegung zu setzen.

Es ist die übliche Leier, wie bei jedem Abrücken. Alles rennt und schreit durcheinander: »Beifahrer hierhin! Beifahrer dorthin!« Aber da ich kein Rekrut mehr bin, können mir alle den Hobel blasen. Auch der Spieß, der am meisten brüllt. Und am meisten brüllt er meinen Namen. Wuttkes Namen brüllt er nicht. Der muß ja bei den Pferden bleiben.

Aber wir fahren nicht weit. Nicht gleich bis nach Woronesh, wie ich angenommen hatte. Nur vier Kilometer – bis zum nächsten Dorf. Ein hübsches, kleines Dorf, und es liegt noch weiter von der »Rollbahn« entfernt als Nowosselkoje. In einem Weidengestrüpp stellen wir unsere Fahrzeuge unter, dicht neben einem Teich.

An dem Stamm einer Erle befestige ich mein Trapperzelt, und nun habe ich in der Nacht wieder den hohen Himmel über mir mit seinen schimmernden Sternen, und ich komme mir vor, als wäre ich selber ein Stück der Natur. Der Wind raunt mir vertraute Weisen ins Ohr, die Büsche erglänzen im silbernen Mondlicht, und die unzähligen Frösche geben dem Mond ein Konzert, das sich hören lassen kann.

Trotz der Nacht ist es unerträglich schwül. In der Ferne, am Horizont, flackert ein Wetterleuchten, und langsam schiebt sich das Grollen des Gewitters näher und näher. Und dann trommeln die Tropfen auf mein

Zeltdach, und ein Unwetter bricht los, als ob die Welt gleich untergehen würde.

Alle, die draußen übernachten wollten, flüchten sich in die Häuser. Nur ich bleibe draußen, fest an die schützende Zeltplane geschmiegt, dicht an der dürstenden Erde, und ich lausche der entfesselten Natur.

30. Juli

Wehrmachtbericht: Im Raum von Woronesh verlor der Feind gestern wieder 18 Panzer.

Ein ungestümer Westwind treibt graue Wolkenhaufen vor sich her.

Ich fahre mit Wuttke zurück nach Nowosselkoje. Es ist die schönste Landschaft hier, die ich bisher in Rußland sah. Wogende Kornfelder, blumenübersäte Hügel, dazwischen kleine Wälder, und überall Grünen und Blühen. Sie müssen wohlhabend gewesen sein, die Bauern hier. Sie geben sich alle sehr stolz, sehen intelligent aus, und die meisten haben blaue Augen und blonde Haare und sehen aus wie die Bauern zu Hause bei uns, irgendwo in Deutschland. Ob der Leutnant mir eine Antwort geben kann, wenn ich mal »saudumm« frage, warum denn diese Russen eine minderwertige Rasse sind ...?

Ich hocke wieder bei der Mühle, wo wir den Feldwebel begraben haben, und bewundere dieses Bauwerk. Nicht ein einziges Stück Eisen ist an diesem Koloß! Nicht ein einziger Nagel! Alles ist kunstvoll verzapft (meisterhafte Arbeit mit Säge und Beil!). Zu Hause bei uns habe ich so etwas noch nirgendwo gesehen.

Gegen elf Uhr kommt unser Bataillon anmarschiert, voran die 2. Kompanie. Ich melde mich wie befohlen bei Oberleutnant Bruse, weil ich die Kompanie in ihre Quartiere einweisen muß, und die Kompanie trottet schweigend hinter mir her, die meisten mit hängenden

Köpfen, manche mit Bart, und ich sehe kein einziges frohes Gesicht.

Sechsundsiebzig Männer schleichen hinter mir her – und zweihundert sind wir gewesen, als der Oberleutnant in Wolschanka seine Rede hielt, am Tag vor dem ersten Angriff. Nun marschiert »der Alte« an der Spitze seiner Kompanie, starrt auf den Boden, und sein Gesicht ist geschwollen und aufgedunsen vom Suff. Wenn ich jetzt könnte, wie ich wollte! Ich würde hintreten vor ihn, würde fragen: Du glaubst doch wohl selber nicht, daß man sein Gewissen – falls man überhaupt eins besitzt – im Suff ertränken kann? Oder die Angst vor dem sicheren Untergang?

30. Juli

Liebe Änne!
Der Brief mit Deiner »Beichte« – ich werde ihn vergessen. Heute nur in Kürze: Ich habe schon gewußt, daß Du mit Billa die Radtour gemacht hast und daß ihr Bruder dabeigewesen ist. Erst wollte ich's nicht glauben, aber dann habe ich gewußt, daß Hein sich so etwas nicht aus den Fingern saugt, und wenn er's mir schreibt, dann nur, weil er's gut mit mir meint. Und ich meine es nun auch gut mit Dir, wenn ich Dich bitte: Laß Dich nicht zu sehr von Billa beeinflussen! Ich kann verstehen, daß Du manchmal froh bist, wenn sie sich um Dich kümmert, aber ich weiß aus eigener Erfahrung, daß sie kein guter Mensch ist, sondern nur den eigenen Vorteil sucht. Also, liebste Änne, das ist meine ernste Bitte: Halte Dich ein wenig fern von ihr. (Und damit natürlich auch von ihrem Bruder.)

Übrigens: Die Eltern haben mir geschrieben. Sie sind jetzt in Schlesien und wohnen auf einem Gut bei Jauer. Der Gutsbesitzer ist auch Ortsbauernführer. Da kannst Du Dir ja denken, wie Vater sich da freut.

Sechster Teil

Wenn dieser Schicksalskampf zwischen dem Nationalsozialismus und dem Bolschewismus bisher eines bewiesen hat, so ist es dieses, daß der deutsche Soldat auch als Ideenträger sich immer und überall dem Feinde weit überlegen gezeigt hat. Mit den Heeren des nationalsozialistischen Reiches marschiert eine Revolution; und das Wissen um ihre weltgeschichtliche Aufgabe trägt jeder deutsche Musketier in seinem eigenen Herzen mit sich. Das eben ist der Unterschied: Auf der anderen Seite der Front im Osten steht eine Masse Mensch, die zwar als sogenannte Armee der Weltrevolution diesen Krieg herausgefordert hat, deren geistige Substanz mit dieser Aggression um der Aggression willen aber auch restlos erschöpft ist.

»Völkischer Beobachter«,
11. Juli 1942

Die gesamte 377. Infanterie-Division ist aus dem Kampf herausgezogen worden. Unsere glorreiche Stoßdivision – nach fünf Wochen Kampf ... Nun liegt sie auf die Dörfer verteilt hier im Umkreis, und es heißt, in den nächsten Tagen soll sie noch weiter zurückverlegt werden, zur nächsten Stadt mit Bahnanschluß marschieren – und ab geht die Fahrt gen Westen!

Latrinenparolen? Interessiert mich nicht. Mich interessiert im Augenblick nur eins: daß dieser Idiot von Oberleutnant, der unser Kompaniechef ist, mich gestern bestraft hat. Für nichts und wieder nichts! Weil ich angeblich seinen Mantel, den er auf meinem Wagen hatte, naß werden ließ. Als ob es in meiner Macht gelegen hätte, den Sintflutregen abzuhalten! Der Kerl muß doch bekloppt sein! Oder ist es nur deshalb, weil er eine Wut im Bauche hat? Weil er sich im Grunde seines Herzens schämt, schämen müßte, nachdem er uns belogen hat? Braucht nur die toten Russen zu zählen, Kameraden ...

Aber wenn ich ganz objektiv sein soll, dann kann er mir nur leid tun. Dann kann ich sogar verstehen, daß er uns belügt. Muß er nicht lügen? Gehört das nicht zu seinem Handwerk? Und – wird er nicht auch belogen – von seinen Vorgesetzten? Und die wieder von ihren Vorgesetzten und so weiter bis ganz nach oben? Arbeit und Brot hat der mal versprochen – der ganz oben. Und jetzt sitzen wir hier in der Scheiße, die er uns eingebrockt hat. Und keiner wagt zu widersprechen. Jeder hat nur Angst vor seinem Vorgesetzten. Hat Angst, daß er an die Wand gestellt und abgeknallt wird.

Ich erinnere mich daran, daß ich Vater mal gefragt habe, als Kind, ob er im Krieg Angst gehabt hat vor den Russen und Franzosen. »Ja, vor denen auch«, hat Vater gesagt. »Aber richtige Angst, Junge, die hatte ich mehr vor den eigenen Leuten. Viel mehr als vor den Russen und Franzosen.«

»Vor den eigenen Leuten? Vor Deutschen? Verstehe ich nicht.«

»Es ist so«, hat Vater gesagt, »als Muschkote wirst du so abgerichtet, daß du vor deinen eigenen Vorgesetzten immer Angst haben mußt. Gegen den Feind – da kannst du dich wehren, mit deinem Gewehr in der Hand. Gegen deine Offiziere aber nicht. Womit willst du dich gegen die wehren?«

Ja, womit will ich mich dagegen wehren, daß mir der Oberleutnant drei Monate Urlaubssperre aufgebrummt hat für nichts und wieder nichts?

2. August

Es ist merkwürdig, daß ausgerechnet immer am Sonntag etwas Besonderes los ist. Schon um vier Uhr werde ich geweckt (bis um zwei Uhr hatte ich Wache!), und um sechs Uhr treffen sich alle Fahrzeuge beim Regimentsstab und fahren los, um Munition zu holen.

Die Kompanie liegt heute in Ruhe, und ich darf wieder hinter dem leeren Wagen herschleichen, kilometerweit, damit die vier Pferde geschont werden. Wenn man nur einen Sinn in alldem sehen könnte – dann wär's bestimmt zu ertragen. Nicht nur einen Sinn darin, daß sich irgend so ein Halunke etwas ausgedacht hat und über absolute Befehlsgewalt verfügt. Nein, überhaupt ... Warum bin ich hier? Was soll ich hier? Kämpfen für Deutschland? Deutschland muß leben, und wenn wir sterben müssen ... Und wenn wir nun alle gestorben sind? Wo ist dann Deutschland?

Fünfzehn Kilometer hin, aufladen, fünfzehn Kilometer zurück, abladen. Das genügt wohl für heute. Aber da kommt auf dem Rückweg der Bataillonskommandeur vorbei, hoch zu Roß, und da ich keine Meldung mache, wie das ja Vorschrift ist, reitet er ganz dicht an mich heran und brüllt wie ein Irrer. Ich gucke nur blöde und gebe keine Antwort. Ich bin so weit, daß ich den Lumpenhund in Stücke reißen könnte. Ja, wenn er genauso marschieren würde wie ich, wenn er die gleichen Strapazen ertragen würde wie die einfachen Landser – das wäre doch was! Dann könnte man sagen: Wir kämpfen und sterben gemeinsam für Deutschland. Aber so?

8. August

Seit einigen Tagen gehen die russischen Weiber mit Sensen und Harken auf die Felder, und sie schaffen vom ersten Morgenlicht bis in die Nacht hinein. Erst wenn die Sonne versunken ist und der glühendheiße Tag von einer lauen Sternennacht abgelöst wird, kehren sie in ihre Hütten zurück.

So vergeht ein Tag wie der andere. Zwischen dem ersten Hahnenschrei und dem letzten Zigarettenglimmen am Abend gibt es viel, viel Sonne mit weißen Haufenwölkchen am blauen Himmel, mit leuchtenden Kornfeldern und bunten Blumen auf grünen Hängen. Wir leben mit den Russen zusammen, als gehörten wir dazu. Drei Frauen bewohnen dieses Haus, das an unserer Kompaniegrenze liegt, und es ist mir bis heute nicht gelungen, die genaue Kinderzahl festzustellen.

Ach, diese Kinder! Da hat man uns nun erzählt, in Rußland gibt es kein Familienleben – und was sieht man wirklich? Mag Bruse, unser versoffener Kompaniechef, erzählen, was er will – ich habe mir mein eigenes Urteil gebildet.

Wie schnell die Menschen vergessen können! Wer redet noch von den Erlebnissen der letzten Tage und Wochen? Wer spricht noch über die Toten unserer Kompanie? Ja, wer spricht heute noch davon, was sich erst gestern in der 1. Kompanie ereignet hat?! Ein Landser hat ein Brot vom Furierwagen genommen, um sich mal richtig satt zu essen – und aus Angst vor der Strafe hat er sich dann eine Kugel in den Mund gejagt. Vielleicht war es aber auch, weil er Schluß machen wollte.

Ja, das ist des Menschen Stärke und Schwäche: die Vergeßlichkeit! Auch mir ergeht es so. Aber ich wehre mich dagegen. Ich will alles in der Erinnerung wachhalten, um es nie zu vergessen. Darum schreibe ich mein Tagebuch. Es gibt noch einen anderen Grund: Ich schreibe, weil ich mich so schrecklich einsam und verlassen fühle. Weil ich mit keinem Menschen darüber reden kann, was mich bewegt. Auch mit Loerper-Hannes nicht. Wir sehen uns kaum noch, weil er bei der Kompanie ist und ich hinten beim Troß.

Nun ist es Abend, und überall in der Runde erklingen Lieder. Alle Kompanien singen. Nur bei der 2. Kompanie herrscht Totenstille. Wahrscheinlich hat Bruse sich wieder besoffen.

8. August

Liebe Änne!
Gestern abend las ich wieder Deinen Brief – den schönsten, den ich je bekam. Ich lag alleine unter meinem Trapperzelt (eine Plane, die man gegen die Windrichtung an einen Baumstamm knüpft, so daß sie einem Mann Schutz bietet vor Wind und Regen) dicht an einem großen Teich. Gestern schrieb ich auf einen Zettel: »Am Stahlhelmrand singt leis der Wind, vom Flusse duftet's herbe, in einer Hütte weint ein Kind – ob ich schon morgen sterbe?«

Ja, manchmal hat man so seine trüben Gedanken, vor allem im Regen. Aber dann wieder sage ich mir, ich bin doch eigentlich ganz gut dran, wenn ich mein Leben mit dem der Kameraden vergleiche, die in der vordersten Front täglich im Einsatz sind. Einigen hat der Iwan schon einen »Heimatschuß« verpaßt, und sie liegen jetzt in irgendeinem Lazarett in der Heimat, lassen sich von den Karbolmäuschen verwöhnen. Bevor sie wieder auf den Beinen sind, ist der Krieg vergessen.

Übrigens: Die Mundharmonika habe ich noch immer nicht bekommen, auch nicht die nächsten Hefte. Denkst Du daran?

9. August

Ich hatte mir mal geschworen, nie wieder eine Spielkarte in die Hand zu nehmen. Und nun bin ich doch wieder ein paar Ganoven vom Reservezug auf den Leim gegangen. Ich habe bei Siebzehn-und-vier meinen gesamten Sold verloren. Außerdem haben sie mir meinen Tabak geklaut, aber ich kann ihnen nichts beweisen. Kameradendiebstahl – und das an der Front! Vor ein paar Tagen erst ist ein Neunzehnjähriger vom Nachbarbataillon verurteilt worden, wie es heißt, zum Tode durch Erschießen. Er hat aus einem Postsack zwei Päckchen Zigaretten geklaut, und man hat ihn dabei erwischt. Aber – wegen zwei Päckchen Zigaretten zum Tode verurteilt. Das soll einer glauben! Ich glaube viel eher, diese Parolen werden ganz bewußt von unseren Vorgesetzten in die Welt gebracht, um abschreckend zu wirken, denn Tatsache ist: Es wird unheimlich viel geklaut.

Und die Kameraden vom Troß und die von der Kompaniereserve gehen auch wegen jeder Kleinigkeit gleich aufeinander los und polieren sich für nichts und wieder nichts gegenseitig die Fressen, obwohl sie ganz genau wissen, wie streng das bestraft wird. Ja, die Strafen! Die werden immer zahlreicher, immer härter. Gestern morgen mußte die gesamte Kompanie antreten, und der Oberleutnant donnerte uns an, es hätte ihm jemand seine Butterdose geklaut. Die Obergefreiten wurden beauftragt, das Gepäck von jedem Landser zu durchsuchen. Wie die sich freuten, als sie bei mir eine Butterdose entdeckten! Freudestrahlend rannten sie zum Alten. Aber der Oberleutnant schrie sie an, daß sie ausgemachte Blödmänner wären, seine Butterdose sei nicht aus Glas, sondern aus Aluminium. Wie enttäuscht sie waren, die lieben Kameraden, daß sie mir keins auswischen konnten!

Vorhin kam Pohlmann zu mir und sagte, daß im Postsack für mich zwei Päckchen gewesen wären, er hätte sie selbst beim Schreibstubenhengst abgegeben. Ich habe aber nur ein Päckchen bekommen. Wo ist das zweite geblieben? Pohlmann sagte dann noch: »Alles, was jetzt ankommt für die Verwundeten und die Gefallenen – was denkst du, wo das bleibt? Glaubst du, das wird zurückgeschickt? Nein, das behalten die Herren für sich – der Leutnant, der Feldwebel, der Spieß und der Schreibstubenhengst. Die leben jetzt wie die Made im Speck.«

»Ich lebe aber noch«, sage ich. »Bin nicht gefallen und bin nicht verwundet. Müßte man diese Schweine nicht auch mal an die Wand stellen wegen Kameradendiebstahl an der Front?«

»Stichwort Front«, flüstert Pohlmann hinter vorgehaltener Hand, »Kreuze habe ich auch wieder mitgebracht. Wunderschöne russische Birke. Reichen für den Rest der Kompanie, so viele sind es.«

»Kreuze? Verstehst du das? Was sollen wir mit Kreuzen, wenn wir hier nicht mehr zum Einsatz kommen?«

10. August

Hallo, Jäcki!
Heute will ich endlich mein Versprechen einlösen und Dir etwas ausführlicher schreiben über meine neue Tätigkeit im Werk. Aber erst etwas anderes: In meinem persönlichen Leben hat sich einiges verändert. Leider nicht zum Guten. Wie Du weißt, ist meine ältere Schwe-

ster von meinem Vater vor die Tür gesetzt worden, weil sie ein uneheliches Kind bekommen hat. Außerdem war (oder ist) der Vater des Kindes einer, der ihm gar nicht gefällt (obwohl er selber Mitglied in der Partei ist!). Der Vater des Kindes arbeitet bei der Gestapo. (Hat auch sein Gutes für meine Schwester, denn höchstwahrscheinlich wird er nicht eingezogen, weil er hier an der Heimatfront ebenso gebraucht wird wie Du an der Ostfront.)

Nun hat meine Mutter so lange gequängelt, bis Vater schließlich zähneknirschend nachgeben mußte und meine Schwester wieder in Gnaden aufgenommen hat. Ja, und nun der Haken bei der Sache: Ich habe mein Zimmer abtreten müssen, damit meine Schwester und ihr Baby eine Bleibe haben – und natürlich auch der Erzeuger. Der wohnt nämlich jetzt mit bei uns! Und ich? Ich kann in der Küche auf dem Sofa kampieren.

So sieht das also aus, lieber Jäcki. Darum sitze ich nun nicht zu Hause in meinem gemütlichen Zimmerchen, um Dir in Ruhe schreiben zu können, sondern ich hocke hier bei Billa in der Wohnküche. Hier habe ich aber wenigstens meine Ruhe und … Du, ich glaube, da kommt sie gerade vom Einkaufen zurück! Sei mir bitte nicht böse, wenn ich hier meinen Brief abbrechen muß. Tröste Dich – der ausführliche Bericht kommt ganz bestimmt, sobald ich die Zeit dafür finde.

10. August

Heute mittag, beim Essenempfang, bin ich mit Leutnant Böhler aneinandergeraten. Es fing ganz harmlos an. Ich fragte den neuen Furier, ob wir denn, seitdem wir in Ruhestellung lägen, überhaupt nichts mehr zu essen bekämen. Jeden Tag ein Kanten Brot, ein Stückchen Margarine, ein Zipfelchen Wurst, ein Klümpchen Kunsthonig – und aus und vorbei. Wovon denn die Feldwebel ihre

Bratkartoffeln so schön knusprig werden lassen, wollte ich wissen. Da grinste er nur und sagte: »Woher soll ich das denn wissen?«

»So«, sagte ich und kochte vor Wut, »dann muß man eben den Kompaniechef mal fragen! Und vielleicht auch, warum die einen vor Kohldampf nicht schlafen können und die anderen vom fettigen Fraß die Scheißerei haben!«

Da ist zufällig unser Quex zur Stelle. Er hat alles mitgehört – und nun gibt es eine richtige Sensation: Er sagt dem Furier auf den Kopf zu, daß er die ganze Kompanie seit vierzehn Tagen bescheißt – so lange schon, wie er diesen Posten hat! Und er sagt auch, der Kompaniechef werde ihn, den Furier, zur Rechenschaft ziehen.

»Und wie, Herr Leutnant, wird so einer zur Rechenschaft gezogen, wenn er Feldwebel ist und die ganze Kompanie bescheißt? Wird so einer vielleicht auch an die Wand gestellt, wie einer, der nur Schütze Arsch ist und ein paar Zigaretten gemaust hat?«

Und nun geschieht etwas, was mir die Sprache verschlägt. Der Leutnant schreit mich an, ich wäre ein Meuterer, ein Wehrkraftzersetzer, und wenn ich so weitermache, dann werde er dafür sorgen, daß mir endlich mein vorlautes, aufsässiges Maul gestopft wird.

»Treten Sie ab, Sie Blindgänger! Weg aus meinen Augen – oder ich vergesse mich!«

11. August

Es gibt ein Gerücht seit Tagen: Zwischen elf und ein Uhr nachts erscheint urplötzlich ein schwarzer Hund und verschwindet wie ein Schatten in Richtung Front, und kurz nach seinem Verschwinden gibt es todsicher einen Bombenangriff. Taucht der Hund aber nicht auf, dann gibt es auch keinen Bombenangriff.

Nun habe ich ihn mit eigenen Augen gesehen. Ich

stand mit Wuttke auf Wache am Dorfausgang – da huschte er plötzlich wie ein Schatten an uns vorbei und war so rasch zwischen den Häusern verschwunden, daß ich gar nicht zum Schuß kam und nachher ein schlechtes Gewissen hatte, weil ich dem Befehl unseres Kompaniechefs nicht nachgekommen war, das Vieh sofort zu erschießen. Als dann kurz darauf in unserer Nähe ein russischer Flieger Leuchtkugeln abschoß und fast im gleichen Moment die ersten Bomben herunterrauschten, da wurde mir doch ziemlich mulmig.

In der vergangenen Nacht, so heißt es, ist das Nachbardorf von Partisanen in Brand gesteckt worden. Obwohl mehr als zwanzig Posten standen – plötzlich brannte das Dorf an allen Ecken und Enden wie eine Fackel. In diesem Dorf sollten wir uns heute zur Entlausung melden. Nun müssen wir zu einem dreißig Kilometer entfernten Ort. Wir haben uns die Räder der 1. Kompanie ausgeborgt und gondeln los. Die Luft ist schwer wie Blei. Der zentimeterhohe weiße Staub wird von den vorbeifahrenden Fahrzeugen zu einer riesigen Wolke aufgewirbelt, und wir sehen aus wie Mehlsackträger.

Während unsere Klamotten in der Entlausung hängen, liegen wir in der Sonne und schauen den Russenweibern zu, wie sie dreschen. Sie haben die harte Erde sauber gefegt, und sie dient ihnen als Tenne, auf die mit rhythmischem Klatschen ihre Dreschflegel herniedersausen. Friedliche Welt.

Ich glaube nicht, daß wir abgelöst und hier herausgezogen werden. Wozu werden wir dann entlaust? Und – wozu hat Pohlmann neue Holzkreuze gebracht?

12. August

Wenn man tagelang geträumt und phantasiert hat von Frankreich, von Holland und auch von der Heimat, wenn man jede Minute darauf vorbereitet war, Abschied zu nehmen von diesem Rußland (dem ich in einer merkwürdigen Haß-Liebe zugetan bin) – und wenn dann plötzlich mitten in der Nacht Alarm geblasen wird und dir der Befehl in die Knochen fährt »Kompanie – fertigmachen zum Abmarsch!« und innerhalb einer halben Stunde alles abmarschbereit sein muß: oh, du mein Gott, ist das ein Erwachen! Ob sich das einer vorstellen kann, der es nicht selber erlebt hat? Ein Blitz aus heiterem Himmel ist ein Kerzenlicht dagegen, und ein Donnerschlag könnte dich nicht mehr betäuben als ein Alarm zu mitternächtlicher Stunde.

Alles rennt durcheinander, brüllt, flucht, schreit, tobt – und als dann nach einer halben Stunde die Kompanie zum Abmarsch bereit angetreten ist, wird mir erst richtig klar, was das alles bedeutet. Wohin? Wohin? schreit es in mir, und ich weiß, daß dies wirklich eine dumme Frage ist, denn ich weiß ganz genau, wie die Antwort lautet: Zurück! Zurück aufs Schlachtfeld.

Ja, Kameraden, ihr habt euch gefreut gestern abend, habt gelacht wie die Kinder, habt Lieder gesungen und vor Übermut nicht gewußt, was ihr anstellen solltet. Endlich, endlich, so hieß es, werden wir abgelöst! Und wieder mal hat uns Kompaniechef Bruse belogen und betrogen! »Noch ein paar Tage Sommerfrische, Kameraden!« So hat er der Kompanie zugerufen. »Dann geht's ab auf die Bahn und dann ab in die Heimat!« – Oh, dieses Dreckschwein! Ich stehe bei meinem Troßwagen und lausche, wie sich der Marschtritt der 2. Kompanie allmählich entfernt. Im Vorbeigehen hat Loerper-Hannes mir noch zugerufen: »Und denk an den Brief!« Ja, Hannes, ich werde dran denken – das verspreche ich dir.

An der Front muß etwas Schreckliches im Gange sein. Ich kann genau hören, daß sie unheilvoll grollt und donnert. Tagelang hat sie geschwiegen. Tagelang war es still – unheimlich ruhig. Aber nun, so scheint mir, greift der

Russe wieder an. Ja, nicht wir greifen an, sondern der Russe! Wäre sonst dieser plötzliche Alarm notwendig gewesen, wenn wir in einen gut vorbereiteten Angriff gegangen wären?

Nun liegen wir mit unserem Troß allein hier im Dorf und warten. Warten darauf, daß auch für uns der Befehl zum Abmarsch kommt. Aber statt dessen (damit wir keine Zeit zum Nachdenken, keine Zeit zum Grübeln finden) scheucht der Spieß uns auf den Dorfplatz und: »Hinlegen! Auf, marsch, marsch! Hinlegen! Vorarbeiten bis an meine Fußspitzen! Frey, Sie elender Misthaufen – wollen Sie wohl schneller mit dem Arsch in den Dreck?! Sie Flasche, Sie elender Zivilist! Sie – Sie – Ihnen werde ich's zeigen!«

Russische Schlachtflieger brausen im Tiefflug über das Dorf, schießen aus allen Rohren – und wir machen Strafexerzieren! Wie auf einem preußischen Kasernenhof. Wenn ich später mal »Preußens Gloria« höre, dann werde ich kotzen – oder wie irre dazwischenschlagen.

13. August

Wehrmachtbericht: Im Raum von Woronesh nahmen die Kämpfe an Heftigkeit zu. Alle von zahlreichen Panzern unterstützten Entlastungsangriffe des Feindes brachen unter schweren Verlusten im Abwehrfeuer der deutschen Truppen und unter den Bombenangriffen starker Kampf- und Sturzkampffliegerverbände zusammen.

Hallo, Jäcki!
Hier nun endlich mein versprochener Bericht. Du würdest ihn vielleicht überschreiben »Ein Tag aus dem Leben einer Terminjägerin«. Ich habe alles (oder vieles), was ich an einem einzigen Tag erlebt habe, mal festgehalten.

Um sieben Uhr Besprechung mit Vorarbeiter Rösler,

Leiter der Kolonne, für die ich zuständig bin. (Gerät TMO, von dem täglich zwanzig Stück geliefert werden müssen.) Rösler und ich vergleichen die Produktionstafeln des vergangenen Tages. Danach rüber zur Maschinenhalle, nachsehen, ob die Nachtschicht die von mir gestern bestellten Dreharbeiten ausgeführt hat. Natürlich – haben sie nicht! Dann zur Schlosserei. Dort liegen seit drei Tagen die Deckel für den unteren Geräteflansch. Müßten schon längst verputzt sein. Aber von wem? Keiner ist zuständig, denn – keiner will diese Arbeit machen. Also zu Meister Röhrer. Soll einen Mann zum Verputzen abstellen. Hat keinen Mann, sagt er. Also zum Vorarbeiter der Schweißer. Nein, der hat auch keinen, sagt er und grinst.

Wütend zur Arbeitsvorbereitung, Ingenieur Patzig Bericht erstatten. Soll ich ihm schriftlich geben, damit er die Kerle endlich fassen kann. Weil er gestern angeordnet hat, daß Schweißerlehrling verputzen soll. Zurück zur Kesselschmiede. Dort empfängt mich ein Schweißer und beschimpft mich, weil er nichts verdienen kann, wenn ich nicht dafür sorge, daß er Nachschub bekommt. Also rüber zum Obermeister, fragen, wann Böden endlich fertig sind. Er sagt, die Dreher aus Maschinenhalle hätten Böden unbearbeitet zurückgeschickt. Ja, und was soll ich nun tun?

Sause hinunter in den Magazinkeller, suche drei Hilfsarbeiter, die mir helfen, die verschwundenen Kabelrohre aufzufinden. Kabelrohre bleiben verschwunden. Kommt Vorarbeiter Holler, blökt mich an, was mir einfiele, fertige Kabelrohre zu seinen Drehbänken schaffen zu lassen. Hurra, wir verblöden! Kabelrohre sind da! Lasse Rohre zur Abnahme bringen. Jage zum Versand, frage, wann die nächsten Rohre zurückkommen werden. Sind noch gar nicht raus aus dem Werk – geschweige denn zurück! Und sie liegen schon drei Tage im Versand. Ich kann mir ausrechnen: In drei Tagen hänge ich fest. Kommt Patzig, wettert mich an: Warum denn nur noch dreißig Kabelrohre vorhanden? Antwort: Weil Obermeister angeordnet hat, daß Dreher erst andere Sachen in Angriff nehmen. Patzig: Keine Entschuldigung das! Verantwortlich für reibungslosen Ablauf in der gesamten Fertigung einzig und allein der Terminjäger!

Auf dem Weg zur Maschinenhalle in einer stillen Ecke Tränen vor Zorn. Nein, lieber Jäcki, so geht es nicht, und darum will ich hier Schluß machen. Das, was ich Dir hier nur angedeutet habe, ist ja nur ein winziger Teil meines langen Tages. Aber so geht es weiter und immer weiter, und ich kann machen, was ich will – keinem mache ich's recht. Jeder hackt auf mir herum, und jeder ist froh, daß er in mir einen Blitzableiter hat. Ja, immer nur drauf! Ist doch ein Glück, daß man so ein dummes Luder hat, dem man alles aufbuckeln kann. Und dabei habe ich im Werk schon meinen Spitznamen weg – das flinke Mädchen oder das flotte Bienchen.

13. August

Man müßte ein verdammt weites Herz haben oder ein verdammt blöder Blödmann sein, wenn man den Glauben noch hätte an das große Tausendjährige Reich aller Deutschen. Den Glauben an unsere gerechte Sache, an die heilige Schicksalsgemeinschaft, an unseren Sieg über die minderwertigen Völker Europas.

Da lagen wir nun tagelang beim letzten Haus des Dorfes in unserem Zelt auf einer Wiese am Rande eines Kornfeldes, vier Beifahrer in herrlicher Freiheit. Keiner kümmerte sich um uns, denn Leutnant Böhler wurde abberufen und mit zum Einsatz geschickt. Aber dann kam der Spieß dahinter, daß »diese Kerle, diese Halbzivilisten von Beifahrern, da draußen ein Zigeunerleben führen« – und aus war der Traum. Er befahl, unser Zelt sofort abzubrechen und im Dorf Quartier zu beziehen – zwei Hütten neben der Schreibstube, so daß er uns immer im Auge hat.

Schon heute morgen hatte er mich »im Auge«. Als er sieht, daß ich barfuß gehe, um meine geschwollenen Füße zu schonen, spielt er verrückt. Anstatt mich zu loben, weil ich dafür sorge, daß ich einsatzfähig bin für den Fall, wenn dies notwendig ist, brüllt er mich an: »Mann, sind wohl irre geworden?! Barfuß! Und das bei andauernder Partisanengefahr! Los, Sie Flasche, Stiefel anziehen! Und dann machen Sie ab sofort Melder beim Bataillon!«

So melde ich mich beim Bataillons-Gefechtsstand und trabe den ganzen Vormittag von einer Kompanie zur anderen und überbringe Befehle. Und was für Befehle! Da heißt es zum Beispiel: »Fragen Sie den Spieß der dritten Kompanie, ob er heute mittag zum Skat kommen kann!« Also sechs Kilometer mit wunden Füßen durch die Gegend marschieren und einen Spieß fragen, ob er Skat spielen kommt. Oder: »Los, Sie Flasche, sausen Sie los zum zweiten Bataillon und bringen Sie Leutnant Schwarz seine Zigarettendose, die er gestern hier liegengelassen hat!«

Sieben Kilometer weit laufen, damit Herr Leutnant wieder aus silbernem Etui rauchen können. Oh, Leute, Leute, es ist nicht zu fassen!

Ein Gutes hat die ganze Sache aber trotzdem: Ich lerne an diesem Vormittag in jeder Kompanie einige Vorgesetzte kennen – und kann feststellen, daß unser Oberleutnant Bruse und sein Oberfeld Krause wohl einmalige »Spitzenklasse« sind. Solchen Arschlöchern und Menschenschindern begegnet man so leicht nicht wieder. Und weil diese beiden so sind, der Kompaniechef und sein Spieß – wie können da die Unteroffiziere und Feldwebel anders sein?

Um vierzehn Uhr ist endlich der Befehl zum Abrükken da. Der Abschied fällt mir fast schwer. Unsere Matka, bei der wir einquartiert sind, samt ihren Kindern Waska, Mischka, Nastja und Maruschka stehen vor der Tür ihrer Hütte und winken so lange, bis wir sie nicht mehr sehen.

»Pan«, sagte die Matka und strich mir über den Kopf wie eine Mutter, »Pan, na frontje – nix karascho ... Woina, nix karascho, nix gutt!«

Wir fahren über Nowosselkoje und sind bald wieder auf der »Rollbahn«. Oh, Ironie des Schicksals! Da hatten wir gehofft, auf dieser »Rollbahn« gen Westen zu rollen – und nun zuckeln wir weiter gen Osten, zurück in den gleichen Frontabschnitt, aus dem wir herausgenommen wurden, um »nie wieder hier eingesetzt zu werden wegen zu hoher Verluste, wegen zu hohem Durchschnittsalter der Truppe« und wegen was sonst noch, das unser Herr Oberleutnant sich ausgedacht hat.

Dunkel liegt wieder die Zukunft vor uns. Wer wird der Nächste sein, der unter die Erde kommt? Aber jeder Mensch – und erst recht jeder Soldat – glaubt an den Zufall, und vor allem vertraut er darauf, daß ihm, ausgerechnet ihm, nichts geschieht und daß er, ausgerechnet er, überlebt. Und mögen alle, die da vor und hinter und neben ihm sind, in der Grube verscharrt werden – er wird überleben.

Gestern habe ich wieder einen Brief von Hein bekommen. Ich soll meiner Änne ins Gewissen reden wegen Billa. Im Werk würden die beiden nur noch »die süßen Schwestern« genannt.

14. August

Wehrmachtbericht: Im Raum von Woronesh scheiterten erneute Entlastungsangriffe der Bolschewisten. In harten Kämpfen wurden 56 Panzer vernichtet.

Liebe Änne!
Vor ein paar Jahren habe ich mal eine komische Geschichte in mein Tagebuch geschrieben. Ich bin einem jungen Burschen begegnet und glaubte, ihn zu kennen, und er glaubte, mich zu kennen, doch als wir uns eine Weile unterhalten hatten, mußten wir feststellen, daß wir uns beide gar nicht kannten und daß wir deshalb auch beide aneinander vorbeigeredet haben wie zwei Fremde, die sich zum ersten Male im Leben begegnet sind. Warum ich Dir das heute schreibe? Weil ich das schreckliche Gefühl nicht loswerde, daß wir beide, Du und ich, immer mehr aneinander vorbeireden und daß der eine auf das, was der andere sagt bzw. schreibt, überhaupt nicht mehr eingeht. Natürlich ist die weite Entfernung mit daran schuld und der zeitliche Abstand, so daß es sehr schwer ist, ein vernünftiges Gespräch zu führen, aber ich habe den Eindruck, am Anfang unserer Trennung war es doch anders.

Schau mal, da habe ich Dir vor zwei Wochen meine Meinung über Billa geschrieben und Dich gebeten, Dich nicht zu sehr an sie zu hängen – aber bis jetzt bist Du mit keinem einzigen Wort darauf eingegangen. Was soll ich davon halten? Natürlich will ich Dir keine Vorschriften machen, aber Du mußt doch verstehen, wenn ich mir Sorgen um Dich mache.

Wenn man mir aus der Heimat schreibt, daß man Dich und Billa im Werk nur noch »die süßen Schwestern« nennt, dann muß ich doch annehmen, daß Du meine Bitte überhaupt nicht gehört hast, sondern im Gegenteil noch mehr als bisher mit Billa befreundet bist. So, das wär's für heute.

Vielen Dank für Deinen Bericht über Deine »Terminjägertätigkeit«. Beiß die Zähne zusammen, wenn's auch noch so schwer ist. Auf jeden Fall immer noch besser als beim Arbeitsdienst!

Abseits der »Rollbahn« liegen wir wieder in einem Dorf. Ich habe in der Nacht in einem Strohschober geschlafen. Dort werde ich bleiben, solange wir hier sind, denn der heiße Sommer ist nicht mehr. Kalt ist in der Nacht die Erde, und vom Westen bläst ein scharfer Wind. Er rauscht so stark in den Weiden über mir, daß ich an Tage meiner Kindheit zurückdenken muß – an jene Tage in dem großen stillen Haus hinter dem Deich an der Nordsee, in dem ich meine ersten Ferien erlebte.

Wenn ich dieses Land hier betrachte, dann ist mir das russische Volk heute schon sehr viel verständlicher als in den ersten Tagen und Wochen. Ich kann die Menschen verstehen, wenn sie ihr Land so sehr verteidigen – denn dieses Land ist so schön, daß man es lieben muß. Ich möchte mal gern eine russische Stadt erleben. Keine, die vom Krieg zerstört ist, nein, eine richtige große Stadt, wie zum Beispiel Woronesh. Von dieser Stadt hat mir Tamara erzählt. Sie spricht fließend deutsch, auch etwas französisch, und sie besitzt ein staatliches Diplom als Ingenieur für Hoch- und Tiefbau. Ingenieur für Hoch- und Tiefbau – und das als junge Frau von dreißig Jahren! Wer ihr Studium denn bezahlt hat, wollte ich wissen. Hat ihr Vater so viel Geld, daß sie studieren konnte? Sie blickte mich merkwürdig an und lächelte. Vater? Natürlich! Väterchen Stalin hat alles bezahlt.

Da steht nun täglich in unseren Zeitungen, daß die intelligenzlose, stumpfsinnige Masse der Russen weder lesen noch schreiben kann und alleine schon deshalb von uns befreit werden muß – und wie sieht es tatsächlich aus? Vor einem Jahr hieß es: »Rußland ist geschlagen! Der Elefant auf tönernen Füßen ist zusammengebrochen, und er wird sich nie wieder erholen. Der Russe hat keine Flugzeuge mehr, keine Panzer, keine Infanterie. Nur noch Kinder an der Front, alte Weiber, Greise.

Die kämpfen mit Sensen und Dreschflegeln bis zum letzten Atemzug, weil die Kommissare sie immer wieder vorwärtstreiben.« Und heute? Heute liegen wir mehr denn je mit der Nase im Dreck. Die russischen Schlachtflieger lassen uns Tag und Nacht keine Ruhe. Wie die Teufel brausen sie dicht über die Erde – und zurück bleiben brennende Dörfer und lodernde Speicher und Scheunen.

Ja, und zurück bleiben zusammengeschossene Wagen vom Troß.

Und vorne in der HKL? Unser Bataillon liegt wieder im Einsatz, und der Russe greift an und greift an, pausenlos, Tag und Nacht. An einem einzigen Tag, so heißt es, bei einem einzigen Angriff hatte unsere 2. Kompanie fünfzehn Mann Verluste. Fast alle durch Granatsplitter der Stalinorgel verwundet. Es heißt, Loerper ist gefallen. Auch Kasoppke, Uttke, Debeck. Von Volltreffern in Fetzen gerissen. Was mit Loerper wirklich ist, weiß man nicht genau. Er war bei einem Spähtrupp dabei und ist nicht zurückgekommen. Seine Erkennungsmarke hat keiner mitbringen können. Also – vermißt? Oder – die Platte geputzt, die Mücke gemacht? Ich werde es wohl niemals erfahren.

Die Ingenieurin aus Woronesh sagte zu mir: »Und wenn ihr all unsere Städte zerstört, all unsere Dörfer – was wird euch das nützen? Nichts. Wir werden euch hassen – und darum immer noch stärker. Eure Frauen und Mütter – die werden weinen, und alles wird umsonst gewesen sein.«

»Aber was soll man denn tun?« habe ich gefragt. »Es kann doch keiner heraus aus diesem Teufelskreis. Es gibt kein Entrinnen, und keiner wird seinem Schicksal entgehen.«

»Bist ein kluger Mensch«, sagte sie. »Doch du bist dumm, sehr dumm.«

Vielleicht hat sie recht? Jedenfalls habe ich vieles von ihr erfahren, worüber ich nachdenken werde. Zum Beispiel: Die Eltern arbeiten auf einer Kolchose, der Vater als Traktorist, die Mutter als Melkerin – und die Tochter darf auf die Hochschule und Ingenieur werden, darf Fremdsprachen erlernen, ein wirklich gebildeter Mensch sein. Und das alles auf Kosten des Staates oder – wie Tamara es nennt – weil Väterchen Stalin es bezahlt.

Aber das muß wohl so sein: Tamara gehört zu einer »niederen slawischen Rasse«, und ich gehöre zur »nordischen Herrenrasse«, bin ein »Herrenmensch«, und darum bin ich nun hier und kämpfe für Deutschland und für Tamaras Befreiung vom Bolschewismus. Ob sie das wohl begreift?

Und noch etwas: Warum ist Tamara nicht mit der kämpfenden Truppe zurückgegangen? Warum ist sie in diesem Dorf bei ihrer Tante geblieben und nicht zurückgekehrt in ihre Heimatstadt Woronesh? Sie war doch nur hier, um Urlaub zu machen.

15. August

Liebe Änne!

Meinen Brief von gestern – nimm ihn bitte nicht ernst! Ich wollte Dich nicht kränken. Ich hatte Dir einen ganz, ganz lieben Brief schreiben wollen, aber da kam diese Mitteilung von Hein, und weißt du auch, warum? Vor sechs Monaten – ist das wirklich schon sechs Monate her? –, da haben wir uns trennen müssen. Wir saßen an einem Tisch im Wartesaal, und wir hätten uns noch so unendlich vieles zu sagen gehabt – aber wir konnten uns nur schweigend in die Augen sehen, weil die anderen, die mit mir eingezogen wurden, immer wieder dazwischengequatscht haben. Erinnerst Du Dich noch an den kleinen Dicken aus der Eifel, der so tapsig war wie ein Bär? Was hätte der wohl damals gesagt, wenn er gewußt hätte, daß ich, ausgerechnet ich, ihm am 16. Juni ein Grab schaufeln werde?! Ein Grab auf dem Weg nach Woronesh. Ich glaube, er hätte sich an die Stirn getippt und gelacht.

Aber nun habe ich sein Grab geschaufelt, dem Loevenich-Josef aus Mechernich, habe drei Sträußchen Margeriten gepflückt und neben seinen zerschmetterten Stahlhelm gepflanzt. Sein zerrissenes Lausbubengesicht erscheint mir noch, wenn ich schlaflos unter meinem Wagen liege oder als Posten am Dorfrand stehe.

Aber halt, liebe Änne – nun bin ich schon wieder da, wo ich doch eigentlich gar nicht hinwollte! Ich wollte Dir nur sagen, heute, nach einem halben Jahr Trennung, daß ich Dich noch immer so liebhabe wie damals, ja, noch viel, viel mehr! Und ich möchte Dich fragen, ob Du Dich nicht ein klein, klein wenig bessern könntest in puncto Schreiben. Schau mal, ich habe ja genauso wie Du ganz wenig Zeit, aber trotzdem nutze ich jede sich bietende Gelegenheit, um Dir zu schreiben, um wenigstens so mit Dir verbunden zu sein, Dich an meinem Leben teilhaben zu lassen. Aber wenn ich dann meine Post abgeschickt habe, muß ich tagelang, wochenlang warten, bis Deine Antwort kommt. Und dann ist diese Antwort oft so, daß ich mich danach noch viel einsamer fühle. Also, liebste Änne, erfüll meine Bitte und schreib mir wieder regelmäßig und ausführlicher!

15. August

Es ist tatsächlich wahr – Leutnant Kemmerling ist tot!

Ich liege unter einer mächtigen Birke, und um mich herum, so weit das Auge reicht: wellige, bunte Steppe, grün, farbig, endlos, und mir ist ganz wirr im Kopf von all der Schönheit dieser Welt – und ihrer schrecklichen Grausamkeit. Leutnant Kemmerling tot. Er war einer der wenigen Offiziere, die gut und menschlich waren. Immer hatte er ein freundliches Wort für mich, erkundigte sich, wie es mir geht, was die Eltern machen und mein Mädchen. Einmal, in Frankreich, haben wir uns über unsere Wanderzeit unterhalten (er war früher bei den Ringpfadfindern), und er meinte mit einem traurigen Lächeln in seinem schmalen Gesicht: »Wie weit, wie weit liegt das zurück.«

Ich bin stundenlang mit dem Fahrrad durch diese grenzenlose Weite und Einsamkeit gefahren, und nun sitze ich hier an der »Rollbahn« und warte auf den Verpflegungswagen. Wir haben wieder drei Tage nichts zu essen bekommen. Munition ist wichtiger als Verpflegung, heißt es, und wie es scheint, wird nur noch Munition herangebracht.

Und im Osten donnert die Front. Seit Tagen ist es nicht mehr still geworden. Es muß die Hölle sein. Die wenigen Landser, die von vorne zurückkommen, sind meist von Granatsplittern verwundet, und alle berichten dasselbe: Der Russe greift pausenlos an. Unser Bataillon ist fast völlig aufgerieben. Alle Führer gefallen oder verwundet. Alles geht drunter und drüber. Keiner weiß über die genaue Lage Bescheid. Leutnant Böning ist gefallen, der Bubi mit dem Milchgesicht, frisch von der Schule gekommen. Feldwebel Quote und Oberfeld Lorenz schwer verwundet. Fast alle Unteroffiziere durch Oberschnäpser ersetzt.

Unsere 2. Kompanie hat nur noch zwanzig Mann. Zwanzig von zweihundert.

16. August

Es geht auf den Abend zu, als ich nach Überbringung einer Meldung vom Bataillons-Gefechtsstand zurückfahre. Unterwegs holt mich unser Spieß ein. Er ist vorne bei der Kompanie gewesen. Er sei aber nur bis zur Feldküche gekommen, sagt er.

»Großes Durcheinander!« stößt er aufgeregt hervor. »Wollte zur Kompanie, aber war nicht zu finden.«

Olala! geht's mir durch den Kopf. Was ist denn plötzlich mit dem los? So hat er doch noch nie mit mir gesprochen. Konnte die Kompanie nicht finden. Wenn ich mit dieser Nachricht zurückgekommen wäre oder ein anderer Melder – nicht auszudenken! Wieviel Tage Arrest hätte der Spieß mir wohl aufgebrummt?!

Das ist wirklich eine interessante Frage: Wieso spricht der Spieß auf einmal mit mir ganz persönlich, ja, fast menschlich? Wie weit muß der schon unten sein! Sich so herabzulassen einem »halben Zivilisten« gegenüber! Was ist da geschehen?

Beim Zurückmelden auf der Schreibstube erfahre ich, daß unser Kompanieschneider gefallen ist. Florian, der bis gestern zum Troß gehörte, wurde vom Spieß zur Strafe nach vorn geschickt. Und warum? Weil er ihm, dem Spieß, die Hose nicht so geflickt hat, wie er das wollte. Wegen einer Hose gefallen für Großdeutschland ...

Wie sehne ich den Tag herbei, an dem ich dieses Vieh krepieren sehe!

17. August

Auf dem Hof hinter dem Haus steht eine Frau und weint. Sie preßt beide Hände vors Gesicht, und ihre Tränen fallen auf die ausgedörrte Erde. Unter ihrem Schluchzen schüttelt sich ihr Körper. Dann wird sie allmählich ruhig, blickt unverwandt nach Osten, dorthin, wo irgendwo hinter den blauen Hügeln die Stadt Woronesh liegt. Was mag sie dort zurückgelassen haben? Ihre Familie? Ihr Haus? Geliebte Menschen? Oder weint sie, weil dort im Osten ihr Mann kämpft und seine Heimat verteidigt?

Ja, so weinen die Frauen Rußlands. So weinen die Frauen in Deutschland. So weinen die Frauen Europas.

In endlosem Zug fluten die Flüchtlinge vorüber, weiter, immer weiter zurück, irgendwohin, wo ein Strohdach Schutz bietet, ein Erdloch, ein stinkender Stall. Wo hilfreiche Hände den Kindern ein paar Tropfen Milch reichen, einen Kanten Brot, eine Kartoffel. Und du stehst dabei, schaust zu, und die Frage schnürt dir dein Herz zusammen: Warum? Warum das alles? Warum dieses Elend? Warum müssen deine Kameraden ihr Leben lassen? Nur deshalb, weil ein wahnwitziger Befehl »von oben« kam, die Stellung zu halten, um jeden Preis, koste es, was es wolle?

Es heißt, in einer einzigen Nacht mußte unser Bataillon dreimal zum Gegenstoß antreten. Ohne Vorbereitung der Artillerie! Ohne Panzerunterstützung! Also – ohne jede Aussicht auf Erfolg!

Immer noch toben die Kämpfe mit der gleichen unerbittlichen Härte, wie vor Tagen. Immer schlimmer werden die Meldungen, die von vorne zu uns dringen. Es heißt, die Russen hätten Angriffe unternommen in deutschen Uniformen. Viele von unseren Leuten mußten verwundet zurückgelassen werden. Dann kommt wieder einer an mit der Parole, es wären keine Russen in deutschen Uniformen gewesen, sondern das Nachbarbataillon hätte auf das unsrige geschossen, weil alles drunter und drüber gegangen wäre und keiner der Offiziere mehr wisse, was gehauen und gestochen sei.

Fast alle Maschinengewehre und viele Karabiner sind dem Gegner in die Hände gefallen. Die 2. Kompanie und die 3. bilden zusammen noch eine Kompanie unter Führung eines Leutnants – und das sei Hitlerjunge Quex. Unser Bataillonskommandeur ist mit einem Nervenzusammenbruch ins Lazarett gebracht worden. Oberleutnant Bruse führt jetzt das Bataillon. Beim letzten Angriff war er so besoffen, daß ihm ein Feldwebel eins in die Fresse geben mußte, damit er wieder zu sich kam.

Und eine ganz schlimme Nachricht: Der Regimenter ist gefallen! Ob das stimmt, glaube ich nicht. Wie sollte ein Regimentskommandeur, ein Oberstleutnant, so weit nach vorne kommen, um dort seinen Heldentod zu finden?! Natürlich, er kann bei einem Angriff der Schlachtflieger draufgegangen sein – aber im Kampf in vorderster Front? Das glaube, wer will. Und dann wieder andere Parolen optimistischer Art: Ab 21. August soll es Urlaub geben. Jeder kommt dran, alle schön der Reihe nach. Na, was kümmert's mich? Ich habe drei Monate Urlaubssperre, weil ich Herrn Oberleutnants Mantel naß werden ließ. Und dann will's wieder einer »ganz genau« wissen: Wir kommen zurück nach Frankreich!

Ja, so ist das: Man wird belogen und betrogen, man belügt und betrügt sich selber, denn nur ein einziger Wunsch beseelt alle und jeden: Weg! Weg von hier! Raus aus dieser Hölle!

17. August

Hallo, Jäcki!
Was glaubst du, wieviel Kilometer ich heute wieder gewetzt bin! Wenn Du Dir vorstellst, daß die beiden Hallen (Kesselschmiede und Maschinenhalle) jeweils dreihundert Meter auseinanderliegen, daß jede ungefähr zweihundert Meter lang und achtzig Meter breit ist und wohl zweitausend Menschen darin arbeiten, dann kannst Du Dir wohl gut vorstellen (Du kennst ja unser Werk), daß ich heute unseren Wanderweg von Bergisch-Gladbach bis zur »Liesenberger Mühle« und wieder zurück bewältigt habe. Wenigstens – wenn nicht noch mehr. Nur mit einem »kleinen« Unterschied: Auf meinem heutigen Wanderweg gab es keinen Jäcki, der neben mir ging. Es gab keine lieben Worte. Erst recht keine Küsse. Nur Tritte und Knüffe und Anraunzer. Und das von lauter Halbidioten, angefangen von

Schweinebacke bis zum letzten Arbeiter, der auf dem Fabrikhof den Dreck zusammenfegt.

Aber ich will Dir nichts vorjammern. Du hast selber genug um die Ohren. Übrigens: Schweinebacke hat mir etwas »Grundsätzliches« beigebracht (oder wenigstens den Versuch gemacht), und er hat mir ans Herz gelegt, daß ich dies in jeder Minute berücksichtigen soll. Erstens muß ich im Schlaf erkennen, wie ich in dem Wust von Material, von Fertig- und Halbfertigteilen auf den ersten Blick herausfinden kann, was zu meinem Gerät gehört und in welcher Fertigungsphase sich jedes einzelne Teil gerade befindet. Zweitens muß ich lernen, wie man sich durchsetzen soll, bei den Meistern, den Vorarbeitern (Kolonnenführern), überhaupt bei allen Belegschaftsmitgliedern, mit denen ich zu tun habe. Das erste kann man ziemlich schnell lernen (falls man nicht auf den Kopf gefallen ist). Aber das zweite ist schon viel schwerer. Um mein tägliches Ziel zu erreichen (zwanzig Geräte fertig zur Abnahme für die Herren vom Marineamt in Kiel), muß man dem einen in den Hintern kriechen, den anderen aber treten. Dem einen muß man schmeicheln, dem anderen drohen. Hauptsache, man erreicht sein Ziel. So einfach ist das.

Übrigens, bei dieser Gelegenheit: Deine Warnung vor Patzig betreffs unzulässiger Zeitnahme mit versteckter Stoppuhr war wohl unbegründet. Jedenfalls hat er mir bis jetzt noch kein solches Ansinnen gestellt. Zu Deiner Beruhigung kann ich also sagen: Sollte er doch eines Tages damit ankommen, kann ich mich (wenigstens vorläufig) damit herausreden, daß ich dazu überhaupt keine Möglichkeit (weil keine Zeit) finde und ich mich erst richtig einarbeiten muß.

So ist das also, lieber Jäcki: Ich komme mir vor wie eine weiße Maus, die in ihrer Lauftrommel rennt und rennt und rennt und am Ende doch nicht von der Stelle kommt. Sie kann zwar noch raus aus der Trommel (ich nicht mehr!), aber was nützt es? Was ist, wenn ich aussteige? Dann heißt es: Ab zum Arbeitsdienst!

Zum Schluß noch eine Neuigkeit: Zu Hause haben sie mich hinausgeekelt. Mein »liebes Schwesterlein« mit ihrem famosen »Gestapo-Mann«. Ich hatte die ewigen Streitereien satt. Da habe ich meinen Püngel gepackt und bin zu Billa gezogen.

Heute abend gehen wir wieder ins Kino. Ein neuer Film mit Zarah Leander. Da kann man mal alles vergessen. Für anderthalb Stunden. Also – tschüß für heute! Und vergiß mich nicht!

19. August

Wehrmachtbericht: Im Raum von Woronesh nur geringe örtliche Kampftätigkeit. Bei den harten und erfolgreichen Abwehrkämpfen in der Zeit vom 11. bis 17. August verlor der Feind 2561 Gefangene, 501 Panzerkampfwagen, 31 Geschütze und 250 Maschinengewehre und Granatwerfer. Die blutigen Verluste der wiederholt in dichten Massen angreifenden Bolschewisten waren außergewöhnlich hoch.

So geht das nun Nacht für Nacht: Kaum hat man sich hingelegt, da ruft schon jemand deinen Namen. Du erschrickst, stehst zitternd auf und zockelst los zum Dorfrand, um dort für zwei Stunden Posten zu beziehen. Eine halbe Stunde Hinweg (wie endlos lang sich die russischen Dörfer dahinziehen!), zwei Stunden Postenstehen, eine halbe Stunde Rückweg – und du kriechst in deinen stinkenden Schuppen, sinkst in den Schlaf, und zwei Stunden später wirst du schon wieder geweckt und beziehst deinen Posten am Dorfrand.

Am Tag sitzt man stumpfsinnig herum, döst vor sich hin, weiß oft nicht, ob es Vormittag ist oder Nachmittag, und ist immer auf dem Sprung, in Erwartung einer bösen Nachricht. Und da ist sie auch schon: Am Abend kommt ein Melder von vorn, verschwindet beim Spieß in der Schreibstube, und kurz darauf geht das Gerücht umher: Der gesamte Troß wird eingesetzt als Reserve! Morgen kommen erst mal die Beifahrer dran. Die anderen, auch die Fahrer, werden dann folgen. Also werden die letzten Reserven in den Kampf geworfen.

Pohlmann gebärdet sich wie ein Irrer. Er rauft sich das Haar, quatscht wirres Zeug von seiner Frau und seinem Kind, das er noch gar nicht gesehen hat, weil es erst vier Wochen alt ist, und er wünscht sich nur eins, keinen Bauchschuß zu bekommen. Er hat gräßliche Angst, mit heraushängendem Gedärm durch die Landschaft zu kriechen und langsam zu verrecken.

»Das beste wird sein«, krächzt er heiser, »ich nehme mein Kreuz gleich mit.«

»Gar nicht so schlecht«, sage ich, »hast ja genug auf deinem Wagen. Warum nicht auch eins für dich?«

»Du bist ein zynischer Hund!« schreit er mich an.

»Ernst«, sage ich leise, so daß uns niemand hören kann, »als du mal ein strammer SA-Mann warst – hast du damals daran gedacht, daß du eines Tages mal ein Kreuz aus russischer Birke ...?«

Da entlädt sich sein Zorn, seine ohnmächtige Wut, er beschimpft mich und droht, mir ins Gesicht zu spucken, mich beim Spieß zur Meldung zu bringen. Ich kauere regungslos am Boden und bin auf alles gefaßt. Wir haben uns schon öfter die Meinung gesagt, Pohlmann und ich, und weil er mich jetzt immer heftiger beschimpft und »Kommunistenschwein« nennt, steigt's auch in mir hoch, und ich schreie ihn an: »Du Arsch, dann melde mich doch! Aber melde ihm auch, daß du, ein strammer SA-Mann, jetzt vor Angst in die Hosen scheißt. Damals, als ihr grölend durch die Straßen der Proleten gezogen seid mit ›Deutschland, erwache‹ und ›Juda, verrecke‹, da habt ihr euch nicht in die Hosen geschissen. Da hattet ihr ja eine Knarre in der Hand, und damit habt ihr auf wehrlose Menschen geschossen. Und jetzt, wo der Iwan dir eins in den Bauch pfeffern wird, da jammerst du los, daß man das heilige Kotzen kriegen könnte.«

Da schlägt Pohlmann mich mitten ins Gesicht, und ich spüre, wie meine Nase zu bluten beginnt – aber ich wehre mich nicht.

Dann steht Wuttke plötzlich vor uns und bittet: »Vertragt euch doch, Männer! Wer weiß, ob ihr's morgen noch könnt.«

Ja, denke ich, was soll all der Haß? Es ändert nichts mehr. Wir sitzen im gleichen Boot. Und wer weiß, was uns morgen bevorsteht?

21. August

Der Weg zur Front ist endlos und staubig. Das Sturmgepäck drückt auf der Schulter, der Schweiß rinnt in Bächen über die dreckverkrusteten Gesichter, und keiner spricht ein Wort.

Ein paar russische Bauern, die zur Feldarbeit gehen, begleiten uns ein Stück. »Na frontje, Pan?« fragt einer. »Oh, Pan, na frontje, nix gutt!«

In ihren Gesichtern ist Mitleid, aber auch Schadenfreude und Genugtuung seltsam vermischt.

Und ich kann nur mitleidig lachen, wenn ich uns betrachte: Hier kommen wir anmarschiert, der Stolz der 2. Kompanie. Der Rest einer stolzen »Stoßdivision« – um nun die 2. Kompanie vor dem sicheren Untergang zu retten.

Gegen Mittag erreichen wir ein langgestrecktes Tal, an dessen Ausgang eine breitbucklige Höhe emporwächst. Unser Weg führt uns durch zwei zertrümmerte Dörfer. In den noch rauchenden Schutthaufen wühlen Frauen nach den Resten ihrer Habseligkeiten. Zerschossene

Panzer liegen an beiden Seiten des Weges, auch amerikanische Fabrikate. MG-Gurte, Waffen und Geräte aller Art, Uniformstücke, tote, aufgedunsene Pferde, zerhämmerte Wagen.

Hier ist mit einer schrecklichen Erbitterung gekämpft worden. Am 12. August war der Russe in einem Gegenangriff durchgebrochen, mit Panzern T34, und unser Regiment mußte in Eilmärschen heran zum Entsatz, mußte mitten hinein in den Hexenkessel.

Wir Beifahrer vom Troß melden uns beim Bataillons-Gefechtsstand. Dort wird uns ein Einweiser mitgegeben, ein alter Bekannter – unser Kompanie-Schuster.

»Alles Scheiße«, murmelt er, als wir hinter ihm die Höhe hinaufsteigen. »Alles, alles große Scheiße.«

Und da ist unser Kompaniechef – Leutnant Böhler, Hitlerjunge Quex! Er liegt neben einem Erdbunker und starrt in den herrlich blauen Himmel. Ja, herrlich ist es hier oben auf der Anhöhe. Und sieh dir dieses Land richtig an, Leutnant Böhler! Das weite, hügelige Land, die Kornfelder, die Sonnenblumen. Wie einzigartig schön ist dieses Stückchen Erde! Man möchte immer so liegen zwischen den mannshohen Sonnenblumen, in der warmen Sonne, möchte den Blick wandern lassen, weit in die Runde, über Täler und Hügel hinweg, über Felder, blumige Wiesen und Wälder – und zum blauen Himmel hinauf träumen.

Aber da liegen wir schon auf der Schnauze, die Hände in die schwarze duftende Erde verkrallt, und es pfeift von der gegenüberliegenden Seite heran. Dreck spritzt auf, umschwirrt unsere Köpfe, Erdklumpen prasseln auf uns nieder, und minutenlang heult und zischt es ringsum, und die Erde erzittert.

»Immer klein und häßlich machen«, sagt der Leutnant neben mir. »Werdet euch bald daran gewöhnt haben.«

Ob unsere Gesichter genauso käseweiß sind wie das

seine? Und die Augen vor Schreck und Entsetzen weit aufgerissen.

Nur hundert Meter entfernt liegt unsere Kompanie – der Rest davon – auf dem Buckel einer Anhöhe. Da müssen wir hin, sagt der Leutnant. Dort müssen wir Stellung beziehen.

Ja, da sind wir nun angekommen, die Beifahrer vom Troß, und die Kameraden begrüßen uns. Jeder lacht uns tröstlich zu, hat irgend etwas zu fragen oder zu berichten. Loerper? Nein, von Hannes ist nichts weiter bekannt, als daß er von einem Spähtrupp nicht zurückgekommen ist. Wahrscheinlich gefallen. Offiziell aber – vermißt.

Ich beziehe mit Pohlmann ein Panzerdeckungsloch, das schon ausgebuddelt ist. Unser Gruppenführer, Obergefreiter Mahler, gibt uns einen Einblick in die Lage: »Dort drüben, auf der jenseitigen Höhe, nur zwei Kilometer entfernt, liegt der Iwan. Wir liegen hier vorerst in Reserve und warten. Was kommt, befehle ich – verstanden? Nichts geschieht ohne meinen Befehl. Und dort drüben – schaut genau hin! –, da ist das Wäldchen. Das Handwäldchen – so nennen wir's, ich weiß nicht, warum –, das bei zwei Nachtangriffen unserer Kompanie den Rest gegeben hat. Weißt du, was ein Nachtangriff ist?«

»Und dieser Wald«, will ich wissen, »ist das jetzt unser Wald?«

»Nein«, sagt er, »der Iwan hockt noch immer drin.«

Den Rest des Tages verbringen wir wie der Leutnant – wir liegen in der Sonne und träumen uns hinweg aus der Welt. Rechts von uns blubbert manchmal ein schweres MG, und über unsere Köpfe hinweg jaulen Granatwerfer und krepieren drüben in der russischen Stellung mit einem kurzen, bösen Knall. Gleich darauf gibt der Russe Antwort – mit seinen Granatwerfern. Und in großer Höhe kreist ein russischer Aufklärer. Er kreist lange Zeit genau über uns.

22. August

Der Wind hat sich gedreht. Er bringt einen ekelerregenden Geruch mit. Leichengeruch. Der Geruch von vielen, vielen Russen und Deutschen, die dort drüben im hart umkämpften Handwäldchen und schon auf dem Wege dorthin ihr Leben ausbrüllten, ausschrien.

Merkwürdig – am Himmel steht eine Lerche und zwitschert flatternd in den Morgen – und vor vier Stunden noch brüllte, bebte, zitterte, schrie ringsum alles in einer entsetzlichen Todessymphonie. Am Abend griff der Russe an. Erst schickte er einzelne »Grüße« herüber. Dann, als die Dunkelheit ihren schützenden Mantel ausgebreitet hatte, wurde das Granatfeuer von Minute zu Minute stärker, und das MG- und Gewehrgeknatter nahm kein Ende mehr.

Wir hockten in unserem Loch, und Pohlmann flüsterte: »Da ist was im Gange. Was ganz Tolles ist da im Gange.«

Und da kam auch schon ein Melder herangeprescht und schrie: »Erstes Bataillon sofort zur Verstärkung nach vorn!«

Irgendwer drückte mir ein MG auf die Schulter – ich glaube, ein Feldwebel war es –, und dann rannte ich keuchend hinter meinem Gruppenführer her, quer durch das Sonnenblumenfeld, bis wir plötzlich in ein Loch stolperten und Mahler mich anschrie: »Schießen. Schießen! Der Iwan kommt! So schieß doch endlich, du Arschloch! Oder willst du, daß der Iwan uns kassiert?«

Vor uns tauchten Schatten auf, kamen näher, wie von einer unsichtbaren Macht geschoben. Prrr, prrr machte meine Spritze – aber weil ich zitterte wie Espenlaub, muß ich wohl schlecht gezielt haben, denn die Schatten kamen immer näher. Dann krachte es plötzlich, es krachte entsetzlich und ohrenbetäubend, und ich hörte Schreie, gräßliche Schreie.

»Handgranaten!« brüllte mir Mahler ins Ohr. »Handgranaten schmeißen sie! Los, schieß, schieß, sonst sind wir im Arsch!«

Dann war die Stimme des Leutnants zu hören, merkwürdig weit und unnatürlich schrill: »Kompanie – zum Gegenstoß – auf, marsch, marsch!«

Raus aus dem Loch, Spritze unter den Arm – und vorwärts, vorwärts, vorwärts ... Wohin? Egal – nur vorwärts, den anderen hinterher. Vorwärts – Richtung Handwäldchen!

Dann war alles Denken ausgelöscht.

Als ich wieder zu mir kam, lag ich wieder mit Pohlmann in unserem Loch auf der Höhe, zurückgetrieben von einem wahnsinnigen Gewehr- und Granatfeuer. Wir lagen erschöpft, wie tot. Und dann – kam wieder der Russe. Und wieder schossen wir, und wieder rannten sie zurück. Dann, nach einer kurzen, fürchterlichen Stille, zerhämmerte russische Artillerie unsere Stellung. Stalinorgel! Ein fürchterlicher Höllentanz. Brüllen, Krachen, sprühende Funken, zischende Granatsplitter – ein irrsinniges Feuerwerk.

So ging es stundenlang, und wir lagen da und krallten die Hände in die Erde, und ich dachte: Das ist das Ende – das ist das Ende! Hier kommt keiner mehr raus.

Dann lag plötzlich neue Verstärkung neben uns. Eine Stimme riß uns aus den Löchern, trieb uns vorwärts, und wir trabten wieder los in Richtung Wäldchen. Kurze Sprünge, hinlegen – auf, marsch, marsch! Wir kamen bis dicht vor den Waldrand. Dort stand ein Offizier und schrie: »Kameraden – wir müssen den Wald nehmen, koste es, was es wolle! Es geht um die Ehre unseres Regiments! Es geht um die Ehre Deutschlands! Vorwärts,

Kameraden! Wer zurückgeht, wird erschossen! Auf, marsch, marsch! Hurra! Hurra!«

Ich rannte los, den anderen hinterher, mitten hinein in die Hölle. Ich stieß gegen Bäume, stolperte, fiel hin, raffte mich wieder auf, gehetzt und gejagt von einer wahnsinnigen Todesangst. Wer zurückgeht, wird erschossen. Um uns war ein gewaltiges Donnern und Brüllen. Wie lange das dauerte – ich weiß es nicht mehr. Ich weiß nur noch, daß neben mir ein schreckliches, tierisches Brüllen war, daß ich mich nach diesem Brüllen bückte – und in eine weiche, klebrige Masse griff. Und ich weiß nur noch, daß mir etwas Warmes, Klebriges ins Gesicht spritzte – und daß ich, von Grauen und Entsetzen gepackt, weiterrannte. Und ich weiß nur noch, daß ich ein Stöhnen und Röcheln hörte und Schreien, immerzu, immerzu, noch lauter als das Krachen der Granaten.

Dann plötzlich ein gellender Schrei: »Pan-zer! Panzer! Rette sich, wer kann!«

Als der erste Mann zurückrannte, gab es kein Halten mehr, da war alles zu Ende.

Wir fanden uns wieder in unseren Löchern auf der Höhe, und der erste fahle Schein des Morgens kroch heran. Aber keine Panzer. Keine Infanterie. Nichts. Nur Stille. Unheimlich, unfaßbar nach dem Inferno dieser Nacht. Warum stieß der Russe nicht nach? Er hätte uns den Rest geben können.

Aber nun leben wir noch. Und der Wind stinkt wie die Pest, und der Ekel würgt im Halse. Die Kameraden, die heute dort drüben blieben, verwundet und schreiend, wird keiner mehr holen. Und in zwei, drei Tagen werden sie genauso stinken wie die anderen, die schon vor Tagen gefallen sind.

Die Kompanie hat noch ganze sechs Mann. Ganze sechs Mann von zweihundertvier, die ausgezogen sind, Woronesh zu erobern.

23. August

Wehrmachtbericht: An der Donfront wurden an verschiedenen Stellen Übersetzungsversuche des Gegners abgewiesen.

Nun hat's mich erwischt – ich bin verwundet! Ich bin fort von der Front, und ich werde die Heimat nun bald wiedersehen.

Gestern nachmittag – es war ganz ruhig – kletterte ich aus meinem Loch und meldete mich beim Leutnant ab: »Bitte Herrn Leutnant, meine kaputten Füße verbinden zu lassen.«

»Mann, hauen Sie ab! Aber in einer Stunde sind Sie wieder zurück!«

Beim Bataillons-Gefechtsstand meldete ich mich beim Stabsarzt. Der hockte in seinem Loch und war stinkbesoffen.

»Mann, was wollen Sie? Sind Sie verwundet?«

»Meine Füße, Herr Stabsarzt – alles voll Blasen.«

Da blökte er los: »Wohl verrückt geworden, Mann?! Wegen so einer Bagatelle!«

»Ich will mich nicht drücken, Herr Stabsarzt. Aber bis Woronesh marschieren! Vielleicht könnten Sie mich zu den Panzern oder zur Artillerie ...«

Er glotzte mich aus seinen rotumränderten Augen an, fassungslos vor Erstaunen. »Mann, wohl wahnsinnig geworden?! Ich bringe Sie vors Kriegsgericht! Selbstverstümmelung ist das! Zeigen Sie her die Füße!«

Ich ließ mir die dicken Blasen aufschneiden, verzog keine Miene beim Jodpinseln, obwohl ich am liebsten aufgebrüllt hätte und dem besoffenen Schwein an die Gurgel gefahren wäre.

Der Stabsarzt war noch nicht ganz fertig mit mir, da kam ein Heulen durch die Luft, und ich konnte sehen, wie oben auf unserer Höhe in kurzen Abständen ungefähr dreißig Granaten einschlugen. Böses ahnend, machte ich mich auf den Weg zurück. Ich tapste eine Weile im Sonnenblumenfeld umher, suchte meine Kameraden, rief ihre Namen, endlich kam Antwort – ein Wimmern dicht vor meinen Füßen, und ich starrte in mein Erdloch auf ein blutiges, noch zuckendes Bündel Mensch.

»Pohlmann!« schrie ich. »Ernst!« Aber es kam keine Antwort mehr. Ein Volltreffer hatte ihn völlig zermatscht. Ich stand wie gelähmt und hatte nur den einen Gedanken im Kopf: Was wäre, wenn ich nicht hätte weggehen müssen zum Verbandsplatz? Dann läge ich jetzt … Und ein entsetzliches Grauen befiel mich, noch schlimmer als beim Angriff in der vergangenen Nacht. In der Nacht war es finster, aber jetzt, hier im hellen Sonnenschein …

Ich wandte mich um und rannte davon, gehetzt von dem irren Gedanken, daß ich jetzt dort in dem Erdloch liegen würde, ein blutiger Brei wie Pohlmann. Eine Stimme schrie mir etwas zu – und dann gab es hinter mir einen kurzen, heftigen Knall. Ich spürte, wie ein heißer Luftdruck gegen mich sprang, und ich hatte die Vorstellung, es hätte mir jemand von hinten gegen das rechte Bein getreten. Ich schmeckte Erde, Rauch, Eisen und etwas Unbekanntes. Ich stürzte zu Boden – und im gleichen Moment hörte ich meine Stimme: »Saa-nie! Saa-nie! Hilfe! So helft mir doch! Mein Bein, mein Bein, mein Bein! Hilfe – ich muß sterben!«

Wie durch einen Schleier sah ich meine Füße in der Erde wühlen. Dann spürte ich, wie mir etwas Warmes am Bein herunterlief – und erst jetzt war ganz klar der Gedanke in mir: Es hat dich erwischt! Heimatschuß! Das brachte mich wieder voll zur Besinnung. Ich wälzte mich auf den Rücken, zog die Jacke aus, schob die Hosen herunter – und warmes, dickes Blut sickerte aus einer breiten Wunde im Oberschenkel.

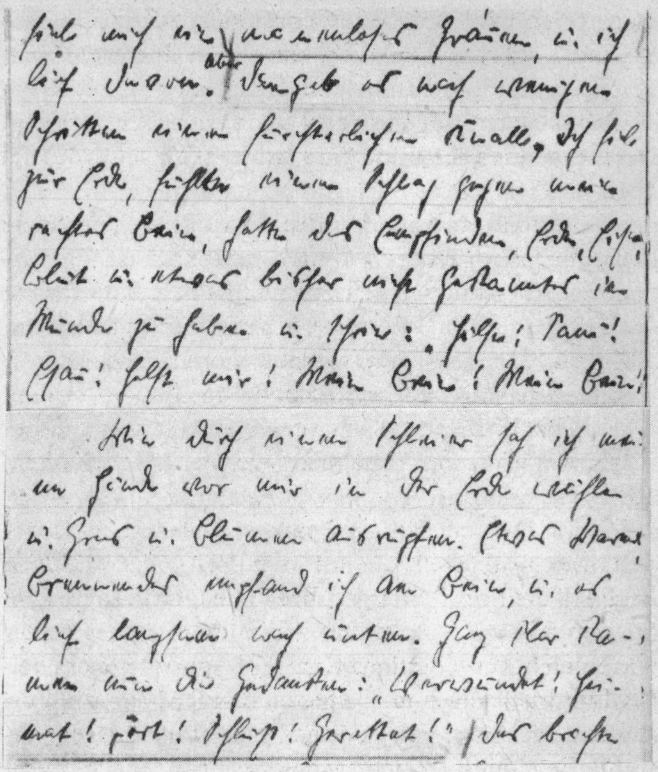

fühle nur ein namenloses Grauen, wie ich lief. Da ergab es nach wenigen Schritten einen fürchterlichen Knall, ich fiel zur Erde, fühlte einen Schlag gegen mein rechtes Bein, hatte das Empfinden, Erde, Eisen, Blut u. etwas bisher nicht Gekanntes im Munde zu haben u. schrie: „Hilfe! Sani! Sani! helft mir! Mein Bein! Mein Bein!

Wie durch einen Schleier sah ich meine Hände vor mir in der Erde wühlen u. Gras u. Blumen ausreißen. Etwas Warmes Brennendes empfand ich am Bein, u. es lief langsam nach unten. Ganz klar kamen mir die Gedanken: „Verwundet! Heimat! fort! Schluß! Gerettet!“ / Der brechende

Dann stand plötzlich Mahler neben mir, und ein Sanitäter bückte sich herunter. Sie schleiften mich zum nächsten Erdloch, wollten mich dort hineinschieben – da schlug unter krachendem Getöse eine neue Granatsalve ein, und die beiden verschwanden wie die Ratten in ihren Löchern. Ich lag draußen im Freien, umschwirrt von Granatsplittern, und hatte auf einmal die würgende Angst in der Kehle: Jetzt reißt es dich doch noch in Fetzen – jetzt, nach dem rettenden Heimatschuß.

Ich schrie, ich bat, ich flehte, sie möchten mich hinunterschaffen zum Verbandsplatz, aber sie riefen: »Abwarten! Abwarten, bis das Feuer vorüber ist!« Ich verfluchte sie, und dann kroch ich auf dem Bauch durch das Sonnenblumenfeld, Richtung Verbandsplatz.

Wie lange ich so gekrochen bin, weiß ich nicht mehr. Der stechende Schmerz wurde immer stärker, mir wurde übel, und ich mußte mich erbrechen. Aber weiter, weiter, weiter! Ich zerbrach mir die Fingernägel in der Erde – und plötzlich rief jemand meinen Namen. Wie aus dem Boden gewachsen – ich traute meinen Augen nicht – stand Pohlmann vor mir. Er hatte seinen Stahlhelm schief auf dem Kopf und sah aus wie ein Betrunkener. Sein Gesicht war weiß wie Kalk.

»Pohlmann – Ernst – ich denke, du bist …?«

»Komm, leg deine Arme um meinen Hals!« Er richtete mich auf, und ich konnte nur stammeln: »Aber ich denke, du bist tot? Tot – in unserm Loch?«

»Quatsch«, sagte er. »In unserem Loch – das ist Manegold. Als du weg warst – zum Verbandsplatz, da kam Manegold rüber zu mir. Ich sollte ihm meinen Spaten borgen. Ich bin weg, um mir einen anderen zu holen. Und als ich dann zurückkam …« Er schüttelte sich, als hätte er Fieber. »Manegold, der kleine, gute Manegold von der dritten Kompanie, jetzt ist er hinüber. Laß mal – der Iwan wird uns noch alle schaffen. Aber du – Menschenskind, du mit deinem Heimatschuß, hast du einen Dusel gehabt!«

Und ich konnte ihm ansehen, wie er mich beneidete – um meinen Heimatschuß.

25. August

Der Stabsarzt scheint doch nicht so zu sein, wie ich dachte. Als er mich mit Pohlmann ankommen sah, brach er in ein schallendes Gelächter aus und schüttelte ungläubig den Kopf!

»Nicht zu glauben – unser Blasenmensch ist wieder

da! Schau einer an! Da sieht man mal wieder: Die dümmsten Bauern haben die größten Kartoffeln. Hat der Kerl gerade ein bißchen Frontluft geschnuppert – und schon holt er sich einen Heimatschuß! Und nun ab in die Heimat und am Stammtisch von den Heldentaten geprahlt!«

Ich gab keine Antwort. Ich steckte mir auf der Pritsche eine Zigarette in den Mund und drehte ihm den Hintern hin, damit er mir eine Tetanusspritze verpaßte. Ich verlor wohl eine Weile das Bewußtsein, denn ich hörte seine Stimme wie aus der Ferne:

»Hier geht's nicht nach Schönheit, Herr Leutnant, und auch nicht nach Dienstrang. Hier geht's einzig und allein nach dem Grad der Verwundung – und den bestimme ich und kein anderer. Also, der Mann hier«, er tippte mir auf die Brust, »der kommt zuerst in den Sanka! Und dann kommen Sie mit Ihrem Mückenstich noch lange nicht dran!«

Leutnant Böhler – wahrhaftig! Er trägt eine Binde um den Kopf und sieht aus wie ein Scheich aus der Wüste. »Na, schön, wie Sie befehlen, Herr Stabsarzt«, murmelte er wütend. »Aber für die Folgen, die eventuell auftreten – für die Folgen tragen Sie die Verantwortung.«

Der Stabsarzt grinste. »Mach ich, mein Lieber. Mach ich bestimmt.«

Nach einer Stunde hatten wir den Hauptverbandsplatz erreicht. Ich wurde auf einen Tisch gelegt, und ein Mann, der aussah wie ein Fleischergeselle, beugte sich über mich und fragte: »Na, Junge, willst du gleich zum Onkel Doktor oder erst mal was zwischen die Kiemen?«

»Erst mal was zwischen die Kiemen.«

Ein Sani brachte mir Brot und Butter und ein großes Stück Wurst.

Nachher holten mich zwei Sanis ab und schleppten mich in eine Hütte, die etwas abseits neben der Straße lag. In der Hütte standen vier Männer mit aufgekrempelten Ärmeln, in rotbefleckten Kitteln, und einer hielt eine brennende Kerze in der Hand. Im Kerzenlicht sah der Raum gespenstisch und unheimlich aus. Die Sanis packten mich auf einen Tisch und schnitten mir die Hose auf. Sie war vom Blut schon hart geworden. Dann beugten sich ein paar Köpfe über mich, und es wurde so still, daß ich die Fliegen umhersummen hörte. Plötzlich erkannte ich den »Fleischergesellen« von vorhin – und erschrak. Er wurde mit »Herr Oberstabsarzt« angesprochen – und ich hatte einfach »Du« zu ihm gesagt, weil ich annahm, er wäre einer der Sanis. Sein Gesicht sah gutmütig aus, und ich hatte Vertrauen zu ihm, obwohl mir die Angst die Kehle zuschnürte. Er drehte mein Bein behutsam zur Seite und stieß einen Pfiff aus.

»Hat der Bengel ein Schwein gehabt! Glatter Granatsplitterdurchschuß!« Er stocherte mit einem spitzen Gegenstand in meiner Wunde herum, und ich biß mir in die Hand, um nicht schreien zu müssen. Dann drückte er mir etwas Kantiges in die Hand. »Hier – kannst du mitnehmen. Zum Andenken an Rußland.«

»Und mein Bein, Herr Oberstabsarzt? Muß es – ab?«

»Das würde dir wohl so passen, wie? Brauchst dann nicht mehr zurück an die Front. Nein, mein Lieber, das schlag dir aus dem Kopf. Das Bein bleibt dran! Das ist ein Befehl – verstanden?« Und während er sich mit mir unterhielt, stach er rund um die Wunde mehrere Nadeln hinein, gab mir eine Spritze, wartete ein paar Minuten und säbelte dann weiter mit einem Messer die Wundränder ab. Ich sah bei alledem zu und wunderte mich über mich selber.

»So, fertig«, sagte der »Fleischergeselle« und richtete sich auf. »Der nächste!«

Noch während die Sanis mich verbanden, lag schon der Nächste auf dem Tisch. Wie auf dem Fließband!

mußte ich denken. Dann hörte ich, daß »der nächste« ein Offizier war, denn der Oberstabsarzt fuhr ihn an: »Herr Leutnant, reißen Sie sich doch zusammen! Sie sind hier nicht bei Ihren Leuten in der HKL, sondern auf dem Hauptverbandsplatz – hier brauchen Sie nicht den Helden zu spielen.« Er gab mir einen Klaps auf die Schulter. »Hast dich übrigens tapfer gehalten, Junge. Na ja, ist eben so – zäh wie Leder …«

28. August

Liebe Änne!
Nun liege ich seit drei Tagen in einem Kriegslazarett, weit hinter der Front – also weit vom Schuß … Wenn ich Glück habe, werde ich schon in wenigen Tagen in ein Heimatlazarett übergeführt. Also – heim ins Reich, uns reicht's …

Meine Verwundung ist nicht schwer. Ein glatter Durchschuß im rechten Oberschenkel. (Den Granatsplitter hat der Oberstabsarzt mir zum »Andenken an Rußland« mitgegeben. So hat der Ring sich geschlossen: Ich bin wieder dort, wo wir, als wir von Frankreich kamen, ausgeladen wurden – in Kursk. Eigentlich darf ich ja im Brief nicht schreiben, wo wir uns befinden, aber ich hoffe, daß nicht jede Post durchschnüffelt wird.)

Wir liegen hier in einer großen Schule, die als Lazarett eingerichtet wurde. Rote-Kreuz-Schwestern kamen uns schon am Bahnhof entgegen und überreichten jedem eine Liebesgabentüte. »Die Heimat grüßt dich!« stand darauf. Ja, die Heimat! »Weit ist der Weg zurück ins Heimatland!« haben wir so oft gesungen – und jetzt steht sie plötzlich wieder sichtbar vor unseren Augen, und da hat mancher »alte Landser« sich nicht geschämt, daß er Tränen in den Augen hatte … Es war wirklich fast feierlich still in unserem Waggon, und erst jetzt wurde mir bewußt: Du hast überlebt! Du bist der Hölle entronnen – und hoffentlich für immer.

Nein, nie wieder zurück! Aber eigentlich ist diese Feststellung nicht richtig. Man müßte sagen: Nie wieder zurück in diesen Krieg. Denn – eigentlich ist Rußland sehr, sehr schön. Auch diese Stadt Kursk ist schön, mit großen, prächtigen Bauten, breiten Straßen und grünen Parkanlagen. Wenn nur nicht so vieles durch diesen Krieg zerstört wäre! Wir wurden von russischen Kriegsgefangenen aus den Sankas ausgeladen, durch lange Gänge geschleppt – und dann gab es ein Bad. Und dann ein richtiges weißbezogenes, weiches Bett. Als dann die Schwestern vor uns standen und uns bemutterten, da mußte ich plötzlich so hemmungslos lachen und immer wieder lachen.

»Warum lachen Sie?« fragten sie mich.

Ja, warum lache ich? »Weil ich lebe!« möchte ich schreien. »Versteht ihr? Weil ich lebe! Weil ich nicht verscharrt worden bin.«

Aber ich schreie nicht. Sie würden es doch nicht verstehen.

Auf unserem Saal hat sich ein buntes Völkergemisch zusammengefunden – Landser aus allen Gauen des Deutschen Reiches, Ungarn und Österreicher, aber auch Ukrainer und Russen, die auf deutscher Seite als Hiwis (Hilfswillige) arbeiten. Und fast alle sind schwerer verwundet als ich, die meisten amputiert. Sie stöhnen und wimmern ohne Pause, und dann und wann schreit einer so laut nach den »Russkis« oder den Schwestern, bis jemand erscheint und ihm eine Spritze oder Tablette gibt. Aja, die russische Hilfsschwester, taucht auf wie ein Schatten und setzt sich neben ihn ans Bett, bis er sich beruhigt hat und eingeschlafen ist.

In der Nacht waren wieder russische Bomber über uns, und als es ganz in der Nähe mörderisch gekracht hat, war nur der eine Gedanke in mir: Lieber Gott, laß mich hier wegkommen!

28. August

Ich sollte heute mit einem Transport abgehen, Richtung Heimat. Alle haben mich schon beneidet, denn sie müssen mit ihren schweren Verwundungen noch warten, bis sie transportfähig sind. Aber nun hat Aja heute morgen vierzig Grad Fieber gemessen, und das ist der Grund, warum ich noch hier bleiben muß. In der Nacht bekam ich plötzlich schreckliche Schmerzen.

»Mein Bein! Mein Bein!« hatte ich geschrien und wollte doch gar nicht schreien. »Laßt mir mein Bein, damit ich wieder wandern kann! Was soll ich nur mit einem Bein?!«

Nun dröhnt und hämmert es in meinem Kopf. Man gibt mir Spritzen. Man bringt mir Pillen, und Aja, das stille, sanfte Mädchen aus Kiew, macht mir kühlende Umschläge und legt mir ihre weiche Hand auf die Stirn. Sie hält mir meinen Grießbrei so lange vor den Mund und drängelt so lange, bis sie mir Löffel für Löffel eingeflößt hat.

Gestern gab es eine große Feier im Lazarett. Der Anlaß: sein dreijähriges Bestehen. Aus diesem Grund hatte der Chefarzt angeordnet, daß Schokolade, Zigaretten und Tabak »in rauhen Mengen« ausgeteilt wurden. Es gab einen prima Kartoffelsalat mit Frankfurter Würstchen und auch etwas Wein und Schnaps. Aber keiner ist da, der die Frage stellt: »Wieso denn drei Jahre? War im August neunzehnhundertneununddreißig schon Krieg?« Nein, damals noch nicht. Erst fünf Tage später ging es los gegen Polen. Aber – vorbereitet war alles schon viel früher.

Am Nachmittag werden vier Neue eingeliefert. Sie kommen von der Woronesh-Front, aus meinem Abschnitt Semljansk, und sie berichten die haarsträubendsten Dinge.

»Wer da noch rauskommt«, sagt einer, »der kann Gott auf den Knien danken.« Und fügt leise hinzu: »Mit Mann und Roß und Wagen hat sie der Herr geschlagen.«

Dann gab es noch eine unerfreuliche Sache, die beinahe zu einer handfesten Schlägerei ausgeartet wäre. Vielleicht war der Alkohol schuld, wahrscheinlich aber mehr das ganze Elend hier im Lazarett. Jedenfalls geriet der Unteroffizier, der im Bett neben mir liegt, mit dem jungen Österreicher aneinander, weil er Tag und Nacht wimmert und stöhnt.

»Du elender Schlawiner!« schrie der Unteroffizier und hob drohend seine Krücke. »Du obermieser Beutegermane, halt endlich die Schnauze! Erst konntet ihr nicht laut genug schreien: ›Wir wollen heim ins Reich!‹, und jetzt wimmert ihr und jammert: ›Wir wollen heim, uns reicht's!‹«

Der Ostmärker schwieg betroffen, und die anderen krochen unter ihre Decken oder starrten irgendwohin.

3. September

Nun hat die Krise ihren Höhepunkt überschritten. Der Gasbrandverdacht ist vorbei, hat der Arzt gesagt, und Aja hat mich angestrahlt: »Wundfieber weg, du jetzt kommen nach Haus. Und dann«, sie flüsterte nur leise: »Dann du nicht mehr schießen auf russische Mensch.«

Die Ärzte haben mir eine Gummikanüle in die Wunde gesteckt, damit der Eiter ablaufen kann und mein Bein nicht von innen verfault und doch noch amputiert werden muß. Dann kommt plötzlich der Sani angewackelt und ruft: »Rheinländer, fertigmachen zum Transport!«

Ich liege ganz still in meinem Bett, und ich lausche den russischen Musikanten, die draußen im Korridor ihre schwermütigen Weisen spielen, und mir ist, als höre ich zum letztenmal eine fremde und doch so vertraute, ergreifende Stimme – Rußland!

5. September

Unablässig rattert unser Lazarettzug durch die unermeßliche Weite nach Westen. Ich liege in einem weichgefederten Bett und schaukle im Rhythmus der Schienen. Noch heute, so hat man uns gesagt, werden wir die Grenze von Rußland hinter uns lassen. Mir ist, als höre ich noch die flüsternde Stimme von Aja über mir: »… dann du nicht mehr schießen auf russische Mensch.«

Ja, warum, warum das alles?! Warum mußte ich auf russische Menschen schießen? Warum hat man mich hierher geschafft in dieses Land, mich und Hunderttausende aus dem Deutschen Reich? Weil wir dieses Deutsche Reich beschützen sollten? Vor wem beschützen? Es heißt, daß sie uns überfallen wollten. Aber warum – warum hätten sie uns überfallen sollen? Ist ihr Land nicht groß genug, so daß alle darin leben können? Was soll man glauben? Und – wem soll man glauben? Wie sagte die vornehme Dame am Fenster des Zuges, als wir gen Osten fuhren? »Ja – so kommen sie zurück aus Rußland. In Lazarettzügen, zerschossen und verkrüppelt.« Die Landser haben damals gelacht, ungläubig und sorglos, obwohl sie doch mit eigenen Augen sehen konnten. Und jetzt? Jetzt liegen die meisten in Lazaretten, und viele unter der Erde. Für Deutschland gefallen …

9. September

Liebe Änne!
Nun bin ich in der Heimat! Fünf Tage lang sind wir im Lazarettzug gefahren, von Kursk über Lemberg, Krakau, und gestern abend wurden wir hier in Zwickau ausgeladen. Ein bißchen weit weg von Köln, wirst Du denken,

aber doch habe ich die Hoffnung, daß Du mich bald besuchen wirst.

Zehn Tage lag ich in Kursk im Lazarett, hatte Wund- und Nervenfieber, und dann mußte ich wegen Gasbrandverdacht damit rechnen, daß man mir mein Bein doch noch abnehmen würde. Aber – ich habe mal wieder Glück gehabt! Eigentlich könnte ich jetzt glücklich und zufrieden sein, weil ich der Hölle entkommen bin. Aber ich bin nicht glücklich und zufrieden – und ich kann Dir nicht erklären, warum. Ich glaube, es geht auch meinen Kameraden so, die mit mir auf dem gleichen Saal liegen (auch hier in Zwickau sind wir in einer Schule untergebracht). Ganz selten, daß wir uns unterhalten, unsere Gedanken austauschen. Jeder lebt für sich allein dahin. Und keiner spricht vom Krieg. Keiner von seinen Erlebnissen, die er in Rußland hatte.

14. September

Hallo, Jäcki!
Ich kann Dir gar nicht sagen, was für ein Gefühl ich hatte, als die Nachricht kam, Du bist verwundet. Ein unbeschreibliches Gefühl! Ein Gemisch von Freude, Angst und Ungewißheit. Sei mir bitte nicht böse, denn es mag sich häßlich anhören – aber ich habe mir schon oft gewünscht, daß Du einen »Heimatschuß« abbekommen würdest. Und nun, wo Du aus dem Schlamassel raus bist und Du Dich darüber freuen könntest, da bekomme ich so einen pessimistischen Brief von Dir. Ist ja entsetzlich, so eine Stimmung! Was hat man mit Dir angestellt? Oder mit Euch allen? Ich kann mir ja denken, daß Ihr sehr schreckliche Erlebnisse hattet, aber wie es in Wirklichkeit war – das kann sich keiner so richtig vorstellen, wenn er nicht selber dabeigewesen ist …

Derzeitig bereitet der Mitteldeutsche Verlag mit Adolf Görtz ein neues Erinnerungsbuch unter dem Arbeitstitel

Feldpostnummer

Tagebücher und Briefe 1943

vor.

Leseprobe:

Tagesbefehl an die Wehrmacht am 1. Januar 1943:
Gewaltiges habt ihr im Jahre 1942 vollbracht. Die Krim wurde erobert und gesäubert, gefährliche Einbrüche des Gegners an zahlreichen Stellen der Front beseitigt. In den drei Schlachten um Charkow wurde die Bedrohung unserer südlichen Front aufgehoben und der Feind vernichtend geschlagen. Eine neue Offensive gewaltigen Ausmaßes nahm ihm die letzten Reste der Ukraine sowie seine Kohlegebiete am Donez weg. In diesem gewaltigen Raum, der bis zur Wolga reicht, kämpft ihr nun Seite an Seite mit den Truppen der verbündeten Nationen. Wie auch im einzelnen dieser Kampf ist und sein wird und wie oft sich scheinbar die Waage des Erfolges zu unserem Gegner neigen mag, am Ende, das wißt ihr, wird als Abschluß der deutsche Sieg stehen.
Adolf Hitler

10. Januar 1943

In der Nacht hatte ich einen seltsamen Traum. Ich sah einen langgestreckten Bergrücken, der von schwarzweißen Grabkreuzen bedeckt war. Auf einem dieser Kreuze las ich meinen Namen. Ich war also tot. Da öffnete sich das Grab – und ich sah mich selbst im Traum. Sah, wie ich, erst ein unwirkliches Nebelgebilde, langsam Form und Gestalt annahm und dem Grabe entstieg. Und ich sah, wie ich davonwanderte, über den Bergrücken hinweg in die blaue, lockende Ferne ...

Wenn ich heute darüber nachdenke, dann ist mir, als sei dieser Traum tatsächlich Wirklichkeit. War ich nicht schon tot? Und sind sie nicht alle gefallen – unsere Kompanie, unser Bataillon, unser Regiment, unsere gesamte stolze »Stoßdivision«? Tot oder verwundet. Aber ich – ich bin wiedergekommen! Bin dem Grabe entstiegen und zurückgewandert in die Heimat, zurück – ins Leben.

Und nun muß ich wieder dorthin zurück, wo der Tod erneut auf uns wartet.

30. Januar

Göring hat heute zum zehnjährigen Jahrestag des Dritten Reiches das Wort an die Wehrmacht gerichtet. Nun wissen wir genau, was die Glocke geschlagen hat: Es gibt keinen anderen Weg mehr als Siegen oder Sterben. Jetzt wird »ganz von oben« das offen ausgesprochen, was ich als einfacher Landser schon vor Jahr und Tag zu meinen Kameraden gesagt habe und weswegen man mich verlacht und verhöhnt hat.

Am meisten sprach Göring von den Kämpfern, die in Stalingrad auf hoffnungslosem Posten einer zehnfachen Übermacht standhalten und sich opfern bis zum letzten Mann – damit zugleich aber unserer »großen, heiligen Sache dienen«. Und er sprach davon, daß die ganze Nation sich das zum Vorbild nehmen sollte ... Bedarf es noch einer deutlicheren Aufforderung? Volk, komm her und stirb, damit du leben kannst! »Ihr müßt an die Front gehen«, hat der Dicke gesagt, »mit dem Gedanken, nicht wiederzukommen. Kommt ihr trotzdem wieder, dann habt ihr eben Dusel gehabt.« Ganz am Anfang des Krieges, da hat er mal gesagt: »Und wenn es einem einzigen feindlichen Flugzeug gelingen sollte, die Reichsgrenze zu überfliegen, dann will ich Maier heißen!«

Nun ist zu dem Maier noch ein Dusel gekommen.

1. Februar

Gestern bin ich vom Genesungshaufen zur 2. Stammkompanie versetzt worden. Wir hocken auf unserer Stube und haben alle den »Moralischen«. Nicht nur, weil jetzt jeder weiß, daß es bald wieder ernst wird, nein, bei diesem ganzen Kommißscheiß könnte man die Wand hochgehen! Noch gestern haben wir in der Genesungskompanie unseren letzten Ausmarsch gemacht – hinkend, hustend, spuckend, Arm und Bein noch in der Binde, zurückgekehrt vom »Heldenkampf« vor Woronesh, doch schon morgen sollen wir wieder vollen Dienst tun beim »Stamm«. Und dabei haben wir bis jetzt noch nicht mal Klamotten empfangen, kein Bettzeug! Und die meisten hatten noch keinen Erholungsurlaub (ich war zwei Wochen bei den Eltern in Schlesien, wo sie als Evakuierte in einem Dachkämmerchen hausen). Aller Urlaub ist gestrichen, sogar Sonntags- und Nachturlaub. Parole: Dienst, Dienst, Dienst! Vorbereitung auf den baldigen Einsatz an der Front!

Plötzlich springt einer auf und schreit in die Stube: »Männer, auf zum Kampf! Auf zum Sieg! Der Rubel rollt, der Panje lacht, es jauchzen die Banditen! Karten auf den Tisch! Gespielt wird bis zur Vergasung!« Aber sie spielen nicht Siebzehnundvier des Geldes wegen. Nein, die »Banditen« spielen, weil sie vergessen wollen. Einmal alles, alles vergessen, und wenn es nur für eine Stunde ist.

7. Februar

Man wandert an hübschen Fachwerkhäusern vorbei und tritt durch ein hohes, gotisches Portal in den Garten einer Gastwirtschaft, die sich »Zur schönen Aussicht« nennt. Hier sitze ich inmitten einer friedlichen Welt und träume. Träume von meinem Jungenbuch »Verfolgung übers Haff«, das ich nun zum zweiten Male schreiben will, hier in Ruhe und Frieden, jeden Tag ein paar Seiten. Das erste Manuskript ist verbrannt. Bei einem Bombenangriff auf Köln …

Mein Blick durchs Fenster hinaus ins Land streift über die Hügel, die sich jenseits des Flusses im Schatten des Abends erheben. O Heimat, wie schön bist du! Wie liebe ich dich! Hier bleiben dürfen – das wäre mein Wunsch. Aber ich habe keine Heimat mehr. Meine Heimatstadt Köln, in der ich über zwanzig Jahre lang gelebt habe – sie existiert nur noch in meiner Erinnerung. Und bald, sehr bald schon wird auch Aschaffenburg, diese schöne Stadt am Main mit ihren liebenswerten Menschen, nur noch in meiner Erinnerung leben. Und meine Anschrift wird lauten: Feldpostnummer …

17. Februar

Träume, Träume, nichts als Träume … Als der Zug aus dem Düsseldorfer Bahnhof fährt, bricht sich die Sonne durch das graue Gewölk einen Spalt, und ich muß die Augen schließen vor dem gleißenden Licht. Dann sind wir am Rhein, und der Zug poltert über die Dombrücke. Ich sehe den Strom, die Schleppkähne, die auf dem braungelben Wasser dahinkriechen, sehe den mächtigen Dom, die Türme und Dächer der Stadt. Ich wandere am Rhein entlang, stolpere durch Straßen und Gassen, und überall begegne ich einer entsetzlichen, sinnlosen Zerstörung. Unser Severinsviertel gibt es nicht mehr.
Am Abend warte ich auf Änne. Ich stehe auf dem Adolf-

Hitler-Platz – und plötzlich erblicke ich sie drüben an der Haltestelle. Sie schaut herüber und winkt. Änne! Ich renne über den Platz und ergreife ihre Hand – und erschrecke. Ihre Hand ist eisigkalt. Die Hand eines Toten ... Der Wind springt uns an, und wir gehen hinunter zum Strom.

»Änne«, sage ich, »Änne, was ist denn mit dir? Freust du dich gar nicht, daß ich wiedergekommen bin? Zurückgekommen – zu dir?«

Da sagt sie: »Ich heiße nicht Änne. Die Änne ist tot. Hat sie dir das nicht geschrieben? Mit Billa, ihrer Freundin, liegt sie in einer Kiste. Draußen auf dem Friedhof ...«

»Frey! Heh, Frey, spinnst du schon wieder?! So wach endlich auf!« Vor meinem Bett steht Lemke, der Stubenälteste. »Los, steh auf! Sollst sofort zum Hauptmann kommen! Drei Tage Sonderurlaub! Na, ist das nichts?«

Ja, Träume, Träume, nur noch Träume ... Da war ich noch eben in Köln, habe von Änne geträumt – und jetzt weiß ich es wieder: Ich werde ihr nie mehr begegnen. Nur noch im Traum. Denn Änne ist tot. Seit jener Nacht, in der sie mit Billa im Bett liegen blieb und die Bombe sie beide zerfetzte ...

20. Februar

Warum nur bin ich noch einmal nach Köln gefahren?! Warum nicht zu meinen Eltern nach Schlesien? Drei Tage Sonderurlaub ... Mit Hein, meinem alten Kumpel, und Loni, seiner Frau, habe ich die Nacht im Keller verbracht. Eine Luftmine hat das halbe Dach hinweggefegt, und eine Frau schrie mit irrsinnigem Hohnlachen: »Nein, nein, es gibt keinen Herrgott! Es kann ja gar keinen Herrgott geben! Er hätte schon längst ein Ende gemacht!«

Nun hocke ich in einem kleinen Café am Heumarkt,

und mit mir am Tisch drei »bessere Herren«. Sie haben mir ein Schöppchen Wein spendiert. Sie prosten mir zu, und der mit dem Hitler-Bärtchen klopft mir leutselig auf die Schulter: »Nur Mut, Kamerad, nur Mut! Wird schon alles werden.« Wie in Aschaffenburg, wie in Zwickau, wie überall im Großdeutschen Reich: Nur Mut, Kamerad!

Dann quatschen sie von Rußland. Wissen alles viel besser als du, obwohl sie nie hingerochen haben, wo du mal ... Faseln von Heimatfront, Dienstverpflichtung, Rüstungsbetrieb. Reden dir zu wie einem kranken Gaul: »Wäre auch lieber an der Ostfront, Kamerad, können Sie mir glauben. Aber leider, leider – unabkömmlich.«

Und der Glatzkopf quasselt: »Muß ja schrecklich sein, wenn man da wieder hin muß. Schrecklich, schrecklich, dieses Rußland. Stalingrad gefallen, Charkow, Rostow. Gesamte Front auf Rückmarsch.«

»Frontbegradigung, Herr Kollege«, meckert das Hitler-Bärtchen. »Weiter nichts als Frontbegradigung.«

»Aber der Sieg, Herr Kappes.«

»Es sieht gar nicht so aus, als ob ...«

»Strategie und Taktik, Herr Kappes. Der Führer wird schon wissen, was notwendig ist.«

»Hoffentlich, Herr Höffgen, hoffentlich. Wäre nicht auszudenken, wenn wir ...«

»Sie glauben doch im Ernst nicht, daß wir diesen Krieg verlieren?! Nein, nein und dreimal nein – wir dürfen den Krieg nicht verlieren! Wehe uns, wehe uns – nicht auszudenken ... Da gucken sie mal rüber, Herr Höffgen – die Kleine da drüben! Ist die nicht süß? Und gucken Sie nur – diese Titten, diese Titten! Ob ich's der mal besorge?«

»Vorsicht, Herr Kollege! Vorsicht kann ich nur raten. Die geht bestimmt noch zur Schule.«

»Na und? Was soll's? Sind wir Alten nicht aufgerufen,

die Jungen, die an der Front ihren Mann stehen müssen, in der Heimat würdig zu vertreten?« Meckerndes Gelächter des Hitler-Bärtchens, und grinsend zu mir: »Nicht wahr, Kamerad? Patriotische Pflicht sozusagen!«

Mir ist zum Kotzen übel, und ich stehe auf und gehe hinaus.

16. März

Noch gestern sagte Lemke zu mir: »Ich glaube, die haben uns vergessen und wir bleiben noch eine Weile beim Ersatzhaufen und schieben eine ruhige Kugel.«

Denkste, Lemke! Mit achtzig Mann werden wir von der Stammkompanie abgestellt – zur Marschkompanie. Nach dem Einkleiden gibt es Belehrung durch den Hauptmann. Ist sehr interessant, was der Schulmeister uns mitzuteilen hat. Er spricht von »angespannter Rohstofflage«, von »Durchhalten um jeden Preis« und von »Lage zwar ernst, aber nicht hoffnungslos.« Dann hebt er seine Stimme und prophezeit eine schon bald kommende Entscheidung. Es gäbe ein neuartiges Gas von solcher Wirkung, daß wir uns selbst nicht davor schützen können, geschweige denn der Feind ... Ist das die »Wunderwaffe«, die uns zum Endsieg führen wird?

29. März

Unsere Marschkompanie ist zweihundertvierzig Mann stark. Sie wird geführt von Hauptmann Lüders. Einer der wenigen Offiziere, die Mensch geblieben sind. Hoffentlich behalten wir ihn.

Nun sitzen wir auf dem Güterbahnhof von Aschaffenburg und warten. Ich hocke auf meinem Tornister und schreibe. Kein Jungenbuch von fröhlicher Fahrt durch die deutsche Heimat. Nein, Kriegstagebuch. Für mich und später – vielleicht für meine Kinder? Vor sechs Monaten schrieb ich: »Leb wohl, Rußland! Ich möchte dich nie wiedersehen!« Und ich schrieb, was Anja, die russische Hilfsschwester in Kursk, zum Abschied sagte: »Du jetzt fahren nach Chaus und dann nie wieder schießen auf russisches Mensch ...«

Ich grüße dich, Aschaffenburg, du schöne Stadt am Main! Auf Wiedersehen! Oder – wird es ein Abschied sein für immer?